U0009772

ニューレフト運動と
市民社会：
「六〇年代」の
思想のゆくえ

新左運動與
公民社會

日本六〇年代的思想之路

安藤丈將◎著　林彥瑜◎譯

目錄

第二章　新左運動的形成——改變「日常性」

第三章　新左運動的衰退——「日常性」的自我變革所帶來的苦惱

第四章　一九七〇年代的新左運動——深化「日常性的自我變革」

第五章 「新政治」的缺席與新左運動

結論

編輯說明

◎引用史料的補充文字以[1]、[2]、[3]置於全書之後的注釋。雖然當時的史料引用內容可能有錯字、掉字等不正確的情形，但作者仍保留史料的原始用法。

◎雜誌和報紙報導等第一手資料以1、2、3的隨頁注方式表示。

◎研究著作等二手資料以參考文獻的方式表示。

◎譯名對照、參考文獻、注釋採橫排左翻。

◎書中部分專有名詞或與通行譯法不同，請讀者諒察。

推薦序一

救贖一個純真年代

吳叡人
（中研院台史所副研究員）

"Selfish father of men!
Cruel, jealous, selfish fear!
Can delight,
Chained in night,
The virgins of youth and morning bear?

Does spring hide its joy,
When buds and blossoms grow?
Does the sower
Sow by night,
Or the plowman in darkness plough?"

—*Songs of Experience*, William Blake

一九六〇年代席捲全球先進資本主義國家的新左翼運動，確實是世界史上極其複雜的現象。

這個運動同時展現的光明與黑暗不只激烈地相互

對峙，甚至還彼此交錯交融，因而產生了難解的多義性，於是無數親歷者被迫終生質問自身的記憶與信念，眾多的後來者則必須艱辛地理清那些交錯的線索，試圖讓歷史的複雜全貌展現，並且依其自身政治信念，為這個運動做出適當的詮釋與評價。

在日本這個浸透著「無常」生命觀與死亡美學的國度，六〇年代新左翼運動中的明與暗，希望與破滅，愛與暴力，純真與殘酷的對峙、矛盾與交融，更是被展演到了極致，超越了同時代所有其他國家的運動。這個運動既催生了象徵希望與青年理想主義的六〇年反安保鬥爭、反戰運動、日大與東大全共鬥與三里塚抗爭，但也在後期創造了他們徹底的對立面——殘酷的、絕望的暴力：黨派內鬥（内ゲバ）、私刑、爆破與海外恐怖主義。

從六〇年反安保鬥爭一直到一九六九年一月東大全共鬥的安田講堂攻防戰為止，儘管抗爭手段日趨激烈，日本的學生運動大體上依然保有理想主義的形象，一般民眾對學運也還抱持同情的態度。然而六〇年代後期，學運各黨派內鬥私刑逐漸蔚為風潮，武裝革命路線也隨之抬頭後，民眾對學運觀感開始逐漸改變。一九七二年淺間山莊事件爆發，連合赤軍在山地武裝基地對同志進行私刑「總括」（清算），殺死了十數人的恐怖事件為日本社會所知後，整個新左翼學運的公共形象為之逆轉。大約與此同時，法政大學學生為主體的東亞細亞武裝反日陣線策動了一系列企業爆破事件。先後潛逃海外的日本赤軍派則與中東激進組織結合，在整個七〇年代多次在各地劫機，震驚世界，成為全球新左翼運動轉化為恐怖主義的先驅，還擴散到德、義等國。經過一連串暴力事件的衝擊，學運分子在日本民眾心中的形象從熱血青年一變為恐怖的暴力犯罪者，以及公安警察口中的「過激派」。

日本學運在七〇年代前期的激進化與暴力化，日後成為一個揮之不去的陰影，遮掩了這個運動許多正面的部分，如它的理想主義、批判精神、政治與社會分析，以及文化創造。一方面，它使「新左翼」與黨派、意識形態與暴力緊密連結，成為一個具有負面意涵的語詞。另一方面，運動暴力也造成日本社會心理極深的集體創傷（trauma），使八〇年代興起的日本新市民運動極力迴避任何比較強烈衝擊體制的行動，以免引發社會反感。換言之，不論在思想或行動上，**運動暴力化的後果之一是妨礙了六〇年代日本新左翼運動的正面遺產（positive legacy）向下傳承，使它成為一個中斷的激進傳統**。二〇一五年因反安保法制而興起的日本學運組織SEALDs（自由と民主主義のための学生緊急行動），就是一個缺乏與上一個世代學運傳統連結，而在新的時代條件下出現的新生事物。新世代學運在思想與行動上溫和而自制，處處與新左翼世代劃清界線，這個特徵說明了當年的暴力陰影依然強有力地制約著日本的市民社會。

日本學生運動傳統的斷裂，以及兩個學運世代之間的齟齬，恰好與台灣成為對比：野草莓與太陽花學生運動（以及更近期的反課綱運動），是在八、九〇年代學運，以及七〇年代民主運動（**論者所謂「遲發性學運」**）的積累之上出現的，而且當代學運分子和這兩個先行世代運動者也有密切的聯繫與合作。正因為有長期運動的意識、思想與行動經驗的傳承，才會產生如此巨大的能量。弔詭的是，三、四十年來台灣學運傳統得以傳承的主要原因，正是因為先行世代的學運從未像日本新左翼運動那麼激進，所以沒有造成社會負面觀感之故。筆者當年在台大從事學運時熱烈崇拜東大全共鬥議長山本義隆，滿腦子「自我否定」和「台大廢墟」論（受山本「東大解體論」影響），如今SEALDs諸君竟然受到太陽花「諸神」啟發。如同馬克思所說，人創造歷史，但不是自由創造，而是在過去積累的條件下創造的。台灣戰後初期的激進傳統在五〇年代白色恐怖後斷絕，反而創造了七〇年代以後溫和學運持續積累的條件，於是有今日黑潮之爆發。禍福相倚，歷史的進展，從來就不是依照直線進行的。

讓我們回到日本的學生運動。我們必須在前述的脈絡之中理解安藤丈將君這本《ニューレフト運動と市民社会》的意義：毫無疑問，這是他為了克服日本進步社運傳統的斷裂，重新連結六〇年代與當代而做的一次知識上的努力。作為一位活躍在二〇〇〇年代初期的「孤獨的」學生運動分子，他在同世代學生的政治冷漠中深深體會日本進步傳統斷裂，歷史傳承失落所帶來的負面後果。然而作為在早稻田政經學部梅森直之門下主修日本政治思想史的博士生，他對思想與歷史詮釋對現實的形塑力量有著奇妙的信心。這本書，就是他終於選擇暫別早稻田，遠赴澳洲求學數年間沉潛思索的戰後政治史結晶。

安藤在本書中對日本六〇年代新左翼運動的詮釋，幾乎完全著眼在重建進步運動歷史傳承這個實踐性目的之上。首先，他刻意選擇用「ニューレフト」(new left 一詞的片假名外來語表現）而不用「新左翼」這個傳統語詞，目的就在切割與迴避後者數十年來在日本公共論述中附載的負面意涵，如黨派、宗派主義、意識形態教條，以及暴力革命等。這是許多當代日本進步左翼知識人常用的語言策略，並非安藤所原創，但是安藤並未止於語言上的再命名，他進一步提出了一整個論證，試圖將「新左翼」在大眾想像中的政治性與意識形態性格以清除或降低。他主張整個六〇年代ニューレフト（new left）運動是一種戰後嬰兒潮青年世代試圖進行「自我變革」，並將自我變革連結到改變社會的倫理性運動。這種自我變革，要求改造社會要從改造自己做起，因此要從自己的日常生活中實踐起。安藤認為，像日本大學、東京大學的全共鬥鬥爭，以及反對成田機場興建的三里塚抗爭等直接行動，本質上都是這種青年試圖自我變革的象徵。其次，他主張引發學生自我變革反抗的，是日本高度成長期日本國家與資本主義對日本人的消費性與政治馴服的規訓（discipline）。這個思考雖然呼應了法蘭克福學派哲學家馬庫色（Herbert Marcuse），但卻有日本本土的思想根源——亦即戰前左翼思想家戶坂潤所提出的「日常性」概念。

有趣的是，安藤將六〇年代後期興起的學運黨派內鬥（内ゲバ），解釋為日本ニューレフト（new left）的自我變革思想的某種過剩或延伸的結果，而非教條或宗派主義的產物。而

這種過剩的自我變革要求最終導致過剩的暴力與社會的反彈，由此再誘發了警察的擴大與有效的鎮壓，最終造成了運動的退潮。此外，無止境的自我變革要求，造成了推展運動的種種實際困難，也是運動退潮原因之一。換言之，作為ニューレフト運動本質的自我變革思想內部，蘊含了促成運動衰退的種子。

很明顯，這是對日本新左翼運動一個相當非正統的詮釋，因為安藤大大地降低了思想、意識形態、宗派主義與運動組織等因素的重要性，不處理國內政治與地緣政治，甚至沒有觸及同時期全球新左翼運動與國際社會主義運動的脈絡，更未論及新自由主義興起前夜的全球資本主義轉型對新左翼運動的影響。整體而言，這是一個刻意降低新左翼運動的意識形態性、政治性甚至社會性，而將重點置於個別行動者的微觀層次，而且局部的分析與重建。這可以被理解為一種刻意選擇的策略，目的在挽救一個被遺忘的良善初衷：正因七〇年代以來日本公共論述對新左翼的污名化集中在它的意識形態與政治面向，所以必須刻意壓抑，甚至清除（cleanse）這個面向，才能夠驅散陰影，讓六〇年代日本新左翼運動的倫理意義——青年世代企求自我變革的理想主義，重新顯露出來。而只有上一個世代的青年理想主義被重新彰顯，才能重建斷裂已久的進步傳統，使喪失歷史意識而進退失據的當代市民運動，因重新連結到歷史母體而獲得新的生命力。

這個試圖救贖一個純真年代的詮釋有沒有成功？最終會不會達成作者企圖的實踐性目

的？這些都有待時間來驗證，因為一次語言的行動，畢竟難以撼動長期歷史結構所累積形成的隔離、扭曲與惡意，尤其是像日本當代政治話語中這種四分五裂、積重難返的黨派對立。然而我們真心期待，安藤君對重建日本進步傳統強烈的執念與熱情，能夠透過這個原創的再詮釋，傳達給若干善意而認真、而且願意嘗試在閱讀這個日常行動中「自我變革」的讀者。

這個期待不僅適用於日本讀者，也適用於台灣讀者，因為我們才剛剛走過了最後的純真年代，現在我們需要沉澱、參照、理解，然後獲取經驗與知識，深度的經驗與知識。只有深度的經驗與知識才是我們的救贖，在亂世之中，我們的純真的救贖。

二〇一八年一月十九日

東大安田講堂落城四十九週年之日

完稿於草山

推薦序二

在「入陣」與「拒絕入陣」之間

梅森直之
（早稻田大學政治經濟學部教授）

本書能夠在此時於台灣翻譯出版，我感到非常開心。這部討論社會運動之魅力與危險的作品，因為台灣與日本的讀者有機會一起閱讀，其思想上的意義也就更加明確。關於「為什麼以前的日本人要搞社會運動？」這個看似簡單卻直指核心的問題，作者給出了他自己以日本人為主要對象的答案。然而，這個問題的意義，在台灣和日本卻大大地不同。

對經歷二〇一四年太陽花運動的多數台灣人而言，常常感到不可思議的是：「為什麼日本人不搞社會運動？」而對於來自台灣的學生，日本的大學生常常掛在嘴上的問題卻是「為什麼台灣學生要搞社會運動？」面對這個問題，台灣的學生大概會這樣子回答吧：「為什麼日本的學生不搞社會運動？」

本書以作者所設定的社會運動為中心，討論

過去與現在之間在意識上的斷裂。而這種意識上的斷裂也存在於今日台灣與日本之間。把這兩種「斷裂」——時間與空間上的斷裂——合在一起來閱讀本書，或可找到日本與台灣的歷史經驗在民主化與後民主化的全球脈絡下所處的位置。

各位台灣的讀者，有機會的話務必試著逮住一個日本學生，直接問他：「為什麼你們不搞社會運動？」對於這個問題的一種典型反應就是，引用六〇年代日本學生運動的「失敗」來予以回應。這時候，想必他們一定會提到日本學運特有的負面特徵，例如，「內鬥」（內ゲバ）的暴力性質、缺乏現實感的理念基進主義、貫徹菁英主義與家父長制的內部權力結構。多年來，關於「失敗本身」的問題，無論是運動的當事者還是批判者，都累積了相當多的討論。這也導致了現在的日本學生在知道何謂學生運動之前，就預先知道學生運動「是錯的」這件事。甚至，與現代日本的社會運動有關的常識——「社會運動乃是特殊的人們所進行的特殊行為，參與社會運動絕對不可能對自己有利」——也是建立在「六〇年代的社會運動是失敗的」這樣的解釋之上。

本書想要提出的挑戰，是針對「日本社會運動是失敗的」這種基本上已經成為常識的解釋。而各位讀者在讀完本書後，對於上述問題，想必會得到與這種常識不同的答案。本書的解讀是，六〇年代的日本社會運動並不是一場以實現特定政策為目標的政治運動，而是一個「權力」與「自我變革」在「日常性」這個舞台上相互作用的社會過程。作者主張，發現「日常性的自我變革」此一問題，正是日本六〇年代的社會運動所達成的最大功績。日本戰後的社會運動是從被稱為「戰後革新勢力」的民主化運動開始，此運動以「戰爭」和「貧窮」等親身經歷為共同基礎，追求政治、經濟、社會結構的改變。我們可以看到，這場民主化運動到最後的最高潮，是一九六〇年反安保條約的去殖民化民族主義運動。然而在那之後，在高度經濟成長中長大、完全沒有親身經歷過「戰爭」和「貧窮」的世代成為社會運動的主角，而運動的性質也產生了極大的變化。這些高度成長世代的青年，把日常生活的「規訓化」視為新的挑戰，為了對抗這樣的規訓，他們把「自我變革」設定為新的運動目標。也就是說，比起實現具體的政策目標，更重要的是去批判「在物質富裕的生活中，自我意識也漸漸地去政治化」的自己。作者認為，從學生、公民、青年勞工等各式行動者，在六〇年代的社會運動所展現出來的新志向中，展開了強而有力的日本新左運動。

本書更進一步深入分析「日常性的自我變革」此一思想的「後續發展」。作者一方面冷靜地描述了此一思想如何陷入無止境的自我反省，不久轉化為暴力抵抗，進而失去社會大眾支持的過程。此一過程的背景則有警察、與警察合作的企業及媒體三者所聯手運用的「抗爭處理」（ポリシング）。作者主張，許多運動者帶著受傷的心離開了運動，「自我變革」與「政治」分離的結果是，形成「新左運動在政治場域中缺席」此一日本特有的現象。然而另一方面，作者也認為，「日常性的自我變革」乃是日本公民運動持續至今的倫理根源，因而給予此一思想高度的評價。一九七〇年代至今仍持續活躍的日本公民運動包括：環保運動、婦女運動、消費者權益運動、援助開發中國家、反核運動等，這些運動都有反省自己在物質上充裕的生活、對弱勢族群的苦痛深有所感的思考模式；作者認為，此一共通的思考模式，正是「日常性的自我變革」此一六〇年代思想的「後續發展」。

以社會運動為主題的作品汗牛充棟。而且這些作品大多以社會運動的「爆發」與「高潮」為主軸，對其原因與特徵進行分析。但是，書寫運動「後續發展」的作品卻很少。為何如此？運動爆發之初，人們帶著憤怒與希望而來；運動方酣，人們的心中滿溢連帶感與使命感。那麼「後續」呢？倦怠？失望？分裂？好比祭典結束後的那種傷感。發光發熱的日子結束了，回歸舞台後的日常生活，這樣的事情大概沒有人會喜歡吧。然而，我們必須去質疑的，不正是把運動等同於祭典此一常識嗎？祭典總有一天會結束，然而運動是不可以結束的。我們必須把運動視為沒有終點的日常生活變革過程，在一般被視為「終點」之處，探問運動的真正價值。作者從這個觀點出發，重新檢討日本一九六〇年代的社會運動及其思想，從而提出新的解釋。

活在「後太陽花」的各位台灣讀者，你們會怎麼回答作者所提出的問題呢？

致台灣讀者

我在和台灣朋友聊天時，最令我驚訝的就是他們學習日本相關事務的認真態度，無論是政治經濟這種比較硬的主題，還是動漫那種大眾文化。自明治時代至今，亞洲在學習日本時，都會採用一種固定的模式，那就是：學習日本如何「成功」，如何以一個後進的工業國家趕上歐美各國的那種「成功」。這種模式奠基於現代化理論的思考邏輯：發展的道路就像一條拉長的直線，在直線前端領頭的是歐美國家，日本緊追在後，台灣又在日本後面，而台灣後面就是東協國家。「學習日本的成功」此一模式，是明治時代以後產生出來的帝國意識形態，然而到了戰後，這樣的模式卻還是反覆地被採用。

我想提出另一種不同的學習模式。給我啟發的是公害問題專家宇井純的一句話：「日本的經濟成長，無法在不造成公害的狀況下，得到實現。」經濟上的「成功」背後隱藏了公害被害者的痛苦，是他們的犧牲造就了日本現代化的「成功」。學習社會運動的歷史，能夠讓我們理解人們在面對「現代化」時的困惑、焦躁、與憤怒。而這正是「新左運動」能夠把人們給動員起來的原動力。讓我再次借用宇井純的話來說，我想提出的另一種模式就是：把日本的歷史當作一個「反面教材」來學習。

本書是一部關於日本新左運動的歷史研究。主要的研究方法是探討那些以歐美國家為案例的理論與比較研究，例如「全球性的一九六〇年代」（Global 1960s）或「一九六八年」，如何「碰上」（而不是「適用於」）日本這個案例。透過這個方法，我們可以看到日本「偏離」了西方：對運動內部的暴力與直接行動的普遍嫌惡、運動無法體制化、以及殘存在社會中的封閉感。

這場運動的「失敗」，影響至今。二〇一五年，有個名為「SEALDs」（Students Emergency Action for Liberal Democracy-s）的學生團體，因組織了反對安保法案的運動而一夕成名，不過，他們並沒有選擇占領國會和街頭。對同一時期曾占領立法院的台灣學生而言，這些日本學生的行動也許令人感到不可思議吧。然而這背後有著新左運動所遺留的影響——那是大眾媒體對「非暴力直接行動」所採取的批判眼光，這個殘存的影響至今仍制約著日本社會運動的選項。

假使那場運動的「失敗」只是來自運動者的無知、或不誠實、或政治勢力的打壓，那麼我們應該沒辦法從那場運動的歷史當中學到什麼吧。然而，本書想要探討的是，問題就出在，所謂的「失敗」，來自那些真心想要改變社會的人們所採取的行動本身。如果這些人的真誠竟然得到了令人諷刺的結果，那我們就無法否認未來的運動者也可能會陷入同樣的困境中。正因如此，學習「失敗」的歷史，是有意義的。

然而，在日本，想要有建設性地討論新左運動留給後人的影響，會遇到一個相當棘手的問題。那就是，一方面（主要是當事者）是抱著某種懷舊的情緒，而另一方面（主要是後來的世代）則是抱著反彈的情緒。本書就是希望超越這兩種不太具有建設性的討論方式，嘗試思考新左運動的影響是如何產生的，並將這樣的過程予以「歷史化」。

所謂「歷史化」，並不意味著必須拘泥於日本的案例研究。我的目標是，讓日本的新左運動，與那些建構在國外案例之上的概念或理論「碰上」彼此，進而更深入地理解日本新左運動的影響。這麼做，是試圖把自己置於「普遍化」與「個案化」這兩種極端之間，然後從中去理解新左運動的影響。透過這樣的努力，也許可以讓歷史成為創造美好未來的資源。

我得加上一句，能夠活用這項資源的人，並不限於日本人。因此，我非常高興有機會透過翻譯的方式，以台灣為起點，讓東亞的人們能夠讀到本書。如果沒有總編輯黃秀如女士以及譯者林彥瑜同學的盡力幫忙，本書中文版的出版是不可能實現的。研究社會運動的專業書籍，絕對說不上有什麼暢銷潛力，但是黃總編輯卻為此付出非常大的努力。我還要感謝譯者林彥瑜同學。儘管彥瑜和我來自不同國家、屬於不同世代，但我的作品能夠透過像她這樣關心政治與社會運動的優秀年輕學者來介紹給讀者，我感到非常榮幸。在此，我要特別感謝她們兩位讓本書得以呈現在中文讀者的面前。

今日的東亞，共同面對了新自由主義、尚未實現轉型正義的殖民歷史、持續至今的冷戰結構、以及中國的崛起等難題。為了解決這些難題，人們對社會運動抱有相當大的期待。如果本書能在台灣讀者心中引發一些化學變化，對各式各樣的研究與行動有所貢獻，進而激勵人們共同辯論東亞的未來，身為本書作者，我會感到非常開心。

新版作者序

當二〇一八年《新左運動與公民社會：日本六〇年代的思想之路》一書出版時，我非常好奇在繁體中文圈的各位，究竟是如何看待日本的社會運動史研究。最常被拿來解讀本書的一種說法，是譯者林彥瑜在〈譯後記〉中所說的：「讓社會運動活下去。」二〇一〇年代，在台灣與香港的各位曾經歷過大規模的抗議行動（例如：太陽花學生運動、雨傘運動、反對逃犯條例修訂草案運動等），在如此活躍的民主化運動之後，想知道如何將這個運動持續下去的各方人士，於是參考了以一九六〇年代的日本為主題的本書。應該是這樣吧，我想。

想要發現如何將運動延續下去的方法，必須要修正一直以來對於社會運動的刻板印象。我們往往受困於以國家為中心來想像社會運動，也就是說，我們很容易會從政治體制或制度是否產生變化來判定社會運動是否有成果。但是能成功推翻政治體制、實現政權交替、通過期望的政策或法律的社會運動，實在極其少數。如果持續受困於以國家為中心來想像社會運動，那麼對於短期內無法產出明顯政治成果的（幾乎所有）社會運動，便會不自覺地抱持著嘲笑奚落的態度。

我們有必要拉開與上述形象的距離，來檢視不以政府為對象、也不以街頭為場域的社會運動，意思是說，我們應該要看社會運動在人們日常生活中留下了哪些痕跡。例如，在近年的日本社會中，男性藝人對女性的性侵害／騷擾與權勢霸凌，正受到前所未有的嚴厲檢視。這可謂是女性主義實現的一個例子。如果從一九七〇年代的女性解放運動起算，已經花費了長達五十年以上的時間。在這段期間，先是理解性侵害／騷擾受害者的架構與語言被創造出來並獲得採用，接著是政策與法律的制定，有了這些累積才有了今天的變化。

如果依照這樣的思考方式，要知道社會運動該如何延續，就必須將目光放在「運動文化」上。透過大規模的抗議行動而產生的思想該如何在日常中實踐？人與人之間會在實踐當中產生什麼樣的關係性？而這樣的關係性又會在社會中擴散到什麼程度？「讓社會運動活下去」的研究便是為了上述的問題而存在。

本書探討了社會運動中關於暴力與非暴力的問題。這個問題即使到現在也還充滿爭議。一九六〇年代日本的新左運動將暴力分成兩種：一方面批判國家對人民行使暴力；一方面又將人民為了解放自我而行使的暴力稱作「反暴力（或稱作對抗暴力）」，從而給予正當化。到了二十一世紀的香港，被稱為「本土派」的運動者之中則有以「暴力」或「武力」來加以區分的論述。然而兩者的歷史脈絡不同，請讀者務必注意。

只要回顧全世界的社會運動史，我們就會明白，弱小之人所使用的暴力，是為了守護自身的生活、尊嚴與希望的方法，這樣的事即使到今日也沒有改變。因此，社會運動與暴力的關係是切也切不斷的。即使如此，我還是想強調暴力是有副作用的。這個想法可以透過哲學家朱迪斯．巴特勒（Judith P. Butler）所說的「暴力並非手段，而是實踐」這句話來呈現。巴特勒認為，暴力的行使，就算是在被認為具有正當性的場合，也只是再次製造出存在暴力的世界。使用暴力去對抗國家暴力的結果，只是讓運動者再次製造出把暴力正當化的主流文化。而這正是日本的新左翼黨派所掉入的陷阱。（編按：關於新左翼黨派的說明，請見序章。）

就香港的社會運動來說，因為政府的打壓實在過於殘酷，我認為，從結果來看，在運動中行使暴力的副作用並沒有那麼顯著。但是在緬甸、烏克蘭、巴勒斯坦等地的抗爭運動中，暴力的行使卻非常普遍，暴力的副作用因此成為運動者與研究者不得不認真面對的問題。

我一方面考量前述狀況，一方面著手將近年的非暴力抗爭事件予以歷史化、理論化。

在本書之後所寫的《脱原発の運動史—チェルノブイリ、福島、そしてこれから》（暫譯《廢核運動史—車諾比、福島以及接下來》，岩波書店，二〇一九年）以及《香港を耕す—農による自由と民主化運動》（暫譯《耕耘香港—以農業為始的自由與民主化運動》，岩波書店，二〇二四年）二書，都在探討日本與香港非暴力抗爭的歷史及其可能性，如能對照閱讀，相信可以加深對本書的理解。

進入二〇二〇年代後，日本開始意識到自己的國際地位有所下滑，這不僅是從經濟面所看到的人均GDP在國際上的排名往下掉，從政治面來看也是如此。日本在政治領域中男女不平等的問題，不僅被世界經濟論壇每年公布的「性別平等指數」所點名，也頻頻遭到日本國內媒體的檢討。

就這樣，在歷經二〇一〇年代之前的大國思想與自我讚頌時期之後，民眾終於對日本社會欠缺民主思想一事有所醒悟。另一方面，對於人權議題具有高度自覺的年輕世代開始出現，日本與臺灣以及其他東北亞地區的公民能夠雙向學習的環境逐漸成熟。對於在這樣的環境之中，讓本書能夠再版的初版讀者們、翻譯本書的林彥瑜女士，以及擔任編輯的黃秀如女士，請容我再次向你們致謝。

（黃均崴譯）

前言

在「重新探尋生活方式」的浪潮之中

二〇一一年的福島第一核電廠事故，改變了很多人的生活方式。號稱「安全」的核電廠建築不堪一擊的倒塌畫面，讓我們體悟到有必要重新思考過往我們所相信的事物。在事故發生後，企圖隱匿情報、逃避責任的兩大主角，是日本政府和東京電力公司。在這兩大組織中的菁英們、甚至是御用學者的行為，在在透露出這個日本社會重視利益更勝過人們的生命和生活。在紀錄片《核廢料：無盡的惡夢》[1]最後一幕，法國原能會長官柏納．比格要求那些懷疑核電安全的人民要信任政治領袖、科學家和電力公司。他說：「為了美好的未來，我們需要信任。」這樣的言論顯示出，就是人們對權威有著無條件的信任，才使

1 譯注：《核廢料：無盡的惡夢》，法國導演艾瑞克．蓋雷二〇〇九年的作品。

得高風險的核能發電成為可能。

然而，核電事故後，這樣的信任崩毀了。但另一方面，生活方式因此被影響的人們也開始行動了。他們在當地進行核輻射檢測、帶著孩子搬家、到福島參與志工活動、進行核電公投連署運動、在街頭參與示威遊行、盡量做到食物和能源的自給自足——人們透過各式各樣的方法，來表達自己的想法。他們並不依賴政治領袖、官僚、財團、學者、主流媒體這些權威，而是展現出他們的意志：自己的事情要自己決定。

他們所做的事，不只是攻擊核能發電的產官學界而已。日本全國五十四處核電廠多位於資源缺乏、沒有大企業進駐、交通又不便的小村町，而當地所生產的能源，大部分都供給大都市。核電事故後，福島當地的小村町居民避難到他處，不僅無法回到故鄉，還持續受到輻射的威脅。有些住在大都市的人知道了這個事實後，決心改變自己大量消耗能源的生活方式。如果沒有誰去承擔痛苦、誰又把應該公諸於世的資訊予以隱匿，這樣富裕又便利的生活，不過是空中樓閣，不可能實現的。如果不重新看待自己的生活、進而改變生活方式，就不可能創造沒有核電的社會。於是，「重新探尋自己的生活方式」這樣的思想，就開始擴散、生根。

這種「重新探尋生活方式」的浪潮，也引起了媒體的注意。電視和報紙頻繁地報導數萬人參與的反核遊行，例如二〇一二年六月二十九日晚間，抗議重啟大飯核電廠[2]的行動有超過十萬人聚集在首相官邸前，TBS電視台的《News i》在報導中強調，人們透過網路的資訊傳播，產生了「以個人的身分自主參加」這種「新形態的示威活動」。三一一之後的反核運動，確實是一種「全新」的運動形態。透過推特或臉書等最新的社群媒體，使得前所未見的各式各樣的人都有可能來參與示威。然而，強調「新」這件事也隱含了某種問題，那就是，過度強調與過往運動之間的不連續性，使得我們無法從歷史中學習。當然，對過去的學習，有必須積極吸收的部分，也有不可重蹈覆轍的部分。無論如何，我們的確應該要從過去的運動學習，但也沒必要過度推崇過去的事情。不如這麼說：從過去的運動中學習，不僅不會讓現在崛起的社會運動減損價值，反而可以作為讓新生運動萌芽、深耕的肥料。

回顧日本公民社會[3]歷史，「重新探尋自己的生活方式」這個思想獲得最多共鳴的時

2 譯注：大飯核電廠位於福井縣大飯町，由關西電力公司管理。三號、四號機在三一一核災後停止運轉，二〇一二年七月五日與二十一日分別重啟。雖然二〇一三年九月因定期檢查又陸續停機，但在通過日本原子力規制委員會的安全審查以及地方議會同意後，預計將於二〇一八年年初恢復運轉。

3 社會學者約翰．艾倫伯格認為，公民社會雖然會受到國家政治權威以及市場追求自利的規範影響，卻是一個能夠自律的場域。（Ehrenberg 1999, p. 237.）換句話說，公民社會是由一群非基於國家或企業的命令，而是基於自身意志行動的人，共同進行討論、思考、行動的場域。公民社會的活動包括，志工投身綠化活動、

期，就是「新左運動」。接下來我們也會談到，所謂的新左運動，就是在一九六〇到七〇年代，以青年為中心，獲得廣大支持的學生運動、反越戰運動、青年勞工運動的社會運動網絡。本書（尤其是第二章）指出，由於新左運動中，對高度經濟成長期所創造的富裕日常生活，抱持著反省的態度，使得「改變自己的生活方式」這樣的思想越來越普遍。例如，一九六九年四月，由日本大學的學生所舉辦的座談會，其中一名運動者就提到，日大學生運動的基礎帶有「自我變革」的思想。意思是，他們在面對突如其來的問題時，會持續地改變自己。這個「自我變革」，在他們身上引發了「昨天的我不會是今天的我」那般巨大的變化。[4]

然而這又會引起以下問題：這種改變生活方式的運動，到底改變了什麼呢？如果前面說的核電問題象徵了日本的政治社會狀態，那麼到底要怎麼做才有可能改變社會呢？換句話說，新左運動究竟在日本的公民社會和政治中留下了什麼樣的遺產？我們至今仍然受到新左運動的影響嗎？如果是的話，又是在什麼意義下，人們持續地被新左運動所影響呢？本書的目標，就是透過討論新左運動「日常性的自我變革」這個思想，思考這場運動對生活在現代的我們，留下了什麼樣的影響。本書除了闡明新左運動的成就之外，也會論及這場運動曾經陷入的困境。在進入具體的問題意識之前，我想先介紹一下我個人的經驗，並分享我認為的新左運動遺產是什麼。

二〇〇三年三月八日。這一天，有著早春的溫暖，我人在東京日比谷公園。那個時候，由美國的喬治·布希總統所主導、日本政府也支持的「自願聯盟」，正打算攻打伊拉克。四萬名以上的群眾聚集在日比谷公園舉行反戰示威。當時還是研究生的我，和朋友一起參與了這場行動。以前我幾乎沒有像這樣子參與過政治行動。我在國高中的學生會活動，絕對稱不上活躍；等進了大學，一般日本學生都會覺得運動和興趣類的社團比較有吸引力，至於學生自治會，對我們而言是相當遙遠的存在。這樣的我，之所以這天會參加示威遊行，是因為戰爭在即，讓我坐立難安。集會地點的日比谷野外音樂堂，人早就多到公園之外，所以我們只好在外面等待示威遊行的開始。遊行的隊伍相當長，我們等了好久才從公園出發，一路走過銀座和有樂町等鬧區，最後到達了東京車站。我還記得當時的感覺：不可思議，但一點都不感到疲憊。

家長教師聯誼會活動、鄰里發起公園大掃除、教會援助街友、工會與資方的交涉、地區小農和消費者之間的產地直銷，諸如此類不一定具有濃厚政治味的場域，內容相當廣泛。

4 小田実・桜礼二・清宮誠・福富節夫・酒井杏朗・鳥越敏朗・本間政博・間宮真・山本寛行「『日本社会の縮図』への叛逆——日大闘争のめざすもの」(小田他編 1969)、一八頁。

有了這次的經驗以後，我開始參與社會運動相關的「活動」。但是，我仍然有一點不安，那是因為我對參與社會運動的運動者絕對不算抱有多大的好感。我所說的運動者，是指那些質疑社會上具有支配力量的規則，並和其他人一起為了實現社會正義，而採取行動的人。把社會運動者等同於過時的、很難相處的怪咖，應該不只我一個吧。然而，實際跟他們接觸之後，發現運動者大多數都很好相處，所以我心中的刻板印象就馬上消除了。就這樣，我開始用自己的步調去參與這些活動。

從那個時候以來，我認識了許多關於勞工、反戰和平、農民、消費者、婦女、反核、援助開發中國家等社會運動的各式各樣運動者。我在參與活動之初，就發現他們之中有相當多人是受到新左運動的強烈影響。特別是年紀較長的運動者，多擁有一九六〇～七〇年代參加反越戰運動和學生運動的經驗。即使當時並未實際參加那些運動的人，也在之後的活動經驗中，學到了新左運動的「文化」。

當然，也不是所有的參與經驗都是愉快的。然而，參與活動確實是一種混合了驚訝、困惑、興奮、發現的經驗，相當刺激。讓我印象最深的是，他們對運動是如此認真地投入。他們所組織的團體，大多為了保有政治上的獨立，再加上只靠會費和捐款在支撐，以致很多志工都是無薪，而幹部則是低薪。他們的會議也都是在忙完白天的工作後，晚上七點左右開始，經常一開就到九點、十點。他們明明在金錢上、時間上都有所損失，沒辦法獲得什麼利益，卻還是獻身於社會運動。

這種參與運動的態度，是一種「倫理」。對他們而言，社會運動可以說是和自己的生活方式連結在一起。我想起有一次開完會，和幾個運動者一起吃飯的經驗。我們點了飲料和包括了青菜、魚、蝦在內的天婦羅全餐。上菜以後，沒有人碰碗裡的炸蝦。我問為什麼沒有人吃，其中一人簡短地對我說明了日本的農業公司如何在東南亞各國破壞環境以便養蝦的事。他隨後補充，「也不是絕對不吃蝦子，但我們並不會積極地想吃蝦子」。我也讀過一些文獻，大致上知道我們餐桌上的蝦子是怎麼生產出來的，但我對真心看待這個問題、並在日常生活中加以實踐的這些人，就在我眼前的這個事實，還是感到有些震驚。

我不只觀察到他們這樣奉獻自己的態度，也看過他們之間的情感衝突。這種衝突，比起政治見解的差異，反而更多是對運動該怎麼進行的看法不同。諷刺的是，這樣的衝突是因他們熱情地投入而引起的。在我看來，他們是為了社會正義而認真工作且遵循倫理的人，但這樣強烈的倫理意識，也常常和對他人的攻擊意識連結在一起。

他們的行動乃是出自於自己的倫理意識，這個事實，使得社會運動中的衝突比起其他組織要來得嚴重。例如在職場，即使職員對上司有什麼不滿，卻因為兩者之間存在明確的上下關係，職員大多也會看在薪水的份上，傾向於忍耐以避免衝突。但是，在我參與過的運動組織中，成員之間的關係是以平等為原則，他們所參與的活動也是自發的、非營利的。

因此，運動者之間的衝突，總是很難解決。我所認識的運動者，無論對運動多麼認真奉獻，既談不上有多大的政治影響力，也沒有成功吸引到更多新的參與者。不過，自三一一以來，也許日本公民社會正在發生一些變化。然而，在三一一之前，讓多數民眾覺得很古怪的社會運動，作為政治表達的一種重要方式，其力道是相當貧弱的。考量到這一點，也許我們也不能太過期待。

本書是一九六〇～七〇年代日本新左運動的歷史研究。我並無意美化這段歷史，但多數運動者確實是抱持著倫理意識在面對他人視而不見的問題。這些真誠的人們到底要怎樣才不會陷入「倫理過剩」的困境呢？這就是我想要討論的。從我個人為數不多的經驗當中，說明了直到現在，想要讓世界變得再好一點而採取行動的人們，仍然尚未脫離新左運動曾經歷過的煩惱、痛苦、與艱難。「重新探尋自己的生活方式」自核災事故至今，仍持續地往下扎根。本書就是在探討這場運動的起源從何而來：理解日本新左運動的遺產，才會知道自己現在的位置。

序章

一、高度經濟成長與「規訓化」

新左運動

新左運動，到底是什麼？我們就從定義開始吧。社會學者（同時也是美國新左運動的運動者）陶德．季特林指出，「新左」（New Left）有兩個面向。[1]首先，新左運動是「新的」（New）。也就是說，和歷史悠久的共產主義與社會主義運動之間是有區別的。一九五〇年代以前的共產／社會主義運動，普遍把蘇聯的政治制度視為理想。然而，蘇聯在一九五六年介入匈牙利動亂，許多匈牙利公民遭到蘇聯軍隊屠殺。而史達林時期對蘇聯境內的政治鎮壓，也在此時廣為世界所知。到了一九五〇年代後期，對蘇聯的不信任感甚至擴及共產主義國家。此外，許多左派運動者和知識分子也改變了想法，不再把理想社會的希望寄託在蘇聯身上。新左運動就是在這樣的背景之下誕生的。因此，新左和社會主義、共產主義所支持的「老左」（Old Left）不同，它是「新的」。

另一方面，新左運動是「左」（Left）的。他們繼承了老左對社會公義的關懷。然而，老左把階級問題視為最優先，以革命性的改變作為自身運動的目標，相對於此，新左則同時也重視階級以外的問題。例如反對戰爭行為，即使自己並沒有直接受害；抗議大學校方強化對學生的管束；抗議歧視社會弱勢的聲援行動等。此外，必須強調的一點是，新左運動是一九五〇年代後期在工業社會出現的一種普遍現象。這場運動形成於一九五〇年代後期到一九六〇年代的工業社會，逐漸擴大之後，在一九六八～六九年的反越戰運動與學生運動中動員了大量群眾，而達到高峰，然後在一九七〇年代初期開始衰退。

美國的新左運動，從狹隘定義來看，指的是當時在校園中最有影響力的「民主社會學生同盟」（SDS）所發起的運動。然而，新左運動還有更廣泛的定義，通常包括了黑人、學生、反戰等團體。[2]延續這樣的定義，我也把一九六〇～七〇年代廣義的社會運動，納入日本新左運動的範疇，包括學生運動（主要團體是「全共鬥」）、反越戰運動（主要團體是「越平連」）、青年勞工運動（主要團體是「反戰委」）。

在定義新左運動的時候，有幾個必須留意的重點。第一，新左運動和「新社會運動」不同。新社會運動主要出現在一九七〇年代以後的歐洲，重視工業化所帶來的問題，例如環境的破壞。不過，無論是在歐洲還是在日本，新左運動和新社會運動都有部分的重疊。也有很多研究顯示，新社會運動的思想和人才都繼承自新左運動。然而，相較於新左運動一方面聚焦於反越戰和大學紛爭、一方面又受到社會主義和共產主義的思想與運動所影響，新社會運動則是重視生態環境、男女平等、性別和少數族群的權利、以及與第三世界之間的連帶這類廣泛的議題，反而和社會主義、共產主義有些距離。

第二點，新左運動在本書的日文原文使用的是「ニューレフト」這個片假名拼音的「New Left」，而非日文漢字的「新左翼」。在日本，日文漢字的「新左翼」總是被理解為採取「暴力革命」的「極左」。「新左翼」也經常被指涉為「黨派」。這裡的「黨派」一詞，指的是一九五〇年代後期以來成立的各種組織，這些組織以批判日本共產黨的官僚主義、建立真正的前衛政黨為目標，到了一九七〇年代後，因為發生組織內部以及組織之間的暴力事件與恐怖攻擊而惡名昭彰。本書不使用日文漢字的「新左翼」，原因在於這個詞已經被日本警察和媒體給污名化了，而且使用這個詞會讓那些不屬於任何「黨派」的運動者被排除在本書所討論的新左運動之外。[1]

1 譯注：這是本書作者相當重要的立場，然而中文版無法像日文那樣，將「New Left」以片假名拼音表示，也無法直接使用英文，最後的解決之道是用「新左」來與「新左翼」區別，這點還請讀者諒察。

高度經濟成長與經濟的「規訓化」

若要了解日本新左運動究竟在爭論什麼，就必須先知道當時的經濟社會背景。從一九五〇年代後期到一九七〇年代前期這段時間，日本的經濟快速地成長。一九五五～七三年間的每年平均成長率達到一〇％。支撐這個高度成長率的動力就是工業化。依據一九五五年和一九七五年的產業別就業人數調查，第一級產業從一千六百一十一萬人降低到七百三十五萬人（大約減少了八百七十五萬人）；而第二、三級產業則是從二千三百一十四萬人增加到四千五百六十二萬人（大約增加了二千二百四十七萬人）。[3]產業結構的變化帶來都市人口的增加。依據總務省《日本的統計》顯示，首都圈的人口在一九五〇年大約有一千三百〇五萬人（占全國人口的一五．五％），到了一九七〇年則增加到二千四百一十一萬人（占全國人口的二三％）。此外，都市化也導致家庭結構的巨大變化。一九五五～七五年之間，單身者從二百〇八萬人增加到五百九十九萬人，核心家庭則從八百六十萬戶增加到一千九百三十萬戶。[4]單身者加上核心家庭的比例在一九七五年就占了總人口的八成。

勞動的形態在高度成長期也大有改變。一九八三年版的《國民生活白皮書》顯示，受雇者占全體勞動力的比例，從一九五五年的四五．七％增加到一九七五年的六九．一％。[5]自營作業者和家族事業從業者的比例減少，越來越多人的生活所得是依靠企業。對人們來說，所謂的「工作」，既非幫助家族事業，也不是自己開店，而是被理解成「去企業上班」。雖然大量生產方式導入日本的時間點是在兩次大戰之間，[6]但是要到一九五〇年代以後才廣為企業採納。例如一九五〇年代的鋼鐵業導入了「工業工程」(Industrial Engineering, IE)，這套由美國開發的最新勞動管理法，受到費德瑞克．泰勒的科學管理法啟發，把生產工程分為幾個部分，每個部分設定標準時間，每個勞工都只負責一部分的簡單作業。鋼鐵業的多數勞工，被要求在標準時間內完成份內的工作，從而受到比過去還要嚴格的勞動控管。[7]

然而這類職場變化並不只發生在日本，同時代的其他工業社會也有類似狀況。要理解這樣的變化，可以參考社會學者彼得．華格納的論點。現代西歐所形成的「自由」理念，到了十九世紀分別在不同的制度中得到實現，雖然如此，可以享受這種自由的人，僅限於以有產階級男性為中心的一小部分人而已。[8]十九世紀末，隨著「自由」的適用群體比以前來得廣，菁英階層開始對社會越來越難控管一事感到焦慮。「規訓化」(disciplinization)的論述，因此在二十世紀初到一九六〇年代之間蔚為主流。[9]華格納所謂的「規訓化」是指：秩序、效率、穩定、容易預測。[10]例如，在被「規訓化」的職場中，勞動者的行動自由受到規定的束縛，他們很難決定自己的工作方法與時間；另一方面，管理者可以控制勞工的自主行動，並規畫經營方針以進行有效率的生產。這就是「規訓化」的具體內涵。社會學者安東尼・紀登斯認為，工業化是現代各種制度的基本構成要素之一，[11]尤其是二十世紀的工業化，是在勞動場域發生「規訓化」的過程中加以展開。

華格納也指出，促進「規訓化」的並不只是要求職場合理化而已，消費文化的普及也是其中一個因素。到了二十世紀後期的工業社會，很多人不僅擁有房子、車子、家具等耐久性消費財，休假時也可以出外旅行。他們變得比以前更依賴金錢和市場，而那些原本種來糊口的家庭菜園則急速減少。「商品化」的過程，使得他們彼此的生活越來越相像。就好比美國的郊區作為被商品化的消費生活樣本，居民住在被標準化的家中、過著被標準化的生活。[12]

在日本，高度經濟成長也帶來了消費文化的普及。休閒產業在這個時期快速地成長。一九五五年到一九七〇年間，餐廳、咖啡館、酒吧、酒店等飲食相關產業的營業額，從一千三百三十八億日圓成長到二兆三千七百七十一億日圓；柏青哥、麻將、保齡球、高爾夫等娛樂業，從九百九十五億日圓成長到一兆〇四十八億日圓；旅行業則從一千〇二十二億日圓成長到一兆六千六百二十九億日圓。[13]擁有耐久性消費財的人口比例也大幅增加：一九七〇年在五萬人以上的都市中，耐久性消費財的普及率分別是，洗衣機九二・一%、冰箱九二・五%、黑白電視九〇・一%。[14]

多數的人們在這個時期都過著比以前還要物質豐裕的生活。戰爭的廢墟消失，都市急速地重建，當然區域之間和階級之間仍然存在差異，但是人們確實很快就從物質的貧窮中被解放出來。一九五〇年代後期流行「三神器」這個詞彙：洗衣機、冰箱、黑白電視。擁有三神器，是中產階級的證據，也是人們心中的願望。「三神器」到了一九六〇年代被汽車、彩色電視、冷氣所取代，創造了「3C」這個新詞彙。高速公路、火車、地下鐵、飯店等等基礎設施，在一九六四年夏天舉辦東京奧運之前，全都重新翻修，以東京為首的都市樣貌開始產生劇烈變化。

政治的「規訓化」

政治同樣也無法免於「規訓化」的命運。這個時期的日本政治，主要的對立來自「保守派」（自由民主黨）對上「革新派」（日本社會黨和日本共產黨）。兩派在國家安保議題上雖然對立，私底下卻都支持「工業化」這個國家目標。促使雙方意見一致的要素，就是「春鬥」。春鬥，從一九五五年開始到一九六〇年代中期為止，是日本勞工每年最重要的例行公事之一，春鬥期間工會代表會和資方進行工資談判。工會雖然在選舉時傾向支持革新派政黨，但比起質疑工業化帶來的問題，他們更重視透過工業化讓更多國民享有財富重分配的利益。

政治學者克勞斯・歐飛指出，戰後工業社會的政治系統具有三項特徵：[15]第一，一九五〇~六〇年代，西方各國和日本最重要的國家目標，就是經濟成長。企業經營者為了獲利而增加投資，中央政府則致力於提高GNP、增加稅收以進行分配、以及解決貧困問題。第二，這個時期的政治對立，主要來自資本與勞動之間。由工會組織起來的勞工和經營階層在政治上具有競合關係，他們之間的競爭不在贊成或反對工業化這一點上，而是對經濟成長所增加的收入應該如何分配這個問題意見不同。第三，政治決策是透過代議民主的形式進行。因此，少數服從多數成為基本的原則，對政治決策抱持異議的少數則遭到這種形式的民主所輕視或無視。特別是「工業化作為國民的共同目標」這樣的質疑，幾乎不曾成為政治上的議題。這意味，人們如果不被整合到具有支配力的政治體制中，便很難有效地表達自己的意見。

社會福利制度也同樣受到了「規訓化」的影響。日本的社會福利制度在戰後，尤其是高度經濟成長期間，得到相當程度的發展。一九五八年制定國民健康保險法，讓全體國民享有強制的醫療保險；一九五九年又制定國民年金法，涵蓋了包括公務員以及農民在內的全體國民。社會福利制度透過社會保險的給付，相當程度地改善了貧困問題，這點無庸置疑。然而，如同華格納所說，社會福利制度的改善，也使得人們的私生活被「規訓化」。福利的給予並非無條件，換來的是政府管制的強化。[16]義大利的馬克思主義者葛蘭西曾提過類似的論點。二十世紀初期，美國等工業社會在引進福利制度時，連勞工的日常生活也列入管制的對象。例如福特汽車公司，為了不要讓勞工沉迷於娛樂而耽誤翌日的工作，甚至規定勞工的薪水該怎麼花、生活該怎麼過。另一方面，國家又管制勞工的「酒癮」和「性墮落」，例如一九二〇～三三年間所實施的「禁酒令」，既是法律形式的管制，也是「傳統清教徒主義」的道德宣傳。[17]至於日本社會福利制度與「規訓化」之間的關係，可以拿一九三八年訂定的國民健康保險法（且持續施行到戰後）為例。這項法律是為了促進農村居民的健康，以便強化戰爭時期的國力，和一九四〇年公布的國民體力法是同一套法律措施。依據國民體力法，未成年人有每月進行一次體力檢查的義務，就這樣，國家以促進健康意識的形式介入了人民的私生活。[18]這些學者的論點顯示，在二十世紀的工業社會中，人們的私生活已經不是自由的領域了，而是被導引到無法脫離國家、甚至有時候還會被強勢介入的領域。

二、「日常性」的自我變革

對「規訓化」的挑戰

雖然高度經濟成長期被描繪得很美好，但我必須強調，其實在這個時期，日本還是有許多人對經濟成長抱持不滿。依據ＮＨＫ的問卷調查，一九七三年有五九％的受訪者「反對繼續高度成長」，遠遠超過贊成的二二%（受訪者共有一千五百人）。受訪者列舉了經濟成長所帶來的問題，包括：公害、自然環境的破壞、物價上升、人性的喪失等等。[19]

一九五〇年代，由反對在日美軍基地、禁止核爆、勞工運動等團體所組成的網絡，形成所謂的「戰後革新勢力」，在民主運動中扮演了核心的角色（將於第一章詳述）。參與這些運動的人們，有過在二戰中及其後失去親人朋友、以及生活崩壞的經驗，這樣的記憶成為他們參與運動的基礎。所以，戰後革新勢力的主要關懷在於守護人們的生活方式，而非工業化所帶來的社會管制愈趨強化此一問題。相對地，把二十世紀工業社會的「規訓化」視為問題的，就是新左運動。這場運動，可以分為三項構成要素：

第一，新左運動在大學校園內最為活躍。一九六〇年代中，全國各地的學生運動開始質疑大學校方對學生的嚴格管束，並且得到很多過去未曾參與運動的學生加入支持。一九六〇年代後期，新左運動的學生一面批判日本共產黨及其附屬青年組織「日本民主青年同盟」（簡稱「民青」），一面把運動的焦點從校園問題轉移到更廣泛的社會改革問題上。這些學生大致可以分為「黨派」以及「非黨派」[2]兩類。兩者雖然存在對立關係，但因同樣批判社會管制的強化，在一九六〇年代後期的某段時期，經常在校園和街頭共同行動。

第二項構成要素，是當時反越戰的抗議行動。抗議者經由媒體報導得知，日本所支援的美軍殺害了許多越南人。雖然幾乎所有人都沒有因為越戰而直接受害，但是各個世代的人們基於社會正義的觀點，對反越戰行動投注莫大熱情。主辦集會、示威遊行、參與其他行動的核心團體，是一九六五年成立的反越戰運動網絡「越平連」。第二章我們也會談到，這些運動者並不只是同情越南犧牲者的遭遇而已，他們認為日本政府會支持美國，自己也有責任，因此他們必須改變日本社會，才能停止這場戰爭。

第三，大量的青年勞工也是新左運動的構成要素。他們抗議職場的管制愈趨強化，也批判大型工會沒有認真投入反對越戰的問題。第五章會談到，青年勞工在一九六五年組成反戰勞工網絡「反戰委」，他們在工廠和辦公室實踐自主罷工（指工會成員沒有獲得工會幹部同意就自行罷工）或占領職場等直接行動。反戰委也把日常生活的「規訓化」視為問題，時常和其他新左運動的團體在街頭共同行動。所以，這些青年勞工團體應該可以被視為新左運動的一部分。

日常生活的政治化

直接改變政策和政治體制這件事，對日本的新左運動來說是比較次要的，反而運動者更重視自己受到物質富裕的生活所惑，以致意識上越來越去政治化的問題。也就是說，新

2 譯注：非黨派，ノンセクト，是「non-sect」的片假名寫法。

左運動的主要關心對象在於，日常生活中是誰支配了誰、權力是怎樣運作的等等，所謂「日常生活的政治」。

研究日常生活（everyday life）的班・海莫指出，與日常生活的政治相關的理論，可以回溯到馬克思和佛洛依德。[20]馬克思認為，由於某一股無形的、創造分工體系的「社會力量」的存在，導致了人們現今的「社會關係」——也就是自己和他者之間的關係。也就是我們不應該把既有的社會關係視為理所當然，而是用一種「逆推」的方式去看，就會看到社會關係背後乃是物質力量在運作著。[21]佛洛依德則是指出，「心的過程」——我們只不過能意識到人的感知、思考、意欲的一小部分而已，而那些無意識的部份之原動力，就來自「只能被稱為性的蠢蠢欲動」[22]。他們都共同指出，日常生活的背後存在真正的現實，也就是「誰支配誰」這種政治鬥爭。這樣的現實，對馬克思來說，是名為「分工」的物質條件，對佛洛伊德來說，則是充滿欲望和恐懼的場域。

把日常生活視為隱蔽現實的場域這種看法，深深地影響了許多西方政治、社會理論家，例如法蘭克福學派的核心知識分子霍克海默與阿多諾。[23]兩人的研究認為，在二十世紀初期的工業社會，大多數人的日常生活都被捲入由「文化產業」（culture industry）所製造出來的大眾文化之中。[24]

把日常生活視為真正現實的表象這種看法，以法蘭克福學派第二代學者馬庫色為代表。在他所活躍的一九五〇～六〇年代的工業社會中，「反規訓政治」(anti-disciplinary politics)的思考方式漸漸普遍。所謂的「反規訓政治」，是拒絕階序、計畫、領導、官僚組織的概念。[25]可見，馬庫色除了受到馬克思的資本主義分析論以及佛洛伊德的精神分析論影響之外，也把日常生活中社會管制的強化這個新的現象，進一步地加以理論化。他的著作《單向度的人》，深深地影響了西歐和北美的新左運動。書中以美國等先進資本主義國家為分析對象，指出隨著物質缺乏的問題不復存在，各式各樣的自由(思想的獨立性、自治的權利、政治上的反對權利)也失去其真實的內涵。[26]越來越多人享受著娛樂產業和廣告產業所提供的商品，連生活風格都被馴化了。[27]這是先進資本主義社會所行銷的「虛假的需求」，意在讓人屈服於特定的社會勢力之下。當人們滿足於「虛假的需求」同時，他們想事情的方式也會漸漸地同質化為「單向度的思考」。[28]馬庫色透過上述論點，描繪出新的社會管制形態。儘管他所分析的是當時先進資本主義社會的樣貌，但他的主要焦點是在人們的日常生活。

關於日常生活的政治，日本也累積了一些討論。依據哈利・哈洛圖寧的研究，一九二〇～三〇年代有許多日本作家、哲學家、民俗學者、馬克思主義者等知識分子，都討論過在快速的工業化與都市化之中的日常生活。這些知識分子包括：柳田國男、九鬼周造、高田保馬、和辻哲郎、三木清、折口信夫等人。[29]此外，戶坂潤也曾明確針對日常生活進行論述。他在一九三四年寫的一篇時論中，使用了後來新左運動時常出現的「日常性」一詞，來分析日常生活的政治。依據戶坂的說法，所謂的「日常性」，通常被視為「最粗鄙的東西」或是「從本來的生活中墮落」。[30]然而，這不是對日常生活的全面理解。戶坂強調，日常生活是在貫徹「時事性」與「時局性」的原則。[31]也就是說，「日常性」的內容，會受到報紙所刊登的事件連帶影響。在這樣的日常生活之中，我們反覆地「感受、反省、計畫、實踐」，循環再循環，在其中打破習慣，又創造出一個新的日常生活循環。[32]就這樣，對戶坂而言，所謂的日常生活，統整了自己所處的歷史脈絡。他認為，若無法洞察「日常性」的存在，就無法深刻理解當代社會的形態，進而無法找到歷史前進的方向。

戰後初期，西方現代社會被視為日本社會所必須追求的典範，以致日常生活的研究不太受到重視。然而，到了一九六〇年代後期，日本新左的運動者讓人們對日常生活的關心復活了。他們從西方思想家身上學到了要關懷工業化所引起的問題。然而，馬庫色的著作翻譯成日文是一九七〇年代以後的事，所以很難說日本的運動者是因為好好讀了馬庫色的書才形成這樣的思想。反而我們應該說，日本的運動者是在自身社會既有的脈絡裡，提煉出屬於自己的思想。

如第二章所討論的，新左的運動者認為，「自己受到誰的支配」、或者「自己正在支配誰」這個現實，在日常生活中是被隱蔽的。因此，他們認為有必要改變自己的日常生活，也就是進行所謂的「自我變革」。但是，知道社會不義發生的運動者，為了改正這樣的問題而想要有所行動時，就會遇到自己的將來堪慮、家人反對、以及可能被捕等等障礙。在新左運動的論述中，這些障礙就被稱為「日常性」。超越日常的障礙、誠實面對自己的感受而活著，是運動者的願望。

因此，新左運動的論述核心「日常性的自我變革」此一思想，即使是用政治性的語言來表達，例如「帝大解體」，但「重新探尋自己的生活方式」這樣的意味毋寧更強。確實，此一思想追求「真實」(real)，也就是得到「活著」的真實感受，這個自我確認的意義很強烈。[33]不過，我還要強調的是，這個「日常性的自我變革」，是由一種倫理感所支撐著，那就是「一旦知道了世界上有不公不義的事情，我們就不能假裝它沒發生」(這在後面詳談)。

我也必須說明一下「自我變革」和「社會變革」之間的關係。就像剛剛反覆指出的，新左運動的核心關懷是改變自己的生活方式。然而(第二章將會談到)，運動者相信自己的行動，和改變日本社會乃至改變世界這件事情，是連結在一起的，而這樣的信念會強化他們對運動的參與。新左運動中，學生團體對抗的是大學校方、反戰團體對抗的是越戰，每個團體都有各自要對抗的不同敵人。然而，這個運動網絡的共通點就在於，他們的基本目標都是「改變去政治化的日常生活」。

日本新左運動之間所共有的「日常性自我變革」思想，可以分為「自我解放」與「自我反省」兩個面向。所謂的「解放」（liberation），在一九六〇年代之後，頻繁地被使用在民族解放運動、女性主義運動、拉丁美洲的解放神學運動之中。解放的對象，雖然包括壓迫特定民族、或是特定性別的整體結構，但是他們也相當強調自我內在的解放。[34]例如，黑人解放運動中，白人運動者先是反省為什麼自己不去質疑對黑人的壓迫這樣的自我意識，進而拒絕日常生活中各式各樣的歧視。[35]同樣地，女性主義運動在面對女性所承受的不利時，關注的不僅是經濟不平等的問題而已，而是在各個領域的被壓迫：政治、經濟、社會、性、個人等等場域，她們把男性支配女性的這種文化稱為家父長制，訴求女性從這種文化中得到全面解放。[36]在這裡，「解放」這個詞的意思，包含了社會與個人兩個面向。

至於所謂的「反省」（reflection），一直是現代思想的核心論點之一。康德在《純粹理性批判》與《實踐理性批判》等著作中，就有討論到基於自由的理性而得反省的判斷力。近年來的研究也試圖把反省的概念放在工業社會以來的歷史脈絡下進行討論。例如社會學家烏爾利希·貝克就指出，工業社會的發展將會帶來「風險社會」（risk society）。大力推行現代化的後果是，雖然工業社會可以成功減輕物質的匱乏問題，但是作為現代化動力的生產力增加，又會帶給人類威脅這一點不可被忽視。所謂的「風險」，是指公害那樣，對動植物和人類所造成的不可逆傷害。貝克說他的討論焦點在於伴隨著現代化而來的制度與組織變化，不過他也談及造成這個變化的行為者。對於工業社會所引起的問題，創造這些制度和組織的每一個個人都應該要具有「反身性」（reflexive）。[37]反省概念的發展歷史悠久，近年來則是被應用在分析工業社會的形態。

解放與反省的概念，各自具有不同的特性。在一九六〇年代後期的日本新左運動中，曾有一段時間兩者達到了某種平衡狀態。例如，主張要從大學校方的管束中解放的學生們，也會反省自己對越戰的默許態度。這種「自我解放」與「自我反省」的混合狀態，吸引了認知不同、情感不同的人們，對這個時期的運動動員具有相當程度的貢獻。

三、新左運動的衰退

運動的瓶頸

日本的新左運動企圖解決「規訓化」所引起的各種問題，在一九六〇年代後期，也動員了廣大的群眾，獲得了他們的支持。然而，我在第三章將會談到，我們不可忽視運動到了一九七〇年代就急速衰退這個事實。許多運動者燃燒著自己對日常生活變革的熱情，卻深受絕望和無力感之苦，最後直接放棄參與運動。

例如，曾經參與東大全共鬥的小阪修平，如是回顧他的自身經驗：雖然運動順利的時候感覺很好，但是興奮和熱血一旦冷卻，「把自己的生活方式當作一個問題」這樣的運動倫理，反而造成了自己的痛苦。「變得不知道到底要怎麼生活才是對的」、「漸漸失去了自我」、「只剩下空虛的自我意識和焦慮而已」。「我印象最深的是，我們同世代最優秀的傢伙都消失了，大半都廢掉了。就連我自己，在當時都有點輕微的解離症[3]。不管是周圍的現實，還是自己的身體，都變得不是真的了，像個徬徨的幽靈。這種怪人多得是。」[38]

隨著新左運動的衰退，後來的世代也對這場運動抱持著敵視的態度。在新左運動漸漸從校園消失的時期進入早稻田大學的由紀草一，生於一九五四年，就對新左運動者在一九六〇年代後期到一九七〇年代所做過的事情予以嚴厲批判。他所質疑的是：所謂的「全共鬥世代」，他們真的進行過真正的「鬥爭」嗎？他們那些「自我感覺良好的無聊大話」講再多，說穿了也只不過是讓「體制」受了一點「小擦傷」，根本沒有加以毀滅啊。最後，他們不過是破壞物品、打傷人、製造他人麻煩而已，不是嗎？把大學的課桌椅搬到外面，進行封鎖行動，把它們當作柴火來燒，很好玩是吧？這可是「犯罪」啊。就算被嘲笑成「說到底不過就是個屁孩」，好像也無話可說吧。正因如此，後來的世代並沒有打算要繼承全共鬥世代。講完上述這段之後，由紀又說了相反的話：「現實很無聊。無聊的話，人就沒有幹勁。所以說，想要有幹勁的話，最好不要意識到現實的存在。」他認為，全共鬥世代留下的遺產，對下一世代產生了負面的影響。[39]

由紀的批判顯示，新左運動的動員衰退之後，對這場運動的否定態度，已在日本公民社會中擴散開來。一九七〇年代的新左運動，究竟發生了什麼事？本書不只是討論新左運動豐富的思想與行動而已，也將討論運動者所面對的瓶頸。為什麼新左運動沒有完全發揮各種可能性呢？在討論運動的衰退時，我也會參考詹姆士·格林的方法途徑。他在《激勵我心的歷史》一書中，曾引用著名的社會運動史家霍華·金恩的話：「基進的歷史學家必須『寫出對的社會運動是怎麼出錯的，運動領袖是怎麼背叛追隨者的，反叛者是怎麼變成官僚的，而新鮮活潑的理念又是怎麼變成冷冰冰的僵硬一塊』。」[40]

明治時代的自由民權運動研究者色川大吉，也對如何描述社會運動的歷史有過類似的看法。他認為，思想史這種工作要「把人民所達成的歷史成果，像汲取地下水一樣，重新理解為人民自發的思想創造」，在此同時，也要嚴厲指出過去「人民運動」的「思想缺陷」以及「本質上的思維模式與精神結構的弱點」。[41]兩位歷史學者的話指出，只有深刻了解社會運動的缺陷，才有可能讓社會運動的理念和行動開花結果。進行這樣的歷史考察，就是本書的目標。

3 譯注：日文原文為「離人症」，是指自我意識無法真正感受到外在世界變化的心理症狀，通常是過度的壓力與疲憊所造成。

直接行動與警察

日本的新左運動，是怎麼面對困境的呢？常常有人認為，新左運動急速衰退的原因就是來自運動內部和外部的暴力。在第二章、第三章我們將會談到，一九六〇年代後期，非暴力的直接行動在日本新左運動中，是獲得廣大支持的一種抗議手段，然而後來卻轉變為恐怖主義、游擊戰、內部暴力等等暴力抗爭。在討論直接行動的時候，有兩個必須留意的重點。首先，是直接行動與暴力的區別。政治理論家艾波．卡特對「直接行動」（direct action）的定義是：「人們對政府或企業等其他強大的體制，施加壓力的手段」。[42]她強調，直接行動是「透過不合作、妨礙、反抗等本質上非暴力的方法」。[43]卡特認為，即使目標是矯正社會上的不公不義，但是「針對個人的恐怖主義」是不被包含在直接行動之中的。因此，有必要將「非暴力的直接行動」定義為和「暴力抗爭」不同的概念。

另一個必須留意的重點是，直接行動的目標是什麼。依據卡特的定義，直接行動的主要目標是介入公共領域，也就是說，讓別人聽不到的聲音能夠成為輿論並引起爭議。人類學家大衛．格雷伯則和卡特抱持不同看法。他認為直接行動的目標，並不是向政府等權威進行請願，而是要讓我們自己從這樣的權威當中得到自由。並不是只要對決就是直接行動。例如我們所住的鎮沒有水井，我們並不是為了要挖井而去包圍鎮長的家，而是即使於法無據我們還是可以自己挖井。這就是直接行動的精神。[44]因此，直接行動的目標是人民的「賦權」(empowerment)，也就是說，掙脫無力感，擺脫權威，獲得自主性。依據諾爾・斯圖真的區分，直接行動具有兩種效果：「政治＝外部的」(以對國家與企業的行動產生影響為目標)與「文化＝內部的」(以運動者的意識為目標)。[45]在討論直接行動的時候，必須同時擁有這兩種效果的研究視野。

談到新左運動的「直接行動」，就不能忽略一個事實，那就是有許多運動者曾經深受所謂「內部暴力」的打擊，無論是來自運動組織間或是組織內部的暴力，因而決心離開運動。依據日本警視廳的調查，一九六八～七五年之間，一共發生了一千七百七十六件運動內部的衝突，計有四千八百四十八人受傷，四十四人被殺，另有三千四百三十八人被捕。[4]最為人所知的悲劇性事件之一就是，系出新左運動的武裝組織「連合赤軍」的運動者，於一九七〇年代初期在山區進行軍事訓練時，以「肅清」之名殺害同志。

依據《全共鬥白皮書》這份關於一九六〇年代後期學運參與者的問卷調查指出，五百六十三位運動者表示自己退出運動的原因，有二四％是因為「內部暴力」，一六・九％是

4 秋山清・いいだもも・真継伸彦「座談会　『暴力の時代』の思想と行動」『朝日ジャーナル』一九七六年一月三〇日号、一一頁。

因為「連合赤軍」。[46]另外有五二・九%的運動者並沒有明確表示退出運動的理由，但如果「內部暴力」和「連合赤軍」是暴力抗爭的話，那麼許多運動者最後會決定離開運動，應該無關乎他們本身是否實際受害，而是因為他們對暴力感到苦惱。本書（特別是第二章和第三章）將討論這一點，試圖說明在日本新左運動中，原本充滿創造力的直接行動，最後是怎麼變成暴力抗爭的。

如果光是研究日本新左運動的思想特徵，也就是運動的內部因素，那就沒辦法清楚理解為什麼「直接行動」會變成暴力。我們必須同時考量國家對社會運動的影響。在近年的社會運動研究中，判斷國家對運動如何產生影響，有一個重要的指標，那就是「警察抗爭處理」（policing，以下簡稱「抗爭處理」）。[5]我們會在第三章把焦點放在警察如何控管新左運動，以及警方的抗爭處理如何影響了運動的動員（或動員解除）的能力。研究抗爭處理的專家唐娜提拉・波他和赫伯特・萊特把抗爭處理定義為「警察應對抗議行動的方法」。[47]所謂「警察的應對方法」，並不只是盡力去控管社會運動而已，還包含了把運動污名化，使運動失去大眾支持這個手段。而在分析日本新左運動的抗爭處理時，後者的面向特別重要。延續這個討論，本書也會指出日本警察的戰術如何影響了新左運動的動員能力。

關於直接行動是怎麼演變成暴力抗爭的，必須加入主流媒體對新左運動的描述方式，這個討論才算完整。我們接下來也會談到本書的主要資料來源：「新左媒體」——即報導新左運動的思想和行動並支持運動的媒體。相較於「新左媒體」傳達給我們的對運動的看法，《朝日新聞》及《讀賣新聞》這樣的主流媒體反映的就是外部的人看待運動的方式。主流媒體不一定會對新左運動產生共鳴，至於直接行動則是特別加以批判。然而，主流媒體卻比「新左媒體」更能夠影響輿論風向。因此，作為讓運動衰退的重要因素之一，我們有必要好好分析主流媒體的角色。

社會運動研究學者雪尼．泰洛主張，暴力抗爭同時存在兩種效果。暴力會讓社會運動受到媒體的關注，有助於促進運動的動員；另一方面，暴力抗爭會把抗議者、當政者、閱聽大眾之間複雜而多元的關係，簡化成非敵即友的二元對立，使得非暴力的支持者退出運動。[48]本書也會延續這樣的看法，討論暴力抗爭對日本新左運動帶來的矛盾效果。

5 譯注：「Policing」一詞在日文直接使用片假名音譯「ポリシング」，本書的中文譯法「抗爭處理」引用自許仁碩，二〇一五，〈臺灣「警察處理抗爭」之法制的考察及省思——以政黨輪替時代的警察策略及其反制為核心〉，臺灣大學法律學研究所碩士學位論文。見該論文第二頁隨頁注一，許仁碩指出，此一名詞原文之「Policing Protest」，目前學界並無統一之中文翻譯，「Policing」在中文一般以名詞譯為「警政」、「警力」，例如警政社區化（Community Oriented Policing）、第三造警力（Third Party Policing），但後接「Protest」、「Mass Demonstrations」等與抗爭相關之名詞作動詞用時，應交替使用「警察管理」、「警察處理」。本書亦將「Policing Protest」之「Policing」譯為「警察抗爭處理」，下簡稱「抗爭處理」。

四、研究方法

「新左媒體」的論述分析

前面引述過的小阪曾如是回顧自己和同志們的過去：一九六〇年代後期的他們，「就好像被自己的思想和行動限制住一樣」。他說，這樣的限制超乎他們「所知道的範圍」，就好像這是一個明明和自己有關的「場子」，但卻無法自己控制規則一樣。[49]同樣地，前日大全共鬥的運動者三橋俊明也說，感覺好像被「大學解體」這類自己所創造的「鬥爭者語言」給「牢牢地綁住了」。「我們就這樣不知不覺地被自己所創造、所深信的語言給突襲，以致動彈不得。」這是他真實的感受。[6]運動者究竟到底被什麼給「限制住」了？連他們自己都無法認知到的那個「場子」的規則，又是什麼呢？本書的目的，就是透過引用他們的話語，闡明這個潛規則，也就是近年來歷史學、社會學研究中稱之為「論述」的東西。

政治學者大衛．霍華斯曾指出，「所有目的與行動都具有意義，而這個意義是歷史上特定的規則系統所賦予的。」他以「高速公路興建預定地上的森林」為例。「森林」這個詞具有多重意義，這些意義會相互競爭、衝突。在開發業者的論述中，森林通常會被看成是為了經濟成長和繁榮而可以自由處分的資產。在環境保護運動的論述中則是，森林乃生態系不可或缺的構成要素，而且本身就具有價值與美感。[50]諸如此類，被社會、政治所建構的複數論述，並不是全都可以平等共存的。有的論述比起其他論述更具有支配性的影響力，例如把工業化視為最優先課題的社會，開發業者的論述就比環保運動的論述具有更大的影響力。[7]

日本的新左運動，在一九六〇年代後期，透過出版品以及面對面的討論，形成了共通的理解空間。[8]在這個空間中，誕生了「自我變革」和「日常性」等關鍵用語，而這些關鍵用語在一個有其歷史脈絡的特定規則系統中發生作用。誠如霍華斯所說，「論述」是集體所共有的東西。那是一套無意識的規則系統，會影響人們的日常實踐。與這個規則系統

6 三橋俊明「語りつがれるべき歴史——ボク自身にとっての日大闘争」『無尽』一九七三年季刊第二号、四二頁。

7 關於論述的分析，主要是延續傅柯的《詞與物》、《知識考古學》、《性史》等著作來加以討論。近年來，人文社會科學的領域受到傅柯對論述的理解所影響，朝向更重視實證可能性、更傾向使用實踐的方法來研究論述。例如，政治學者約翰·德雷澤克對全球政治論述的分析，就可以算是這個論述分析潮流的一支。（Dryzek 2006）

8 本書雖然強調日本新左運動論述空間的特定性，但是這個現象不僅限於日本，外國的個人和團體的論述空間之間，也會產生相互的作用。一九六〇年代後期，日本新左的運動者常常和美國、德國、法國等其他工業社會的運動者分享思想和行動相關的資訊。這個現象並不能單純被理解成（日本運動者）單方面的被告知而已。例如，一九六八年在美國芝加哥的運動者，就借用了日本新左運動中所使用的「Z字形示威」概念，促使民主黨轉為反越戰的立場。（Giltin 1980, pp. 186-87）這樣的例子，就證明了運動者之間是跨越國界相互影響的。

有關的人，既沒有辦法清楚地認知到這一點，也沒辦法好好地加以面對。霍華斯強調，論述不同於「框架」（frame）。框架是，某一團體與個人為了正當化自己的行動，透過策略性的努力以獲得共同的理解。然而「論述」並非為了達成特定目的、產生共同認知或理解的工具。[51]如果把這個說法套用在日本新左運動身上，運動者按理可以產生屬於自己的論述。然而，運動者在表達自己的想法時，又不得不依據新左運動的論述，而且沒辦法完全控制論述所產生的效果。正是在這個意義下，運動者才會覺得「好像被自己的論述給限制住了」。

其次，是關於本書所使用的資料。如同前述，本書的主要資料是來自「新左媒體」。新左媒體包括了日本新左運動的運動者及其支持者所發行的雜誌、報紙、書籍。一九五〇年代後期到一九六〇年代的歐洲新左運動中，英國的《新左評論》、法國的《是社會主義、還是野蠻？》及《論點》、德國的《新評論》，都是各國自行發展出來的新左運動雜誌。[52]這些雜誌，都把自己視為新左運動的一部分，內容則涵蓋關於運動思想與行動的知識、政治討論。

在日本，一九六〇年安保鬥爭前後所誕生的《朝日期刊》（朝日新聞社出版）、《現代之眼》（現代評論社出版）等週刊和月刊雜誌，不僅積極報導新左運動的行動，給予運動支持，而且擁有廣大的讀者群。二戰結束初期就存在的《展望》（筑摩書房出版）、《思想的科學》（一九六〇年代後期由思想的科學社出版）等雜誌，也在一九六〇年代後期與新左運動互相唱和。新左運動的各個團體，例如越平連出版的《越平連新聞》、東大全共鬥出版的《進擊》等等，則是運動者自己發行的報章雜誌，致力於自行傳播資訊。這類報章雜誌所構成的新左媒體中，也包含了各式各樣的團體所發行的「迷你媒體」。這個時期，由於油印印刷技術的普及，運動者更容易自行製作報紙和傳單，從而促進了新左媒體的成長。[53]

新左媒體和「黨派」所發行的宣傳誌，是不同的東西。新左媒體是由各個新左團體所共同形成的論述空間，雖然不像主流媒體擁有那麼多的讀者，卻對運動產生了強大的影響力。新左運動的論述空間，雖然與戰後初期由《世界》和《中央公論》等「綜合雜誌」所建構的「知識界」部分重疊，但基本上是兩種不同的東西。人們在街頭、咖啡館、學生宿舍中的面對面交流，也支持了這樣的論述空間。本書將透過分析這些新左媒體，來說明新左運動所誕生、所共有的論述是什麼。

探討文字或行動所暗指的規則這樣的研究方法，可能會阻礙我們關照運動者在日常生活中的各種實踐，而這些實踐是無法被化約成「論述」的。然而，本書將使用當時座談會和訪談中的片段對話作為史料，盡量處理論述之外的、運動者在日常生活中的實踐。如上所述，本書是企圖在「過度普遍化的敘述」和「過度的個別分析」之間找到平衡點。

先行研究與本書特色

論述的歷史和組織或人物的歷史是不同的——前者以個別的運動團體為焦點，後者則關注其思想和行動。新左運動的歷史，大多描述組織史或人物史，這類先行研究由於以特定的組織或人物為焦點，因而得以對各個組織或人物的思想和行動有深刻的了解。這類研究也把學生運動和反戰運動分開來看，強調非黨派與黨派之間的差異，並且重視全共鬥內部的世代差異。本書也會延續這些研究成果，討論在各種不同的新左運動之間所共有的「日常性的自我變革」這個論述。[9]

透過這樣的研究方法，我們就可以在更長遠的歷史脈絡中，分析新左運動給公民社會留下的遺產。在討論新左運動對公民社會的影響時，既有的研究多把焦點放在「一九六八年」這個象徵性的符號上。因此，他們的研究時間就侷限在一九六〇年代後期為止。然而，要確認運動的遺產，就必須研究該思想為什麼在初期沒辦法完全被實現，之後又是如何開始變質的。所以，本書不只要分析思想的「形成」，也要追尋它的「走向」。也就是說，本書的任務是，探討「改變自己的生活方式」這個新左論述的變遷。

本書的問題意識「新左運動給公民社會和政治留下的遺產」，就是在這樣的論述變遷過程中誕生的。這樣的遺產，大致可以列舉出三項：第一，是日本「公民力量」的泉源。

近年的比較研究顯示，日本公民社會的特徵是，像NPO工作者那種非營利機關的工作機會極端稀少，取而代之的是相當多以志工參與為基礎的小團體。[54]他們既沒有薪水、又要占用自己的時間，究竟他們為何會願意參加這些活動呢？本書將會描述，「日常性的自我變革」此一思想，作為公民自發參與社會活動的原動力，如何在日本社會中形成、普及、深耕的歷史。「日常性的自我變革」此一思想，在一九七〇年代之後，甚至擴展到生態保育、女性主義、消費者運動、援助開發中國家、反核運動等領域。都市的中產階級一方面反省自己物質豐裕的生活，一方面又能夠對少數弱勢的痛苦感同身受。這樣的倫理思想後來就成了公民運動文化的規範。

第二，是新左運動改變政治的可能性（之消失）。在日本，對既有政黨的不信任，已經不是一天兩天的事了。即使在二〇〇九年的眾院選舉中，民主黨取代了長期執政的自民黨，這樣的狀況還是沒有太大的改變。在各種民意調查中，各政黨的支持度普遍低迷。明明人們痛切地感受到政治對自身生活的影響，但是還是有很多人都在怨嘆根本沒有一個投得下去的政黨。因此，數萬人為了抗議政府重啟核電而聚集在首相官邸前，就是因為自己

9 這並不是指我想要描繪出運動的「全貌」。西方和現代性的後殖民研究，就嚴厲批判了研究者所謂「描繪出歷史全貌」的企圖。（Chakrabarty 2000）本書乃是試圖從「日常性的自我變革」，也就是改變自己的生活方式，這個思想和行動的脈絡出發，給予目前已經有很多人討論過的新左運動，一些新的觀點。

的聲音沒有被政治人物聽見，才會採取這樣行動來表達不滿。

日本這樣的現狀，在回溯歷史的同時，如果不和他國的案例比較，就沒有辦法完整地加以理解。因此本書也會一邊比較歐洲的工業社會，一邊反省為何新左運動沒有辦法在日本實現政治改革。在分析的過程中，我發現關鍵在於「日常性的自我變革」此一論述本身的性質。許多運動者在心靈受創之後離開了運動，也把自我變革和政治改革切割開來，只侷限在個人的生活方式這個問題上。如此一來，新左運動在政治場域的缺席，也使得「創造與既有政黨不同的政治」這個可能性更加難以實現。所以本書在討論新左運動的遺產時，也會試著把日本民主給「歷史化」。

第三，則是非暴力的直接行動被封殺。如果立法和行政機關都沒辦法好好傾聽人民的聲音，那麼直接行動則是讓人們聽見這些聲音的一種不可或缺的方法。在街頭的示威或靜坐等直接行動，是人們的政治表達方式。然而在日本，直接行動卻說不上是獲得了廣大的支持。和其他國家比起來，日本對街頭的行動自由也限制較多。為什麼日本會有這樣的狀況呢？非暴力的直接行動，是新左運動中相當流行的抗議手段之一，因為這是一種把「重新探尋生活方式」的思想透過身體行動來表達的方法。直接行動也同時存在另一個面向，那就是能夠賦予「改變生活方式」這種容易讓人感到鬱悶的運動一種解放感。然而，一九七〇年代的日本新左運動，卻被貼上「過激派」的標籤，以致直接行動被視為「暴力」而被遭到封殺。如此一來，運動不但失去了自我解放的面向，新左運動的論述也開始產生變化。本書將分析媒體和警察的角色，討論對直接行動的詮釋權鬥爭、以及街頭的行動自由是怎麼被剝奪的過程。這也是導致日本開放的公共性、甚至民主之所以相當受限的原因之一。

在思考新左運動給日本公民社會和政治場域中留下了什麼的時候，特別值得注意的是，要提供框架來分析新左運動的「魅力」與「危險性」兩者之間的關係。評論家絓秀實，對日本新左運動的遺產採取一個正面的態度。[55]絓以社會學者伊曼紐·華勒斯坦的「一九六八年革命」為論述基礎，認為日本新左運動是抵抗現代「全球資本主義」的先驅者。然而，他過度強調運動的思想意義，而沒有對運動在日本公民社會所產生的社會和政治效果給予充分的判斷。社會學者小熊英二，則是因為新左運動所出現的暴力，導致他人生命財產的威脅，而對新左運動採取批判的態度。[56]他雖然也討論到運動有其建設性的遺產，但僅限越平連等特定組織。這類先行研究，都有過於強調運動的建設面（例如：對「控管社會」的批判）或破壞面（例如：對他人的攻擊性）二者擇一的傾向；本研究和這些先行研究不同的是，以「日常性的自我變革」——也就是「重新探尋生活方式」此一思想為關注焦點，把運動的魅力與危險性二者不可分割的關係，強調二者乃是一體之兩面。本書的特色就是要指出，這兩個不同的面向如何在論述的變化中展現出來。

以上這種研究方法的必要性，其實是由過去的新左運動參與者所提倡的。在一九七〇年代新左運動快速衰退時所舉辦的座談會中，全共鬥運動者津村喬想要強調，全共鬥只有和黨派切割，才會具有政治和思想上的可能性；與津村喬相對的座談對象，反越戰運動者井上澄夫則表示，連合赤軍的「清算私刑」問題和全共鬥運動「有著非常深刻的關係」，所以運動者如果無法超越非黨派和黨派的對立，就無法挖掘出新左運動的共通問題。[57]

那些認為連合赤軍的暴力行為並不是和自己無關的運動者，並不只有井上而已。一九六六年進入中央大學、參與學生運動、並在之後進入出版社工作的男性，如此回顧他在一九六〇年代後期到七〇年代的經驗：

> 現在回想起來，我有幾個朋友，是在陷入了絕望的鬥爭中進入了山區。有朋友是在所謂的私刑殺人事件中死亡的。也有朋友是還被關在監獄裡的。他／她們是我自己的另一個投影。這樣的事情，成為我只要活著就得自律的重點。我這一生，都必須為此付出代價。[58]

為什麼「內部暴力」會對運動的動員產生負面的效果呢？我在第三章中將會談到，許多做夢都沒想到可以參與連合赤軍的運動者，對連合赤軍的思想和行動是有認同感的。因此當他們開始思考連合赤軍的暴力究竟有什麼意義時，就會感到自己的理念從根本上完全地崩解了。前面所引述的兩位運動者的談話，可以讓我們思考在研究新左運動的遺產時，要用什麼樣的方法才是適當的。如果分開來看新左運動留下的建設性和破壞性遺產，那麼就可以把建設性遺產與不具建設性的批判切割開來（這一點，我主要是在第四章中討論）。然而，我們不能不小心，這樣的區別，也很可能會把運動的思想和行動給理想化，並對其引起的問題視而不見，或者反過來把運動「幼稚化」而完全加以否定。

「改變自己的生活方式」此一思想的魅力在於，「改變社會」這個巨大的議題和自己的生活一點都不遙遠，而如何讓思想進入日常生活、提出具體做法才是重點。另一方面，這個思想的危險性在於，「改變自己的生活方式」這個具有倫理意識的行為，可能導致自己去攻擊不認真力行的自己或運動同志，以致造成運動者身心上的傷害。我並不會特別強調魅力或危險性，而是透過分析「日常性的自我變革」所帶來的兩種效果，重新描繪出新左運動的歷史，並反省該運動的遺產為何。

接下來的部分有五章。第一、二章，從一九六〇年安保鬥爭出發，討論新左運動論述的形成。第三章分析一九七〇年代「日常性的自我變革」此一論述如何展開。第四章討論運動的魅力，一方面說明「改變自己的生活方式」這個思想是怎麼在地方生根，另一方面指出公民自主參與活動的支持力量來自某種倫理意識。至於運動的危險性，則是在第三章和第五章會談到。我將把焦點放在各種非暴力的直接行動、以及運動和政黨之間的關係之上，思考為何新左運動失去了政治的可能性。

此外，本書所提到的人物頭銜、團體、地方政府名稱，若無特別註明，皆直接使用當時的名稱。

第一章

戰後的民主化運動時代——發現「日常性」以前

一九六〇年的安保鬥爭，也就是反對修正日美安全保障條約（安保條約）的抗議行動，大大地影響了日本新左運動的論述。正如本章所討論的，一九六〇年代後期的新左運動者，乃是抱著必須超越安保鬥爭的「極限」此一想法來參與運動的。

因此，在進入新左運動的討論之前，我們應該先討論安保鬥爭。本章首先整理第二次世界大戰後民主化運動的歷史，接著確認安保鬥爭的背景，最後進入「歸鄉運動」的討論。在群眾抗議行動的浪潮告一段落的一九六〇年七到八月間，為數眾多的大學生和知識分子發起了「歸鄉運動」，具有反省力的自我變革思想便是從這場運動中產生的。從這一點來看，歸鄉運動是一九六〇年代後期發軔的新左運動的先驅者。另外，本章也會論及歸鄉運動中對民主化運動的集體反省與新左所標榜的「日常性的自我變革」有何不同。

在安保鬥爭以及歸鄉運動的動員力急速衰退後，日本經歷了快速的高度經濟成長。一方面，伴隨著高度經濟成長而來的社會劇變讓許多年輕人感到困惑；另一方面，學生團體、宗教團體、政治團體等各種行為者，也為了吸納這些年輕人而相互鬥爭。本章最末將會討論青年組織化的紛爭。

一、一九六〇年以前的民主化運動

去殖民化與民族主義

一九六〇年五到六月，抗議人士連續數日包圍了國會議事堂周邊，反對安保條約的修正以及自民黨首相岸信介的反民主決策。[1]為了理解一九六〇年安保鬥爭的性質，我們必須回到當時的社會運動所處的全球脈絡。一九五五年，中國、菲律賓、南越、日本等以亞非國家為主的二十九國在印尼萬隆召開會議，美國和蘇聯兩個超級大國都沒參與。萬隆會議（第一次亞非會議）的召開，正值第二次世界大戰結束後民族解放的呼聲高漲之際，這些有過被殖民經驗的國家首次聯合起來，作為顯著可見的政治力，在國際政治舞台上登場。從這個會議開始，去殖民化的速度加快，從而形成「不結盟國家」組織。[1]

韓國學者曺喜昖在論及開發中國家去殖民化的問題時曾言，「萬隆精神」的基礎乃是，受殖民支配的國家想要脫離強勢大國的支配、進而取得國家獨立的意志。[2]如果把一九六〇年的安保鬥爭放在全球政治的脈絡下，將會發現這個時期的特徵就是：「萬隆精神」——即民族主義與去殖民化的論述，大行其道。將十多年前仍支配其他殖民地的日本，拿

1 關於六〇年的安保鬥爭，詳見日高（1960）、松井（2009）。

來與長期被殖民的亞、非、拉美各國的去殖民化運動相提並論，是一件不可不慎重的事。然而，正如以下將要談的，我們也不可忽略，日本針對安保條約的抗議行動，與第三世界的去殖民化運動一樣，也是在民族主義和國家自主的渴望下所誕生的。

那麼，安保條約的修正為什麼會成為問題呢？我們有必要檢視當時的國內與國際政治情勢。第二次世界大戰後，日本在聯合國軍隊的占領下展開「民主化」的過程。民主化並不只是由上而下的政策，同時也是因為人們不想再次嚐到二次大戰中的痛苦。因此，民主化運動受到來自勞動者、農民、女性等各方支持。

一九四九年中國共產政權成立、一九五〇年韓戰爆發，美蘇之間的冷戰擴及亞洲地區。在這樣的狀況下，日本政府於一九五一年簽訂日美安保條約，選擇站在以美國為中心的自由主義陣營這一方。到了一九五〇年代後期，日本的經濟快速復甦，美國為了要讓日本擔負維護東亞安全的責任，遂要求修訂安保條約。這項要求讓許多日本人擔心：日本在一九五四年就已經設立了防衛自身的組織「自衛隊」了，一旦安保條約重新修訂，勢將加速日本的軍事化，並強化日本對美國的從屬地位。

在一九五〇年代參與民主化運動的各個團體中，最具有「去殖民化」色彩的就是在日本各地展開的美軍基地抗議行動。由於安保條約與一九五四年簽訂的日美相互防衛援助協定，同意美軍在日本國內駐守，於是這意味著，即使聯合國占領結束，日本的主權也仍舊受到限制。住在美軍基地附近的居民，飽受土地遭到徵收、農業和漁業蒙受損失、以及美軍施加暴力之苦。像這樣的美軍基地，如石川縣內灘、東京都砂川、靜岡縣北富士等地，紛紛爆發反基地鬥爭。例如在砂川鬥爭時，農民們主張的口號是「就算土地被釘上木樁，我們的心也不會被刺穿」，一心一意全力捍衛自己的土地。

對美軍基地的抗議，來自對「美國」威脅到自身生活而產生的憤怒。如吉見俊哉所指出，當時的日本，一方面憧憬美國所帶來的大眾消費文化，但認為美軍是入侵者的看法也深植人心。[3]也就是說，反基地運動的基礎是，群眾渴望從對美國的從屬地位中解放出來，以及更進一步的民族主義情感。這樣的情感，可以說是當時的民主化運動中所共有的東西。例如，在民主化運動中扮演推手的日本共產黨與工會運動者最喜歡唱的歌是《民族獨立行動隊之歌》，開頭的歌詞是：「守護民族的自由　奮起吧　祖國的勞動者」。從這句歌詞就可以感受到，人們對深陷危機當中的鄉土所抱持的愛。「去殖民化」的想法再加上民族主義，便成為安保抗議行動以降的民主化運動的原動力。

戰後革新勢力與戰爭的記憶

獨立的願望與民族主義的結合之外，一九六〇年的安保鬥爭還有另一項特徵：運動的動員以戰爭的記憶為媒介。使這項特徵得以凸顯的原因是，在安保條約修正過程中，扮演關鍵角色的首相岸信介的人格特質。岸信介於一九五七年接任首相後便強力推行安保條約的修正。談到岸，就一定要提到他在戰前的經歷。一九三〇年代日本開始殖民滿州，岸在建設滿州國時扮演了重要的角色；一九四一年十二月日本政府決定攻擊珍珠港時，岸正擔任商工大臣；到了戰後，遠東國際軍事法庭認定岸為甲級戰犯。一提到岸信介這樣的過去經歷以及他是一位鐵腕政治家，會讓很多日本人因此想起在戰爭中的痛苦經驗。

岸在一九五七年接任內閣總理後，導入了評鑑學校教員的全國系統、並確立這個系統由各校校長管理的計畫。岸更在一九五八年十月試圖在國會審議警察官職務執行法（警職法）修正案，這個法案的目標旨在擴大警察盤問、搜索、逮捕等相關職權。以上所說的教員評鑑與警職法兩個問題，會讓人們想起戰前威權主義控管國民的方式。對日本可能會倒退回軍國主義、甚而走向戰爭一途的憂慮，是民主化運動中各團體之所以組織全國性的宣傳活動來抗議岸信介及自民黨的原動力。

在那之後，民主化運動的各個團體將焦點轉移到安保條約的修正上，於一九五九年三月組成「阻止修訂安保條約國民會議」。一九六〇年一月十九日，岸信介訪美，簽訂新安保條約之後，國會的批准就成為政治焦點。導致抗議浪潮高漲的事件，發生在五月十九日。抗議新安保條約法案而在國會靜坐的社會黨議員遭警察驅逐出場，眾議院則趁著在野黨議員缺席的情況下強行通過承認了新安保條約，並決定延長國會會期。

岸信介和自民黨的強硬政治手法點燃了抗議安保條約行動的火苗。從這天開始，安保鬥爭的口號又加上了「守護民主」，自五月底到六月中抗議行動快速擴大。這段期間為數眾多的抗議者在國會議事堂、首相官邸、警視廳、美國大使館附近反覆舉行了好幾次示威遊行。六月十五日，抗議行動達到最高潮。民間企業和公共機構的工會動員了五百八十萬勞工進行罷工。約十一萬人的示威隊伍包圍了東京的國會議事堂，約一千五百名學生運動者與持有水砲與催淚瓦斯的警察衝突，最後衝進了國會。

支持一九六〇年安保鬥爭的是民主化運動中各式各樣的團體。其中，除了安保問題以外，也包含了訴求美軍基地、核爆、勞動、教員評鑑制度、警職法等問題的組織。清水慎三把這樣的民主化運動網絡稱為「戰後革新勢力」。接下來我們會談到，雖然戰後革新勢力包含了各種不同政治傾向的組織，但二戰中及戰後的痛苦記憶，卻能夠把這些殊異的組織結合起來、驅使多數人投入民主化運動。[4]那是在「滅私奉公」和「忠君愛國」的口號下，被徵召上戰場的記憶；那是在軍需工廠強制勞動，飽受飢餓與疾病之苦，失去財產、家人、親戚、朋友的記憶。那是戰爭即使結束了，仍飽受通貨膨脹與飢餓的痛苦記憶。到了一九六〇年，這樣的痛苦記憶仍然鮮明地活在人群之間。

其中尤其強烈的，就是對戰死者的記憶。在民族主義形成的相關研究中，班納迪克·安德森曾指出，共同性是以死者為媒介而建構的。無名戰士的墳墓與紀念碑，象徵性地展演著民族主義創造出來的「共同性」。即使不知道他們的名字、也沒看過他們的容顏，只要他們是為了國家而死，存活下來的國民就必須追悼這些死者。安德森因而認為，國民之間的連帶就是透過追悼死者而形成的。[5]戰後初期的日本，也是透過報紙等國民媒體，共同擁有對數百萬戰死者以及戰後苦難的記憶，從而創造了國民的共同性。這樣的記憶與「再也不要有人為戰爭而死」、「再也不要有痛苦的生活」這樣的共同想法，串連起整個日本戰後的民主化運動，特別是連結了安保鬥爭的群眾動員。

誰組織了安保鬥爭

◎工會

一九六〇年的安保鬥爭雖然有各式各樣的民主化運動團體參加，但工會在其中扮演了核心組織者的角色。最為人知的例子就是，一九六〇年六月四日當天有大約四百六十萬名勞工參加了大罷工。當天早上，公車、鐵路、計程車等大眾交通工具都停止運作。也有電車司機不管時刻表，緩慢地行駛電車，響應自己所屬工會所參與的罷工行動。有報告指出，多數乘客儘管承受了罷工所帶來的不便，仍對坐在駕駛座上的司機揮手，表達他們對罷工的支持。[6]

工會的罷工之所以能獲得大眾的支持，是戰後勞工運動所累積的成果。一九五〇年，日本的勞工運動成立了全國網絡：日本勞動組合總評議會（總評）。進入總評網絡的工會，不只是致力於勞工的權益，也積極參與民主化運動的各項議題，為廣大群眾的利益行動。查爾斯．諾伯將這種「勞工和其他革新派之間形成廣大連帶，進而為政治過程的民主化、乃至財富重分配等影響社會層面最廣的議題而奮戰」的行動，稱之為「社會運動工會主義」，[7]而安保鬥爭中的工會行動，就是其中一例。

◎進步知識分子

進步知識分子為抗議岸信介與自民黨的行動提供知識上的正當性。[8]他們的見解深受韋伯、馬克思等近代西洋政治、社會理論家所影響。馬克思主義在戰後日本的知識分子之間擁有強大的知識權威。回首戰爭時期，許多進步知識分子受到政治迫害，能夠持續不斷反戰的只剩下少數人。戰後的知識分子認為，是馬克思主義讓這些抵抗的少數人得以看穿戰爭並預測日本必將戰敗。[9]這使得馬克思主義的權威性大增，連自認並非馬克思主義者的知識分子，也受到馬克思主義的基本架構所影響，開始討論起進步、啟蒙與現代性。著名的政治學者丸山真男及經濟學者大塚久雄等被稱為「現代主義者」的知識分子，就是受惠於戰前馬克思主義知識分子團體「講座派」[2]對日本社會現狀的分析。[10]日本必須以西洋為榜樣來進行現代化，而現代化會把日本國民從戰時法西斯主義的源頭，即封建傳統當中，給解放出來。抱持這樣想法的中國文學研究者竹內好也指出，一九六〇年的安保鬥爭是日本民主化過程的一大步。[11]

許多進步的知識分子都在一九四五到六〇年間參加了民主化運動，清水幾太郎便是其中的一位。清水生於一九〇七年，戰前從事社會學研究及媒體工作而為人所稱道，二戰後則以活躍知識分子的身分著稱。一九五〇年代初期，清水和丸山真男等人參加了「和平問題懇談會」。同一時間，他得知石川縣的內灘因美軍駐守而對當地人民的生活產生威脅，便前往當地，積極參與反基地運動。[12]一九五五年，他前往東京砂川，了解當地農民的土地因美軍基地而被徵收一事。砂川的學生運動者為了聲援農民反對土地徵收的行動而與警察發生衝突。知識分子中有人對學生採取這種對決式的行動不甚認同，但清水卻支持學生。一九六〇年五到六月，他在日本各地面對抗議群眾演講，主張反對岸內閣與安保條約的行動有其正當性。[13]在戰後民主化運動的時代，知識分子就如同上述那樣，隨著社會運動與時俱進。

◎革新政黨

作為革新政黨的日本社會黨（社會黨）及日本共產黨（共產黨），也在一九六〇年安保鬥爭的大規模動員中扮演了關鍵的角色。以戰時合法的各個無產階級政黨為基礎、於一九四五年十一月創立的社會黨，雖然為了如何因應舊金山會議而分裂，但一九五五年十月又再次統一。這個時期的自民黨打算修訂日本憲法、重新軍事化，但若是沒有獲得三分之二以上的國會議員同意，就無法進行修憲。這時在眾議院擁有三分之一以上席次的社會黨，就扮演了阻止日本再次軍事化的角色。社會黨的黨員人數雖然不多，卻與民主化運動有著緊密的關係，尤其是在選舉的時候，可以獲得總評全面的支持。[14]

一九二二年創立的共產黨，則是一九四五年以前就主張對抗日本軍國主義的唯一政黨。由於主張廢止天皇制及否定私有財產制，共產黨被政府宣布為非法，並受到嚴厲的壓迫。許多共產黨員遭到逮捕，以政治犯的身分入獄、遭受刑求、病死獄中的事情所在多有。到了戰後，這些即使在獄中仍不改變想法、願意忍受刑求、最後倖存下來的共產黨領導者，得到絕大多數進步知識分子與運動者的共鳴，以及在政治上的支持。[15]

雖然社會黨和共產黨彼此競爭，以便在革新運動中獲得霸權地位；但兩黨自一九五〇年代初期就開始共同行動。經過反基地鬥爭、反教員評鑑制度及警職法的抗議行動後，到了一九五〇年代後期，這兩個革新政黨又一同加入「阻止修正安保國民會議」的網絡，逐

2　譯注：講座派的稱呼，來自一九三〇年代岩波書店所出版的《日本資本主義發達史講座》全七卷，執筆者為野呂榮太郎、服部之總、羽仁五郎、平野義太郎、山田盛太郎等馬克思主義理論家。

漸深化了彼此的合作關係。[16]

◎學生

學生運動也在安保鬥爭中扮演了關鍵的角色。二戰中有許多高中生與大學生被派到戰地或工廠，有人受了傷，有人死亡。戰時的痛苦記憶，驅使許多活下來的學生起而批評軍國主義領導者，甚至展開「校園民主化」的行動。各大學在這個時期紛紛設立學生自治會。當時的大學生一入學就自動成為學生自治會的會員，所以自治會的影響力很強。一九四八年九月，由日本各大學的學生自治會所組成的「全日本學生自治會總連合」（全學連）成立。這段期間的學生運動所設定的主要目標是阻止學費上漲。[17]但是全學連不只是反對學費上漲而已，更積極地參與各種政治議題，例如抗議盟軍最高司令部與日本政府整肅共產黨員的行動。

學生自治會一開始就與共產黨建立緊密關係。當一九五〇年代初期日本打算重新軍事化的時候，受到中國共產黨影響的日本共產黨領導者，就打算在農村地區進行游擊戰以實現革命的目標。這樣的行動綱領受到媒體的嚴厲批評，導致共產黨失去了全部的國會席次。[18]到了一九五五年七月的第六次全國協議會，共產黨領導層突然宣布放棄武裝鬥爭路線。對共產黨的不負責任感到失望的學生，另立「黨派」，組成新的政治團體，即以對決式的直接行動著稱的「共產主義者同盟」，取代了一九五〇年代後期受共產黨影響的學生團體，掌控了全學連內部的主導權。到了一九六〇年左右，共產黨系學生團體成為學生組織裡不可忽視的一股力量。

二、歸鄉運動

「把民主帶回故鄉」

儘管有大量民眾參加了反對岸信介與自民黨的抗議行動，但一九六〇年六月十九日這一天，也就是眾議院強行通過的一個月後，新安保條約在參議院自動通過了。[3]雖然許多人對無法撤回條約感到失望，但另一方面想要持續抗議新安保條約、並進一步深化民主運動的人也不少。特別是參加過安保鬥爭的大學生認為，有必要利用即將到來的七八月暑假期間，把運動的浪潮擴及到社會各層面。[4]

學生回到自己的家鄉組織「歸鄉運動」一事具有重要意義：把反對安保條約這場運動

3 新安保條約在眾議院通過後，應由參議院於一個月之內投票表決，但參議院並沒有這麼做，於是在六月十九日當天，條約自動通過。岸信介為了對安保鬥爭所引起的騷亂表示負責，於六月二十三日辭去首相職位。

4 福武直・篠原一・有賀弘「緊急討論　新しい帰郷運動の位置」『週刊読書人』一九六〇七月一八日号、一頁。

擴展到農村地區。在發起歸鄉運動之前，運動者一直很在意都市和農村對安保問題的關心程度差異過大。農村社會學學者福武直在調查了日本農村的社會結構之後發現，當時的都市地區與農村地區對政治問題的關心有所差異。[5] 儘管學生運動者想要把安保鬥爭擴及到全國各地，但實際上他們也知道運動僅限於都市、甚至是街頭這種場域而已。因此他們一直在思考該如何將反對安保條約的抗議運動擴及到地方上的農村。

新安保條約自然生效之後的六月二十日，推動歸鄉運動的學生成立了「大家一起守護民主之會」（皆民會）。這是一個以交換歸鄉運動相關資訊以及提供安保問題資料為主要目的的網絡。在大學裡的研究者則是參加一九五〇年代就成立的「守護民主全國學者研究者之會」（民學研），與皆民會攜手合作，從各方面來協助歸鄉運動。

歸鄉運動的提案獲得許多人的支持，於是七月二日便在東京舉辦「全（東京）都歸鄉學生集會」。神田的教育會館中，來自都內三十所大學的三百五十位學生以及許多大學教師，聚集在一起決定要實踐歸鄉運動。他們說好了，要與暑假返鄉的當地大學生合作，讓他們透過與家人和朋友的私人網絡來播下民主的種子。[19] 據估計，實際回到故鄉的大學生與研究生不下一萬人，參加歸鄉運動的學者也超過兩千人。[6] 群眾在安保鬥爭中所展現的力量讓他們大為震撼，他們充滿熱情地想要把民主的理念散布到日本各個地方。

歸鄉運動一開始就揭示了要以農村的民主化為主要目的。在落伍的封建農村裡傳達民主思想、從根本改變農村文化這件事，是這個運動中最主要的共識。此一使命感讓他們喊出「把民主帶回家鄉」和「草根民主」的口號。一九六〇年時的大學生與研究生，是在戰敗後的混亂中接受民主思想教育的世代。從小在學校使用名為《民主主義》的教科書、不斷被反覆教育民主主義的美好，正是他們這個世代的共同經驗。

在歸鄉運動中，阻礙農村民主化的封建制、家父長制、農民的政治冷感等被稱為「農村之牆」。福武在山形縣的庄內地方參加歸鄉運動時，曾在學生們的幫助下對二百五十位以上的村民進行問卷調查。調查結果顯示，關心安保問題的僅占三三・六％，自民黨的支持者則超過半數。[7]以此調查為基礎，歸鄉運動中有關農村的現況分析如下：農村的人被家族和部落等小型共同體的嚴格威權關係所束縛，以致無法自由表達個人的想法。又或

5 同上。

6 本來所謂的「歸鄉運動」，並不是在安保鬥爭後才首次出現，而是在一九五〇年代前期的反基地鬥爭中所使用的字眼。（法政大学大原社会問題研究所編 1970, pp.677-78）這個時期的共產黨領導層，組織了「山村工作隊」，由年輕的黨員在農村展開游擊戰。被派到農村地區的年輕共產黨員，學會了怎麼做汽油彈、接受了夜裡在操場上秘密舉行的軍事訓練、破壞了火車、攻擊了派出所、以及其他游擊行動。這些戰術的運作並不順利，結果是導致共產黨失去了大眾的支持。

7 福武直「農村における『声なき声』の実態——安保問題および議会政治をめぐる態度調査から」『思想』一九六〇年一〇月号、六九頁。

者，他們對政治問題缺乏關心，使得保守勢力能夠持續地支配他們。根據這樣的農村現況分析，提出歸鄉運動中的啟蒙口號，主要來自戰後民主化運動中的要角：年長世代的知識分子。

學生們在暑假開始之後，從七月上旬陸續返鄉。儘管每年都會回到家鄉，但是這一年和往年的感覺都不一樣。他們對歸鄉運動充滿了熱情與期待。他們在家鄉從事各式各樣的文化活動，包括與安保條約和安保鬥爭相關的演講、讀書會、座談會，以及舞台劇、電影、營火晚會等娛樂活動。為了吸引鄉里的人們參加活動，青年團、婦女會、同好會等社團也提供協助，同鄉會、同學會以及親友團等也予以活用。[8]歸鄉學生和在家鄉工作的國高中同學取得聯繫，得到他們在動員人群及租借場地方面的幫助。除了利用既有的人際網絡以外，他們也在當地的街頭直接演說、張貼海報、發送傳單，用一步一腳印的方式來召募鄉里的人，一同參與歸鄉運動。

面對「地方之牆」

我要在此確認一件事：歸鄉學生的家鄉所在的農村，在一九六〇年時的實際狀況如何。這個時期的農村社會，對貿易自由化的警戒心非常強烈。締結新安保條約的同時，日本政府也決定了「日美貿易・外匯自由化計畫大綱」。此後，日本政府快馬加鞭推行貿易與資本自由化政策，包括加入關稅暨貿易總協定（一九六三年）、國際貨幣基金與經濟合作暨發展組織（一九六四年），這使得為了保持出超而管制外匯與進口都變得不可能。這個時期的日本，正式地被整合進了國際市場。如此快速的貿易自由化，導致列入自由化的農產品項目，由一九六〇年的四一％上升為一九六三年的九三％。[20]

一九六一年制定的農業基本法為農產品的自由化政策確立了更明確的方向。農業基本法的兩大口號是「擴大選擇」與「改善結構」，即是透過選擇有國際競爭力的農產品、推行現代化的經營方式、擴大經營規模等以提昇農業生產力。反之，沒有競爭力的農產品則面臨市場縮小乃至廢棄的命運。此一農業基本法的用意是，選出能夠在市場競爭中存活的農產品與農家，具體的計畫目標是將五百八十萬戶農家減少至兩百五十萬戶。

由於貿易自由化以及農業重組，農村社會面臨了巨大改變。只靠農業越來越不容易生存，所以兼業農戶越來越多。出外工作和集團就職[9]的現象在各地越來越常見，導致務農者和他們的小孩大量外流到都市。一九五〇年占就業者總人數將近一半的農業人口，在一

8「帰郷運動中間報告——山形から」『東京大学新聞』一九六〇年八月三日号、一頁。

9 集團就職是日本企業的一種雇用形態，指的是大企業到地方上召募中學畢業生集體前往都市就職。這樣的雇用形態雖然戰前就開始了，但真正大行其道要到高度經濟成長期，由於工業邁入大量生產的時代，需要更多勞動力。

九六〇年迅速降低到三分之一以下，農村開始高齡化、人口過稀化。因為和都市文化接觸的機會變多了，人們也越來越受商品經濟所影響，更多的現金收入於是變得越來越必要。

明明農村社會面臨著重大變化，保守派和革新派卻都沒有具體的農村對策，歸鄉運動就是在這樣的狀況下進行的。但這場運動當時並沒有完全受到當地居民的歡迎。家鄉的人會罵參加社會運動的學生「共產黨」，對他們充滿戒心。[10]例如，會津漆器業公會就「反對造成混亂的安保反對運動」，[11]他們對這場運動冒犯了會津漆器的大客戶美國，表現出不讚許的態度。山梨縣北巨摩郡的農民也對這場學生運動抱持批判態度，因為全學連的學生在一九六〇年六月十日發動包圍美國總統艾森豪的秘書詹姆士．哈格提的座車行動，在那之後農民賴以為生的繭價開始下降。歸功於當地保守派的宣傳奏效，北巨摩郡的農民都認為「繭價下降是全學連害的」。[12]

安保鬥爭的高潮在五到六月，這個時節和秋天收穫季一樣，正是農村極度忙碌的時候。老家的人並沒有和學生一同度過這個時節的經驗，他們感到學生和自己之間有代溝。回鄉的京都大學學生在農村曾聽到這樣的意見：

咱們這麼忙，你們這些小鬼到底在玩什麼。重要的工作擺著不做，跑去大街正中央示威什麼的，阻礙電車和汽車，難道最後連火車都要讓它不能動嗎？被你們麻煩到的不就是我們嗎？我們難道不是國民嗎？[13]

家鄉的人與學生之間有著根深柢固的不協調感。一九六〇年時的大學入學率是一〇％，大學生是菁英，能讓小孩進大學的多是小康家庭。那些離開家鄉到都市讀大學的學生，對家鄉的人來說，是「外面的人」。「這些菁英大學生未來會進入政府機關或是企業，然後採取壓迫我們的立場吧。」——家鄉的人有了這樣的想法之後，就很難鬆懈對學生的警戒心。[14]學生會被家鄉的人視為「外面的人」也是其來有自：也有那種不願適應家鄉習慣、無法融入成為家鄉一員的學生。例如長野縣的某農協成員說，那些平常在田裡努力工作、十分期待盂蘭盆節到來的農村青年，對於那些「看起來高高在上的」學生，不肯在盂

10 如前所述，一九六〇年安保鬥爭時期，掌握全學連內部主導權的是，受到共產主義者同盟這個黨派所影響的學生團體。然而到了歸鄉運動的時候，全學連的內部分裂而導致了紛亂，因此當時無法以組織力量對歸鄉運動產生影響。當然，歸鄉運動還是無法完全脫離全學連、共產黨、社會黨等既有的革新勢力而自由運作。不過，全學連內部的混亂也給了歸鄉運動的學生們行動上的裁量權。

11「学生の帰郷運動を現地に見る」『朝日ジャーナル』一九六〇年八月七日号、九頁。

12 同上、一一三頁。

13「統一戦線なんかできるのか」『京都大学新聞』一九六〇年八月二九日号、二頁。

14 山下肇「『草の根』での統一——中央の『ひび割れ』をただす道」『週刊読書人』一九六〇年八月八日号、九頁。

蘭盆節跳舞，都投以冷淡的眼光。[15]

去東京讀書的學生和家鄉的人之間，在生活感受上有著很深的鴻溝。歸鄉運動進行得如火如荼，兩方在相處一段時間後，這樣的鴻溝就會在偶然的時刻裡顯露出來。福島縣的歸鄉學生在七月二十二日與耶麻郡塩川町當地的居民規畫集會活動，因為開會開到很晚，以致錯過了末班車。當有個學生說「我們搭計程車回去」時，居民頓時感到自己和眼前這些想要搭計程車的學生之間，在金錢觀念上有著強烈的不協調。[16]如同當地年輕農民所說，學生和居民之間存在著巨大斷層，正是歸鄉運動無法如願進行的原因之一。

學生們也同樣感受到眼前的這面牆有多厚了吧。遲鈍又一直沉默不肯表達意見的農民、看起來像懂了其實根本不懂的農民、連民主本身都不懂的農民——與這些現實接觸，才知道原來農民是不行的啊——我很擔心會不會有學生說，啊，已經受夠了，然後對於是否要再踏入農村一步感到躊躇不前。我之所以擔心是因為，學生疲累不堪的樣子、說不想幹了的話，是會被我們農民看到、聽到的。……這背後的原因是什麼呢？首先，生活情感、思想、想法上都存在根本的差異。連住在同一地方的勞工，都非常頭痛不知該怎麼和農民相處，憑什麼覺得這些學生能夠克服呢。[17]

即使好不容易克服了困難狀況，總算能夠與居民進行對話，事情也很難照著學生所計畫的進行。尤其讓他們困惑的是討論農業問題的時候。對安保條約和民主等政治話題興趣缺缺的農村居民，一談到貿易自由化或農業現代化等與農村生活有直接利害關係的話題時，比學生還要清楚很多。[18]顯然，在學校課堂上學到的知識，是不足以用來和鄉里的居民辯論這些議題的，這使得學生在討論與居民生活貼近的議題時不得不閉上嘴。

因為期待能夠知道如何解決自己農村的問題而前來的鄉里居民，對於學生和學者沒辦法給出任何具體回答感到非常失望。[19]另一方面，回到鄉里的學生對於該如何讓居民們關心政治一事，也仍然一無所知。如此這般地，到了暑假中期，從北海道、關西、九州等地，都收到了運動面臨「根深柢固的政治冷感」、「動不了的農村與漁村」等嚴峻現狀的報告書。[20]

15「座談会　この芽をどう育てるか——帰郷運動・長野県諏訪の場合」『世界』一九六〇年一〇月号、一三六頁。
16「学生の帰郷運動を現地に見る」『朝日ジャーナル』一九六〇年八月七日号、一〇頁。
17 斎藤太吉「若い農民のねがい」『朝日ジャーナル』一九六〇年八月一四日号、一〇九頁。
18 清水多吉氏聴きとり（二〇〇三年五月九日）。
19「ゼミナール私たちの社会　第10回　帰郷運動」『婦人公論』一九六〇年一〇月号、一二二頁。
20「『日本の壁』に直面して——帰郷運動　現地からの中間報告」『週刊読書人』一九六〇年八月八日号、二頁。

與故鄉的嶄新關係開始萌芽

回鄉學生參與鄉里的活動所經驗的挫折，也慢慢使得最初的歸鄉運動、及其所象徵的戰後民主化運動思想產生了變化。第一個變化是修正歸鄉運動的目標。如前所述，運動的初期階段有很多歸鄉學生宣稱要「把民主帶回故鄉」，把民主的精神傳到地方。在此背後有一個前提，首先，所謂「民主」這套完備的思想是存在的。在已經理解民主的人以及尚未理解民主的人之間有著明確的界線，而且兩者的關係是，前者（都市的學生）對後者（家鄉的居民）的教育乃是單向的。像這樣的早期歸鄉運動，可以說是以「啟蒙」農村的人們為目的。

但是，在家鄉直接與居民接觸的過程中，歸鄉學生體會了各式各樣的失敗，知道了自己無法說服居民有關運動的思想。透過演講活動等方式積極支持歸鄉運動的城塚登，對學生提出以下的建議：

……（歸鄉運動）並非「由上而下的運動」，而是「由內而外的運動」。就算要向他們「說教」民主原理，也僅止於知識而已，而且這種由上而下的強加態度應該只會招致反感吧。問題是，要把民主「內化」、讓它成為能夠支配實際感受的東西。因此，歸鄉的人們要能夠融入這塊土地的人群中，一同思考，一同組織，堅持這樣的態度是很重要的。[21]

「從內而外的運動」背後的問題意識，與思想及理念的推廣方法有關。就算對居民「說教」民主思想，也沒辦法順利進行運動，是很正常的事。思想不是要以知識的形式使人理解，而是要訴諸人的實際感受，否則這樣的思想不會長久。所以，把思想「內化」、訴諸「實感」，和家鄉的人們一起思考、體會的過程，對學生來說是有必要的。歸鄉學生的領導者之一有賀弘說，以他個人的經驗，「如果不能看出互相的反應，那麼這個運動就不存在發展的可能性」。[22]如果沒有和家鄉的居民面對面、回應他們的訴求、甚而對他們提問這樣的互動行為，那麼要居民把民主思想給「內化」是不可能的。學生們開始意識到這件事了。

對歸鄉學生來說，問題在於溝通的形式。他們很重視個人之間的直接溝通，特別主張要聆聽對方的聲音。城塚在前述引文之後提出建議，應該從「聆聽」而非「說話」開始。若要克服地方與東京之間在認知上的鴻溝，首先必須獲得正確的地方資訊，因此仔細聆聽

21 城塚登「運動を成功させるため」『東京大学新聞』一九六〇年七月六日号、三頁。
22 有賀弘「ふみ出された第一歩　根強く永続的な活動を」『東京大学新聞』一九六〇年九月七号、二頁。

家鄉人們的聲音是不可或缺的。[23]也就是說，社會運動的第一步，不是跟對方「說」自己的意見，而是要「聽」對方說的話。為了讓對方跟你說話，必須先取得對方的信任。直到能夠把握對方的情況，針對各個不同的現狀提出說服的理由，否則你就無法真正地把那個思想給內化。城塚的建議應當可以如此理解吧。

歸鄉運動開始後不久，參加者提出了各種把思想「內化」的方法。歸鄉運動的學生主張，不要從「安保」、「民主」這種抽象的題目，而是選擇與地方的現狀最符合的話題來開始進行對話。例如有位長野縣岡谷市的歸鄉學生，在出席當地青年會的社團定期活動時，發現區預算的決策過程並沒有充分公開。對他來說，區的資訊公開問題，能夠讓人具體理解日本不民主的地方，也能夠成為深入理解地方政治的線索。[24]

為了改變溝通形式，歸鄉學生不是去打破家鄉居民的「封閉」狀態，而是首先反省自己參與運動的姿態。學生們注意到：自己在和家鄉居民接觸時，是不是抱持著啟蒙者的態度？是不是重視「聆聽」而非「說話」？是否使用能讓居民有實際感受的語言？如此一來，歸鄉運動的目的就有所轉變。一九六〇年當時的大學生，是同世代的人裡面少數的菁英，因此他們如果就這樣拿自己的生活和語言去說服大眾，很難與居民進行充分的討論。於是，歸鄉運動的目的，從一開始想要「把民主帶回故鄉」，進而轉變為反省自我。

學生意識到自己的生活感受造成與家鄉居民之間的鴻溝，所以「自我變革」就是從修正這樣的生活態度開始，進而擴及到自己的學問和知識。想到自己無法討論和居民的生活有利害關係的問題，就不禁想問自己，到底我在學校學了什麼呢？單單理解了「民主」這種抽象概念，卻完全看不到人們在現實裡是如何生活的，不是嗎？在進入大學、離開家鄉的時候，自己的生活感受和問題意識都一起離開家鄉了嗎？諸如此類的反省，使得學生比起關心農村民主化問題，更重視自己的生活以及學問的變革。而且歸鄉學生認為，只有不斷自我變革，才能實現「民主化」這個社會目標。

隨著暑假接近尾聲，運動者紛紛在運動中找到了「自我變革」的思想並為之命名。長野縣北部的歸鄉學生外谷亥吉，將他自己的「自我變革思想」命名為「帶著走」：

我們的歸鄉運動是必要的，我們能「帶著走」是因為，對象是我們的故鄉、我們就生活在這裡。這件事具有以下的意義：在知識階層的分析和消極抵抗到不了的地方，有個「重建的場域」。這個變革的場域，無論主體還是客體，都能發揮這樣的功能。「把認知帶著走」既是意味著這樣的事，更進一步來看，政治和經濟的變革也是這樣發生

23 城塚、前掲「運動を成功させるため」三頁。

24 前掲「座談会　この芽をどう育てるか――帰郷運動・長野県諏訪の場合」一三四～一三五頁。

的。……把桌上的活字原封不動地帶著走，當然會碰壁，而且那個反彈也會作用到自己身上。於是我們開始學習。存在於地方上的問題到底是什麼？要怎麼改善、又要怎麼跟政治結合呢？我們在認知與思想上有什麼需要加以克服的地方嗎？我們所唸的書有什麼意義呢？就這樣，我們的認知開始得到強化。25

外谷的主張可以如此總結：歸鄉運動的意義是，回到故鄉、即「生活的地方」，去「重建」自我、以及自己的思想和學識。在學校獲得的「桌上的活字」和日常的生活經驗是分離的，不能用這樣的東西原封不動地在歸鄉運動裡加以實踐。在運動中所經驗的失敗與挫折，是重新修正自我的一個契機。修正自我乃是一邊參考家鄉的日常生活、一邊修煉自己的思想與知識。若沒有經歷這樣「帶著走」的過程，就沒辦法在自己的內心把思想內化、具體化。與農村居民的相遇，被認為是重新反省自己的思想與知識的觸發點。如此一來，即使經驗了許多失敗，仍有學生能夠堅持克服困難，並實際感受到確切的成果。

這些微小的經驗慢慢累積，使得菁英大學生和家鄉居民之間、都市與農村之間開始萌發新的關係。北海道余市郡的某主婦表示，原本並不信任那些到東京讀大學的人，因為他們回到故鄉，「只想要取得名利」，想當我們的「支配者」。但歸鄉運動的學生則是和居民約定「永遠站在我們這一邊，盡可能為社會、國民做一些有用的事」。這位主婦開始相信學生的話，並且把這件事寫出來，投稿給《東京大學新聞》。[26]

雖然分散在全國各地的歸鄉運動，不能說都是成功的，但是歸鄉學生（尤其是長野和福島的歸鄉學生）中，收到回應的人也不少。例如會津的歸鄉運動，七月二十六日在會津公會堂舉辦演講會，由鶴見俊輔、城塚登、山下肇等人擔任講師。現場聚集了六百位左右涵蓋年長者、主婦、高中生等各色聽眾。[27]參加者在會後的座談會中，也很踴躍地交換意見，也有女性希望演講會的內容可以多談談家庭和職場等話題。甚至因為屬於同一個世代，歸鄉學生和家鄉的年輕人之間也展開了真正的交流。[28]

歸鄉運動的結束

隨著暑假接近尾聲，學生們離開了家鄉。一九六〇年夏天，為了把各自所體驗的歸鄉經驗與他人分享，九月十七日在東京的一橋教育會館舉辦了「全都歸鄉學生集會」。會中

25 外谷亥吉「帰郷運動への提言」『東京大学新聞』一九六〇年一〇月二六号、二頁。
26 村田和子「大学・学生へ——ふるさとに秋が来た」『東京大学新聞』一九六〇年八月八日号、二頁。
27 前掲「学生の帰郷運動を現地に見る」一二頁。
28「帰郷運動の足あと——農村青年と学生との往復書簡」『朝日ジャーナル』一九六〇年九月一一日号、六七～七一頁。

大家討論了此後歸鄉運動的發展，對於運動該結束還是該繼續產生了意見分歧。

在會場的大多數學生主張，歸鄉運動應該告一段落。他們雖然有感受到歸鄉運動的一定成果，但「回到生活內部」這種「歸鄉」，才是每個人在自己的內心必須永久持續的東西。原本在六月二十日成立組織的時候就決議，如果能夠留下某種程度的成果，就把「皆民會」解散，所以暑假結束應該是運動告一段落最好的時機。[29]另外，曾被家鄉居民懷疑這是政黨活動的經驗，也是學生們猶豫是否要繼續組織歸鄉運動的原因之一。

另一方面，也有少數學生主張，應該要把這次運動裡學到的寶貴經驗，朝向「永續的運動發展」前進並成立組織。他們特別在意的是家鄉的人們。呼籲運動組織應該持續下去的學生清水多吉表示，他擔心安保鬥爭和歸鄉運動會被媒體所遺忘。[30]難道不管學生們消耗了多少能量，還沒把成果發揮完全就要結束了嗎？更大的問題是，這麼有組織的歸鄉運動如果僅限這一次，不是會讓家鄉的居民失望嗎？就算是為了維繫和故鄉的關係也好，清水主張應該繼續組織歸鄉運動。

結果到了暑假結束，多數學生決定讓歸鄉運動的組織實踐告一段落。雖然在九月十七日召開實質的解散集會，決議停止「皆民會」的活動，但主張持續運動的學生反對，他們還是沿用「皆民會」的名稱繼續舉辦活動。此外，學者和研究者的組織「民學研」，暑假一結束後就呈現「開店但休業狀態」。[31]

學生們在某一點上是一致的：他們認為歸鄉運動不是一時的，而是必須持續地嘗試。因為歸鄉運動的目的乃是從根本改變自己的想法，所以一直被認為有長期持續的必要性。他們的分歧點在於持續的方法。主張終止歸鄉運動的學生是想透過個人每天自我反省的方式，主張繼續進行運動的學生則想透過組織的方式回到家鄉，持續地「把認知帶著走」。後者在十月眾議院選舉前夕舉辦了研討會，[32]甚至持續運動直到寒假。[33]儘管做了這些努力，表面上看來運動還是快速地消退了。因為歸鄉運動，從而與家鄉以及家鄉的居民之間所形成的網絡，也在一九六〇年結束的時候消失殆盡。

從目前為止的發展看來，暑假一開始的歸鄉運動充分顯示了安保鬥爭、以致戰後民主化運動的性質，那是心裡烙印著戰時與戰後苦難記憶的都市年輕人，想把民主思想教導給農村的「啟蒙」概念。但是歸鄉學生與農村居民之間的溝通並不順利，以致無法把安保條

29 以上は、有賀弘氏聴きとり（二〇〇三年一〇月一七日）。
30 清水多吉「選挙前今一度——帰郷運動の再建のために」『東京大学新聞』一九六〇年一〇月一二日号、一頁。
31「銀杏並木から国会へ——安保闘争以後大学教官の動向」『東京大学新聞』一九六〇年一〇月一九日号、一頁。
32『東京大学新聞』一九六〇年一〇月一二日号、一頁。
33『東京大学新聞』一九六〇年一二月三日号、三頁。

約抗議行動擴及到農村。這裡有一點值得注意，那就是經歷失敗的學生們，反省了自己在生活和做學問的方式，並努力改變自己的想法。他們透過歸鄉運動的經驗培養了「向家鄉學習」的態度，這樣的自我反省，是接下來的章節將要討論的一九六〇年代後期，在新左運動中所揭櫫的「自我變革」與「自我否定」等口號的先驅。但是，對高度經濟成長所「規訓化」的日常生活提出批判的視角，在這個時候還看不到。就這個意義來說，戰後民主化運動所誕生的自我反省思想，和第二章之後討論新左運動所謂的「日常性」的自我變革思想，是有所區別的。還有一點必須附注的是，這個歸鄉運動的網絡從一九六〇年九月十七日的集會之後，可以算是消失了。於是，都市生活者透過與農村建立關係來反省自身想法的嘗試，在一九七〇年代新左運動開始之前，就這樣完全被遺忘了。

三、高度經濟成長中的青年

越戰與日本人

一九六〇年安保鬥爭的大風大浪過去以後，重視「日本作為美國從屬夥伴」這個問題的論述開始消退。支撐安保鬥爭動員的「民主」一詞，被解讀成經濟上的富裕，而一九六〇年代的日本則經歷了年成長率達一〇％的快速經濟成長。高度成長政策的象徵之一是，一九六〇年七月就任的自民黨首相池田勇人所推行的「國民所得倍增計畫」。舉國追求數字上的經濟成長，其結果是一九六六年的實質GNP是一九六〇年的兩倍，原本覺得不可能實現的目標，還沒等到預定年度就已經實現了。每年春鬥時節的薪資上漲率達到一〇%左右，即使扣除物價上漲率，每個人入袋的現金數額也每年都在增加。以驚人速度進行的都市化，是經濟成長的副產品。二戰後不到日本全體三成的都市人口，到了一九七〇年卻超過了七成。[21]

經濟上的富裕也改變了人們的意識。依據總理府的「國民生活民意調查」，一九七〇年的受訪者當中，有九〇%認為自己的社會階層處於「中」，而認為自己是「下」階層的不超過七%。[22]一九五〇年代的民主化運動，主要目標是為了守護日本人民的生活。[23]當日本政府在一九六〇年代宣稱要保障人們經濟富裕時，除了克服物質的貧困之外，還有什麼議題可以討論呢？戰後革新勢力無法好好應對這樣的狀況變化，因此也無法動員在表面上過著和平穩定的日常生活的人們去參與民主化運動。

對戰後革新勢力來說，問題在於到了這個時期，「戰爭記憶」不再具有先前那樣的動員力。一九五〇年代，許多日本人所共有的戰時失去與破壞的記憶，成為人們參與民主化運動的原動力。但這個記憶在一九六〇年代的經濟成長中漸漸消逝了。這個時期的戰爭，是美國深陷其中的越戰。來自明治學院大學的「越平連」年輕成員室謙二，出生於第二次世界大戰後。他當然完全沒有任何戰爭時期的記憶。因此，「我自己並沒有實際感受到戰爭這種東西」、「也沒有感受到（由戰爭引起的）悲慘」。[34]大部分日本人就跟室謙二一樣，覺得現在進行中的越戰是陌生人的事情。室如此說道：

死的是越南人，打仗的是美國人。我們並不痛苦。……我相信，戰爭經歷必須世代傳承，但不是全部。就算（從上一世代）繼承過來了，還是會有一些怎樣都沒辦法連結起來的部分。這一點我們必須清楚認知。我們是在事後把戰爭當作知識來學習，因此沒有必要自嘆不如。我們不是得從缺乏戰爭經歷的觀點出發嗎？除了在痛苦的戰爭回憶闕如之處，創造新的道德、新的思考方式之外，現在的年輕世代還有別的方法可以擁有新的力量嗎？這就是我在想的事。[35]

越戰，以一種與二戰不同的形式，被日本社會所理解。越戰幾乎沒有為他們的生活帶來任何傷害。企業承包了大量美軍船艦、飛機、用車的裝修訂單，暫時滯留日本的美軍也在飯店和娛樂產業消費，戰爭反而是個賺錢的機會。[24]像這樣的特殊需求僅僅是這時期日本經濟成長的要素之一，比起一九五〇到五三年的韓戰時期，規模要小太多了。但是我們確實可以說，越戰是被包含在日本人的經濟富裕生活之中。如此一來，當戰爭記憶逐漸淡去，要動員這群生活在高度經濟成長之中而非戰爭記憶之中的人們去參與民主化運動，並不容易。

經濟成長中的大學生

大學生也同樣面臨了高度經濟成長帶來的生活變化。最明顯的變化之一是服裝。一九六〇年代中期之前，許多男學生還穿著黑色排扣的學生制服。到了一九六〇年代後期，就改穿受到美國學生喜愛的牛仔褲了。[25]這個時期的特徵是大學生的人數激增。根據文部科學省「學校基本調查」顯示，一九五五年的大學入學率為一〇・一％，經歷高度經濟成長期後持續增加，到了一九七五年已上升至三八・四％，男性有將近一半的比例上大學，女性也有三分之一進入大學或短期大學就讀。[26]多數大學生在畢業後會進入企業工作。在高度經濟成長期，自營作業者和家族事業從業者急速減少，受雇者急速增加。依據《國民生活白皮書》顯示，受雇者占所有工作人口的比例，在戰爭甫結束的一九五〇年為三九・三％，但是在高度成長結束的一九七〇年則是六四・二％，一九七五年更是上升至六九・

34 松原新一・上坪秀子・室謙二「座談会　戦争を知らない世代の戦争観——新旧世代間の断絶を埋めるために」『朝日ジャーナル』一九六七年八月一三日号、七二頁。

35 同上、七五～七七頁。

一%。[27]這代表了，學生、尤其是大學生畢業後的出路，除了「在企業工作」以外，別的選項都消失了。

工廠或辦公室所導入的大量生產系統，為青年的生涯規畫帶來重大影響。這個時期的企業由於設備和組織的合理化，為了要管理大量生產的商品，對營運與技術人員的需求開始增加。為了勝任經營管理的工作，這種人才必須懂得科學調查的方法、擁有蒐集資訊以及經濟相關的知識。[28]如此一來，要進入企業、獲得升職和高收入的人，其必要條件就是「學歷」。學歷既然是獲得「好工作」的其中一步，青年們便一頭栽進升學考試的競爭當中。特別是想要進入大企業的人，大學在校成績、筆試、面試技巧等，在求職過程中就成了必須跨越的門檻。

學校畢業後到企業就職的人數增加，發生在一戰結束後的一九一〇到二〇年代，當時民間企業開始發達，市場開始擴大市場。這個時期有大學文憑的上班族，是所謂的「幹部候補生」。一旦升職了，就有可能成為管理階層。[29]但是一九六〇年代大學的入學率上升的同時，大學畢業的上班族地位是相對低落的。就算是大學畢業生也不一定會自動升職為企業的幹部。被稱為「上班族」的男性企業員工在進入公司後，會先從最底層的事務性或是技術性勞工開始做起。為了要在組織內晉升，他們必須和同事競爭。對大學畢業後在企業工作的多數人而言，所謂的「被企業重用」近乎作夢。所有的大學生都是少數的特權菁英，這樣的時代已經結束了。

如此一來，在公司上班的生活，作為大學生未來的出路選項，當然也是有意義且值得高興的，但絕不會被認為是令人享受的事。在一九五〇年代後期到一九六〇年代初期，日益普遍化的「上班族」這種新的工作形式，得到了各式各樣出版品的注目。其中一部作品是菅谷重平的《上班族教室》，他描寫上班族的生活心得，非常受到歡迎。書中所描繪的上班生活，首先是從早上的滿員電車開始。「不管面對的人是誰，大家都爭先恐後，為了要擠進滿員電車而激烈競爭」、「在大叫、推擠、人擠人的悶熱中，終於到達要下車的車站」。[30]一到公司，就在充滿算盤和計算機聲響的辦公室裡，快速打著電話，開始進行客戶訪問以及與公司其他人周旋。

工作這件事，被視為單調的東西。在學校的話，可以設法安排在歷史課之後上英文課，然後再上數學課，換換口味避免無聊。但是工作，則是「極度單調的事情，為了追求企業利益，擔任大機器裡面的一個小螺絲釘，進行0到9的數字排列組合、加減乘除，從早到晚一直重複做同樣的事情，不過如此罷了」。[31]

還有職場的人際關係，很容易消耗心神。在公司必須顧慮同事和上司，想辦法讓自己成為一個受歡迎的人。「貪心、自私、說謊」的人們，一把推開別人，爭先恐後地想要搶第一。一旦放鬆警戒就會給人可乘之機。[32]《上班族教室》所描寫的工作場所充滿了憂鬱的氣氛。

多數青年並不喜歡這種通往公司工作的必經之路上的學歷競爭。其實有許多人是很排斥的。但是，要完全拒絕這樣的競爭並不容易。讓我們看看大塚彰的例子。他在一九六八年進入日本大學工學部就讀，也參加了學生運動。當時的他回顧了自己十多歲的時候，這樣說道：

> 經歷了國中、高中、重考、大學的過程，在其中體會到考試至上主義及其帶來的疏離感，以及被考試、考試、考試追著跑的壓迫感——在這之中，與其說是反抗，不過就是極盡所能地翹課，在飲料店無所事事度日。越反抗成績就越差，到頭來困擾的只是自己而已。就好像越搗蛋，手銬就越難脫手那樣。我，越來越敵視、憎恨那些拿著不得反抗的權威來束縛我的老師和學校。然後，終於上了大學，沒想到上課內容比高中還爛，小小的教室裡塞了一大堆學生。[36]

其次，許多青年都有「我到底是誰？」的煩惱。他們在進入企業的時候，會要求自己作為勞動力，必須順應公司的要求。然而，他們的存在是任何其他人都可以代替的。感受到這件事的青年們，因為覺得自己失去了獨特性而深陷自我認同的危機。

齊藤進於一九六八年進入東京教育大學農學部就讀，大一的時候參加了反對教育大學移至筑波的運動。他每天都對「為了少數統治階級的利益，像機器人一樣學習、工作」這件事感到厭惡。他所寫的詩，充分表達了當時青年的痛苦：

我想活著啊　不互相攻擊吵架　不放聲大哭　不捧腹大笑　兢兢業業的　不知道為了什麼而學　對不起我這樣子活著　用藍色和灰色的畫具　用滿滿的水分　塗滿一整張紙的人生　不是活著的喔　是被迫活著的吧　我想要像人那樣活著　像人那樣　不是像猴子是像人　不是像機器是像人　我不知道　但是　作為人類　活著應該是該開心的事吧　被豢養的人類　到底是為了誰　為什麼每天　都如此悲傷呢？[37]

關於把青年組織起來的爭議

青年的苦惱擴大，對學生運動而言是一個把學生組織起來的絕佳機會。但是一九六〇

36 大塚彰「「人民派の右翼」の闘い」日本大学全学共闘会議・石田郁夫『日大全共闘——強権に確執をかもす志』しいら書房、一九六九年、一五二～五三頁。

37 斉藤進「セミポロの思想」潮文社編集部編『学生は発言する——時代の証言・青春の証言』潮文社、一九六九年、六六～六八頁。

年安保鬥爭後的學生運動，卻進入了停滯狀態。運動者並沒有好好地因應面對這些青年的苦惱。一九六二年抗議大學管理法（池田勇人內閣以強化大學管理為目標的修法）、一九六五年抗議日韓基本條約（與韓國恢復邦交的條約，韓方對日本企業打入韓國市場感到高度不安），很難說有獲得廣大學生的支持。學生運動不振的原因在於運動內部的分裂與衝突。一九六〇年安保鬥爭以來，因批判共產黨而成立的新左黨派組織，不斷上演內部分裂衝突的戲碼。一九六〇年代初期，占全學連領導層的多數是「革馬派」（日本革命共產主義者同盟的馬克思主義派）。另一方面，「三派全學連」也積極擴大影響力。三派全學連，是由「中核派」（革命共產主義者同盟全國委員會）、一九六〇年安保鬥爭後解散又重組的「共產主義者同盟」、「日本社會主義青年同盟」（社青同）的解放派，這三個黨派所組成。

各黨派在校園擁有各自的學生組織。黨派的運動者會製作立型看板，傳達自己的政治理念。他們在中堂下課的時間，會站在自己的看板前面進行政治演說，與其他黨派較勁。為什麼對各黨派而言，成為校園的多數派很重要呢？這和活動的資金有關，因為校方通常會連同學費一起向學生收取學生自治會費。校方以學生會館經營費用為名目，收取自治會費並提供給學生自治會的領導層。若某黨派占了學生自治會領導層的多數，這些經營費用就會對自己黨派的活動有利。如此一來，校園中黨派之間的主導權競爭越來越激烈，導致許多大學生對黨派產生厭惡感。在這之後，到了一九六〇年代後期，雖然有許多青年參加了學生運動及反越戰運動，但一九六〇年代初期的青年，在政治上絕對稱不上很活躍。

在一九六〇年代，不是只有學生運動想要組織這些因為學歷競爭與自我迷失而感到痛苦的年輕人。共產黨的青年組織，「日本民主青年同盟」（民青）的會員人數，從一九五八年的一萬人，升高至一九六三年的八到十萬人。[38]新興宗教團體「創價學會」的青年部，據說從一九六二年十月到一九六三年七月之間的短短九個月，就增加了大約二十萬人的會員數。[39]當全學連和戰後革新勢力為了把青年組織起來而陷入苦戰時，民青和創價學會則快速地擴張了對青年的影響力。

民青與創價學會在把青年組織起來這件事情上之所以相對成功的原因在於，他們有好好地應對這些因為學歷競爭和自我迷失而感到苦惱的青年們。一九五〇年代後期，因失去大眾支持而產生危機感的共產黨領導層，在一九六〇年三月的日本共產黨第九次中央委員會總會中，訴求「黨如果沒有得到這些擔當著新時代的青年大眾，就沒辦法達成日本的革命」。而民青獲得青年層支持的方法是，透過合唱、舞蹈、遊戲、健行等文化活動。「又唱又跳的民青同」以苦於孤獨的青年為目標，提供機會讓他們交到好朋友，幫助他們忘記憂

38「青年像の交錯と分散」『朝日ジャーナル』一九六三年七月一四日号、一一六頁。
39 同上、一一八頁。

鬱的日常。[33]

創價學會則用特別的方式來組織青年。池田大作在一九六〇年就任會長後，創價學會改變了原先單方面的「折伏」（佛教用語，指說服的方法）作法，開始重視面對面的溝通。創價學會在戰後初期的成員，入會的主要理由是「貧・病・爭」（貧困、疾病、家庭內的紛爭）。但是一九六〇年代後期到七〇年代之間，以「貧・病・爭」為由來入會的比例減少了。取而代之的是，為疏離感所苦的都市中產階級，為了尋求和他人的連結而入會的案例越來越多。[34]學會會員透過交談，談些彼此有興趣或身邊的話題，以克服自己的孤獨感和疏離感。宗教社會學者詹姆士・W・懷特指出，創價學會是個能夠回饋底層成員要求的組織結構，所以他們的成員對參加組織的經營，比較容易產生實在的感受。[35]創價學會特別的是，和禁欲的宗教組織不同，他們並不敵對奢華或成功等個人的世俗欲望，反而積極肯定成員去加以實現。[36]創價學會並不處理「高度經濟成長」這個造成問題的原因，而是處理人們產生疏離感的問題。

在民青和創價學會把青年組織起來大有斬獲的時候，保守勢力也加入了搶奪青年支持的戰爭中。對於這些受學歷競爭與自我迷失所苦的青年，保守派內部最敏於反應的人是石原慎太郎。身為知名小說家的石原，在一九六八年代表自民黨出馬參加參議院選舉，結果以三百萬票當選。他的競選口號是「青年自由派」和「青年之國」，他認為在高度經濟成長中的青年只考慮到自己的生活，所以不把「有房主義」[40]給拋棄，就沒辦法把熱情給找回來。這麼說的石原，更訴求青年「只要把自己的雄心壯志拿來面對國家社會，那麼這樣的雄心壯志就可以得到實現」。[41]石原試圖利用青年之間高漲的焦慮不安，來增強他們對國家的向心力。

如同前面所述，在一九六〇年代劇烈的社會變動中，有許多青年深受學歷競爭與自我迷失之苦。民青、創價學會、保守勢力，儘管各有各的方法，卻都致力於把這些青年給組織起來，並達到了一定的成果。但另一方面，學生運動卻沒有辦法適當地應對新狀況的出現。

40 譯注：有房主義，マイホーム（My Home）主義，一詞是一九六〇年的流行語，認為在現代生活中有房（以及有車）才是人生勝利組。

41 石原慎太郎「現代青年への提言」『文藝春秋』一九六七年六月号、一三三～三四頁。

第二章

新左運動的形成——改變「日常性」

在這一章我將會說明，以學生運動、反戰運動、青年勞動者運動為網絡的日本新左運動，是如何在一九六〇年代後期形成的，特徵又是什麼。

首先會說明新左運動中所共有的論述，那就是「自我變革」，也就是重新探尋自己的生活方式的一種思想。日本在一九六〇年代後期達到高度經濟成長，另一方面也透過支援美國參與越戰。在這樣的情況下，運動者開始批判日本人去政治化的意識。他們認為，雖然物質上是富裕的，但日常生活的社會管控卻愈趨嚴格，因此他們主張，若無法面對自己如何活下去的這個問題，就不可能改變社會和政治。其中一例是東京大學的學生高唱「自我否定」這個口號，把自己的菁英意識視為問題。此外，為了指出「自我變革」的障礙，「日常性」一詞開始被大量使用。

接著，我將檢視在新左運動中，所謂的「直接行動」具有什麼樣的意義。新左運動廣為人知的，就是以「暴力」[1]或「對抗暴力」之名，進行對決式的「直接行動」。許多運動者不顧自己受傷的危險，和武裝警察發生衝突。為什麼他們會如此熱衷「直接行動」呢？這一章將從運動者的視角去檢討「暴力」的意義，指出這樣的行動，與「改變自己的生活方式」這個問題之間，存在什麼樣的關係。

一、超越安保鬥爭的「失敗」

對直接行動的支持漸漸擴大

一九六五到六七年之間，停滯的學生運動產生了變化。學生們開始採取積極的行動關心學費上漲、學生宿舍與學生會館自治、以及大學經營者的違法問題。[2]在學生的各種行動中，影響一九六〇年代後期新左運動性質最重要的事件，就是一九六七年年底到一九六八年年初所發生的「羽田事件」與「佐世保事件」。

一九六七年年底十月八日（第一次）與十一月二十二日（第二次），學生運動者在羽田機場周邊與警察發生衝突，是為「羽田事件」。當時的媒體，尤其是《朝日新聞》這類發行量大的報紙，不斷刊登批評美國介入越戰以及日本支援美國的相關報導，其中駐越的特派記者還現場報導了美國轟炸北越的行動。[1]主流媒體上也開始出現批判戰爭的言論。佐藤榮作首相為了尋求越戰的解決之道，計畫分別在一九六七年十月和十一月訪問南越和美國。由於這次訪問的目的被視為強化對美支援，有數千名戴著頭盔的運動者，尤其是三

1「暴力」一詞，在日本學生運動的脈絡下並非直接用漢字，而是使用德文「Gewalt」的片假名「ゲバルト」，意指在面對國家權力時以武力與之進行鬥爭。（見廣辭苑第五版）

2 關於各大學紛爭的個別例子，詳見日本評論社編輯部編（1969）、小熊（2009）。

派全學連的學生，採取了阻止佐藤出訪越南的對決行動。十月八日，大約有兩千五百人參加封鎖行動，在羽田機場與重裝備的警方發生激烈衝突。京都大學學生山崎博昭，在與警方推擠的過程中死亡。

「佐世保事件」對這個時期的學生運動而言，是另一個關鍵事件。這是發生在一九六八年一月，為了抗議美國核子動力航空母艦停靠在佐世保港，由學生運動及反戰運動的運動者所發起的行動。自從越戰爆發，世界上第一艘核子動力航空母艦企業號就被配屬在巡航西太平洋及印度洋的第七艦隊之下。一九六八年一月，從美國出發前往攻擊北越途中的企業號，預定在十七、十八日左右停靠長崎縣的佐世保港。但是，讓這艘核子動力的航空母艦停靠，對一九四五年八月在廣島與長崎因為原子彈轟炸而犧牲的日本人而言，是極度敏感的問題。與社會黨和共產黨相關的反戰團體，舉行了反對停靠佐世保港的大規模集會及遊行示威。同樣反對停靠的三派全學連學生運動者，與反制抗議行動的警察發生衝突，許多人受了傷、被逮捕。從一月十七日開始到企業號離港為止，運動者和警察之間不斷發生對決式的衝突。[2]

「羽田事件」與「佐世保事件」決定了學生運動的論述性質。這兩個重要的事件帶來的影響之一是，「直接行動」被普遍認定是一種打破封閉感的方法；另一個影響則是，「我們要怎麼活著」這個問題在運動中被提出來。兩個影響之間有著緊密的關連。如同當時的學生所說的，在此之前，他們當中的多數人，找不到媒體所報導的政治問題（例如佐藤首相訪美）與自己的日常生活之間，到底有什麼關連性。他們為此覺得很苦惱。他們也放棄了去影響國會、政府、企業、學校這類大規模機關的政策決定。但是「羽田事件」與「佐世保事件」某個程度上給了多數青年一種突破這種封閉狀態的感覺。參加行動的學生運動者表示，戴上頭盔，去到與警方「對決」的現場，便能創造日常生活與政治的連結，甚至能夠影響企業號靠港這樣的政府決策。[3]透過這樣的方式，他們克服了自己對政治的無力感。這樣的想法，在新左媒體上大肆擴散。

參加羽田抗議行動的學生這樣說：

> 我們難道要滿足於被上了腳鐐的自由嗎。如果我們（放棄挑戰國家的權力而）僅是撒手不管，就等於認同現狀。為了避免變成這樣的人，我們必須不斷地不斷地去挑戰國家權力，才能夠從中認同並創造屬於自己的精神層面價值觀。面對每天都上了武裝而且每天都要求我們屈服的國家權力，我們是無論如何也絕不屈服。[3]

3「学生活動家の言いぶん」『思想の科学』一九六八年一月号、二九頁。

學生運動者透過自己的身體去衝撞的行動，在富裕的社會中提出「被上了腳鐐的自由」這個問題。日本支援美國在南越進行攻擊是眾所皆知的事實，而學生運動所發出的質問就是：「你要無視這件事嗎？」在羽田與佐世保進行對決行動的主要是三派全學連的運動者，但是，我們接下來會談到，因為山崎博昭的死而受到衝擊的許多學生，他們感到孤獨、疏離、自我迷失，他們對這樣的質問深有同感。羽田事件與佐世保事件提供給運動者突破學生運動的封閉狀態的機會。

羽田及佐世保的學生運動者，以「是否符合正義」為行動的標準，但是主流媒體對他們的行動卻相當嚴厲。發生第一次羽田事件隔天，一九六七年十月十九日，《朝日新聞》就以「學生運動的異常事態」為題，批評學生們的「暴力」。這個報導寫道：「如果學生認為，以暴力的行動帶給世人衝擊、引起世人注目，這樣就叫做『革命的』訴求方式，那麼學生也太受社會溺愛、太濫用言論自由了，他們簡直是在自掘墳墓。」[4]當一九六八年一月再次發生佐世保事件，這樣的看法也沒有任何改變。一篇關於法政大學學生運動者與警察衝突的報導如此寫道：學生不應該去抗議航空母艦停靠，應該去上學才對。[5]

但是這樣的看法，在一月十七日警察使用水車、催淚瓦斯、警棍攻擊學生以後，有了改變。當天，目睹警察攻擊行為的佐世保當地居民、甚至《朝日新聞》與ＮＨＫ的記者都被波及而受了重傷。發生了這樣的事情之後，佐世保當地居民開始支持隔日來參加大規模抗議行動的運動者。他們在一天之內就捐給學生七十萬日圓，不僅如此，還提供給學生食宿，並照顧受傷的學生。[6]在現場目睹以上情形的記者如此寫道：

> 十七日晚上在街角的酒吧，一位上班族一面大口地喝著啤酒，一面流淚說道「警察好殘忍啊，全學連最後一定會勝利。」聽到這句話讓我嚇了一跳。隔天十八日，市民一大早就在佐世保橋上圍觀。這些人從那天開始，就攀在橋上的木欄杆大喊「警察住手」「學生加油」。儘管警察不斷透過大聲公要求市民離開、甚至使用催淚彈讓人一時睜不開眼睛，但市民並不屈服，最後還把從警棍下逃離的學生藏到自己身後。機動隊揮舞著警棍，不知道該怎麼辦，只能丟下「我會以妨害公務罪逮捕你」這句話，然後就離開了。[7]

4『朝日新聞』一九六七年一〇月九日、二版。

5『朝日新聞』一九六八年一月一五日、三版。

6「阻止行動の生んだ連帯と断絶——「群衆」を「市民」に成長させた七日間」『朝日ジャーナル』一九六八年二月四日号、一〇頁。

7同上、九～一〇頁。

學生自己並沒有預期能夠獲得當地居民的強力支持。因為，對學生而言，追求正義而透過行動表現出來，才是重點，至於行動是否獲得大眾的支持，則是次要的事。

不過一九六八年一月十七日以降，連主流媒體中對新左運動比較認同的《朝日新聞》，也沒有表達明確支持學生的對決行動。但是，《朝日新聞》仍有刊登當地居民對運動者的支持、甚至批評警察執法過當。可以這麼說，《朝日新聞》的看法和以前比起來，已經沒有那麼偏向新左了。

重新探尋自己的生活方式

羽田事件與佐世保事件成為新左運動擴大支持度的契機。其中最活躍的就是學生運動。原本和運動無關的許多學生都開始參加了。一九六八年有一百六十五所大學發生「校園紛爭」，占了全日本大學的八〇％，其中有七十所大學被學生築起路障而遭到封鎖。[4]我想要強調，從這個時候開始，運動的焦點產生了變化。新左運動和戰後革新勢力的區別在於，新左運動的主要施力點並不是改變國家政策或政治制度。運動者更重視在日益富裕的日常生活中，如社會學家華格納所說，被「規訓化」的問題。被「規訓化」的社會，也稱為「管理社會」。

新左運動是如何理解這種被「規訓化」的社會呢？越平連的運動者吉岡忍如此說道：

在支配者與被支配者之間，存在大量的商品，而我們現在的自由就是被那些商品所限制著，我們從被支配者的角度根本看不見支配者是誰。不只這樣，還有休閒娛樂以及「有房主義」。的確，休閒娛樂和有房主義是我們應該保護的事物之一吧。但是，今日的有房主義，已經被體制給整合進去，毫無理應保護的價值了，這也是事實。雖然對想要追求真正的個人主義的我來說，很想要為有房主義辯護，但是那些有房主義者在自己的「房」裡發生的聊天對話，到底要什麼時候才會和社會議題有連結呢？每當我這樣想，就不自主地陷入陰鬱的情緒裡。大量的商品、有房主義、休閒娛樂、被限制的自由，這些東西如潤滑劑一般地被注入支配者與被支配者之間，這樣的社會，可謂真正的「管理社會」吧。用眼睛看不見的方式加以管理的，這樣的社會，正是我們此時此刻身處的社會。[8]

在序章曾經提過，像馬庫色那樣的工業社會理論家，多會批判消費主義。但是，日本的新左運動並沒有對消費主義予以強烈批判。洗衣機和電視機那樣的消費財可以促進個人獨立，又可以把人們從封建的社會關係中解放出來，不是嗎？因為人們普遍存在這樣子的

8 吉岡忍「50号むかえてしまったベ平連ニュースのこと」『ベ平連ニュース』一九六九年一一月号、四～五頁。

期待，所以在日本並沒有出現那樣對消費主義的批判。吉岡的論點值得注意的地方是，抱持有房主義的人們對消費財的執著，顯示出新的支配形態可能正要產生。

吉岡對「規訓化」的批判，最終走向對越戰的批判。根據他的說法，「誰正在支配他人」「誰正在被他人支配」這樣的問題，在管理社會中並不明確。因此關於越戰，要確定誰是被害者、誰是加害者，並不是容易的事。但是，「身為日本人的我們」，如果看清自身所屬的位置，就不能以第三者的立場對越戰指手畫腳，說出「越南人好可憐啊」這種話。日本對這場戰爭的參與程度越來越大，在這樣的事實上，「即使無關乎我們的意志，但，我們是加害者」。[9] 如此一來，越戰就不是別人的事了，而是自己的事，去阻止越南人被殺這件事，就變成了自己的責任。於是，反戰運動產生了這樣的論述：對「規訓化」的批判必然與反對越戰連結在一起。

新左的運動者批判「日常生活雖然物質富裕，卻越來越被規訓」此一事實，並決定有所變革。我們接下來要具體檢視他們到底想要改變什麼。他們認知到社會的不正義，而且為了匡正這些不正義，決心有所行動。但是，他們仍遇到許多阻礙。一九六八年，一位十九歲的大學女生在羽田事件後開始參與學生運動。她在前往佐世保參加反對企業號停靠的行動時，遭到父母強烈的反對。她說：「面對現實，清楚地說出要或不要，需要極大的勇氣。」[10] 因為，即使想要「忠於自我，正直地活著」，自己的未來以及與家人的關係，也讓這樣的生活方式變得困難。諸如此類的發言顯示出，運動者的願望正是要擺脫拘束，並「忠於自我、正直地活著」。在如此富裕卻苦悶的社會中，自我變革，也就是「自己要如何生活」，成為新左運動的論述想要提出的問題。

社會學者阿爾博特・梅爾契依據一九七〇年代對義大利生態運動者、女性主義運動者、青年運動者的調查指出，現代社會運動的主要爭論點在於「面對支配性的語言或者組織資訊、形塑社會實踐的符碼，所進行的文化挑戰」。[5]日本的新左運動也是一樣，文化性格比政治性格來得更強烈。在這裡，我需要對「文化」一詞多做說明。美國的新左運動雖然也有文化運動的味道，但他們比較不喜歡嚴肅正經的氣氛，而傾向從事破天荒的行動。青年國際黨在一九六八年抗議民主黨全美大會的行動中，提名了一隻豬去當總統候選人，以諷刺那些政治家，就是其中一個經典例子。[11][6]與此相較，日本新左的文化運動，可以說有著比較強調個人倫理這個特點。

9 同上、四頁。

10 柴田道子「三人の女性の肖像」『思想の科学』一九六八年六月号、二六頁。

11 青年國際黨（Youth International Party），創立於一九六七年十二月三十一日，脫胎自一九六〇年代的言論自由與反戰運動，擅長以街頭行動劇來嘲諷既有體制。不設黨主席，但有精神領袖，就是那頭被提名參選總統的豬「皮加色斯」（Pigasus）。

但是，在日本的新左運動中，修正自己的日常生活、創造與過往生活不同的生活方式，這種種的實踐，並不僅止於個人倫理而已，也與改變社會與政治連結有關。那麼，運動者是如何把一九六〇年備受矚目的日美安保條約那樣的政治問題，以及重新探尋自己的生活方式，這兩件事情給連結起來的呢？如同第一章所說的，一九五〇年代，安保條約造成了土地徵收、農漁業損失、美軍暴力等被害問題。因此，針對安保條約的抗議行動意味著，人們想要守護自己的生活，免於美國（以及與之聯合的日本政府）的支配。但是，在日本政府保證了國民經濟富裕的一九六〇年代裡，「守護國民的生活」這樣的目標，難免會陷入都市中產階級那種「自掃門前雪」的利己主義中。所以運動者才會指出，我們自己的富裕生活本身就是一個問題。從而，如同前述吉岡所說，新左運動關於「自我變革」這樣的文化課題，就與政治和社會的變革連結在一起了。

死去好友的記憶

對許多運動者而言，改變自己的日常生活並非簡單的事情，因為他們過去並沒有參與運動的經驗，而且一開始參與時也沒有抱持著強烈的意識。對這樣的人而言，自我變革的動力來自好友為獻身運動而死的記憶。樺美智子、山崎博昭、奧浩平[12]、和井田史朗[13]等人或是在安保鬥爭中或是不久之後過世，還有無數人在運動中受了重傷。如同第一章提到安德森的民族主義研究，出於對死者的敬意，死者的存在把活下來的人給團結在一起。死去的人，是強化人與人之間共同感的媒介。[7]

對第二次世界大戰中死去的人所存有的記憶，創造了日本戰後民主化運動的共同感。然而進入高度經濟成長期後，對這些戰死者的記憶日漸淡薄，民主化運動的共同感也越來越弱。因此，青年們是透過記憶運動中的死者，來產生新的連結，形成新左運動的共同感。這個做法或許不能像民主化運動那樣普及全民，但是透過新左媒體的報導，以青年族群為中心的運動者之間，開始有了這樣的共同感。於是，運動者之間形成了一種規範，也就是不把運動中死亡或受傷的好友視為不相干的人，反而是強烈意識到他們的存在，然後努力克服自己的脆弱，盡全力去摸索出更好的生活方式。

東大學生運動者樺美智子，是奉獻運動而死的代表性人物。她是新左黨派之一的「共產主義者同盟」成員，參加了一九五〇年代後期「警職法反對鬥爭」等民主化運動，然後在一九六〇年一月阻止岸信介訪美的羽田示威中被逮捕。此後她持續參加抗議新安保條約的一連串行動，結果在六月十五日的包圍國會行動中，在國會內與警察發生推擠衝突而死

12 橫濱市立大學的學生運動者。一九六五年因為煩惱自己的人生、活動、愛情而自殺。
13 日本大學的學生運動者。一九六六年於抗議日韓基本條約的行動中與警察衝突而死亡。

亡。在她死亡的現場所設的祭壇上有一首無名詩寫著「我們不會忘記 殺死妳的那雙黑手朋友啊 守護我們 我們要去戰鬥」。這首紀念她的詩，在一九六〇年代後期不斷地反覆被提起。[8]

真正給許多青年造成衝擊的，則是前面所提過的第一次羽田事件中，山崎博昭的死。我們可以看看日本大學經濟系學生安藤根八的例子。他過著每天喝酒、裝扮時髦、打麻將和玩柏青哥的日子。但是透過媒體得知山崎博昭的死之後，他的日子被大大地打亂了。安藤對「（山崎）他有著可以賭上性命的東西」這件事十分驚訝，並且痛切反省自己並不擁有這樣的東西。[14]此後，他瘋狂閱讀報章雜誌上有關全學連的報導，並為學生運動者的純粹真誠而流淚。「我想了解山崎君的死。我想知道，在警棍下骨頭碎裂，即將死去以前，他到底在想什麼。」[15]安藤一面這樣想著，一面加入馬克思經濟學的專題課程，並參加班級代表的選舉。他甚至因為「想早日趕上山崎君」而參加了日大鬥爭（詳後述）。

獻身社會運動，最後死亡、受傷的運動者所留下的記憶，促使許多新左的運動者去重新探尋自己的生活方式。一九六八年年初，時年二十三歲的大學生木村勝俊，儘管與三派全學連保持距離，仍然對他們的行動有所共感。他對於自己很猶豫是否要參加一九六八年一月的佐世保抗議行動而感到後悔：

我也很想要去佐世保。流出來的血，是我們大家的血。至少是青春的血。因此，我也應該要流我的血。但是一萬日圓的旅費、家庭因素、期末考都成了我的制約。還有更嚴重的、來自社會的制約。但是，我真的只是因為這些，就沒去佐世保？還是我只是在逃避呢？逃避也沒關係吧。逃走吧。……直到今天，我還是沒有流血。[16]

即使擔負受傷的危險，犧牲自己的未來以及家庭關係，甚至犧牲生命，也要參與運動的這些人，成為運動者形成自我主體意識的鏡子。這種犧牲自我的運動者形象，給了他們不能妥協、必須自我變革的無形壓力。但另一方面，新左運動這樣子禁欲的思想，也使他們得以對管理社會的存在予以嚴厲的批判。

法國哲學家路易．阿圖塞在討論意識形態如何對人們產生潛移默化的作用時，特別關注「大寫開頭的主體」(Subject)。這個主體相當於基督教文化中那個唯一且絕對的神。他認為，個人透過被「大寫開頭的主體」呼喚並予以回應的過程，逐漸將意識形態內化，然

14 安藤根八「内なる山崎君との対話」日本大學全共鬥會議・石田郁夫編『日大全共闘——強権に確執をかもす志』しいら書房、一九六九年、一六九頁。
15 同上、一七〇頁。
16 木村勝俊「佐世保からの手紙」『朝日ジャーナル』一九六八年二月四日号、六頁。

後成為一個「主體」（subject）。也就是說，「大寫開頭的主體」對他人而言是一個像鏡子的東西，後者在與前者的緊張關係中漸漸地成為一個主體。[9]如果用這樣的論點思考日本的新左運動，則所謂「大寫開頭的主體」就是運動中的死者，而運動者們則是以死者為鏡，從而形成為運動犧牲自我這樣的主體形象。自己的「主體性」問題，是日本戰後思想中最具爭議的主題之一。經歷第二次世界大戰的苦難經驗，個人要如何獨立於國家、黨、歷史，以自己為主體去思考、行動呢？這是知識分子們的提問。[10]新左的運動者對這個提問，有一個屬於自己的答案。

安保鬥爭的陰影

一九六〇年安保鬥爭的記憶，對一九六〇年代後期的運動形成禁欲的倫理，產生很大的影響。我們看看日大文理學部的學生運動者所發行的《文理戰線》怎麼說。這個報導清楚地顯示出，運動者是如何看待自己的抗議行動與一九六〇年安保鬥爭之間的關係：

> 六〇年的安保鬥爭，就如字面所說的是個全民的鬥爭，連續好幾天包圍國會的抗議行動正顯示出其規模之大。但是，如同他們所喊的「守護議會政治！」「打倒岸內閣！」的口號，以及最終仍不免失敗的結果，說明了我們必須超越這種鬥爭的限制，因為這

種鬥爭是建立在「波茨坦民主」的框架下（以波茨坦宣言為基礎，由聯合國在戰後所推行的民主），而在如此明確的框架下，是無法指望任何階級鬥爭的產生。[17]

新左運動中一直被提出的質問之一，就是民主。一九六〇年代後期的新左運動論述顯示，他們認為「議會政治」、或是代議民主，就是安保鬥爭的缺陷。對學生們而言，「議會政治」的象徵就是校園學生自治會的決策過程。如同第一章所說，所有的學生在大學入學時就會自動成為自治會的成員。全學連所主導的自治會中，由學生們選出班級代表，然後由這個代表參加各學部以及全校會議。也就是說，自治會的決策過程，是依據代議民主的原則來運作。但是，一九六〇年代後期的學生們主張，這樣的代議民主讓他們沒有實際參與決策的感覺，因此他們在組成全共鬥的時候，提出了直接民主的原則，也就是說，個人不能被埋沒在組織之中，並且在決定活動方針的時候，不是透過上意下達的方式，而是透過全員討論的方式。於是，新左運動否定了象徵安保鬥爭的限制，即「（代議式）民主」，強調個人主體行動的必要性。把安保鬥爭視為「失敗」並超越那些「限制」，正是一九六〇年代後期的新左運動最重要的議題。

17 日本大学文理学部闘争委員会『文理戦線』一九六九年四月号、一頁。

新左的運動者反覆主張，安保鬥爭的問題具體呈現在老左，也就是革新政黨和工會，二者的運作之中。例如新左會批判總評（日本勞動組合總評議會）這種龐大的工會組織，把反越戰那種政治問題視為次要而不認真看待，只關心自己的加薪問題。[11]

新左運動特別嚴厲批判的對象，則是共產黨。[18]我們可以看看柏崎千枝子對共產黨的批判。她於一九四三年生於「典型的小資產階級家庭」，一九六二年進入東大就讀。一九六七年結婚後，過著被博士學業、打工、家事追著跑的生活。但是，羽田事件中山崎博昭的死，對她的心靈產生強烈的衝擊。她以「賭上性命和越南人民一起奮鬥」的山崎為鏡，進行深刻反省，決心不再欺騙自己，並付諸實際行動。[12]

一九六九年一月九日，柏崎和其他運動者一起參加了東大本鄉校區的封鎖行動。當時她被很多警察機動隊追著，但她卻看到建築物上面的日本民主青年同盟（簡稱民青）的成員朝她和她的朋友們丟擲石頭和瓶子，幫助警察機動隊逮捕新左的運動者。她對這些名為「前衛」卻跑去幫助警察機動隊的民青和共產黨充滿憤恨，怒罵他們是「騙子」，她如此說道：

> 我們不相信日共和民青所說的話，因為「鬥爭」對他們而言，總是和自己內心分離的，他們只在乎外在的東西。這就是長年來支撐著日本革新運動的精神形式，也就是，

只有自己是「好孩子」，壞的是政府這個東西。他們絕對不知道他們這樣的想法有多麼的傲慢。[13]

同樣的，許多新左運動的學生十分不滿這些不反省自己日常生活、就跑來參加運動的老左。儘管新左學生多使用馬克思主義的用語來表現自己的情感，但是很明顯地，他們想要與戰後革新勢力保持距離。一九六〇年代後期，新左、老左之間的緊張關係並不只存在於日本，其他工業社會也一樣。但是，如前述《文理戰線》與柏崎所說的，日本的新左運動（尤其是學生運動者）意識到自己有義務克服一九六〇年安保鬥爭的「失敗」，以及把

18 這個時期的共產黨政治運動，基本上抱持日本「人民」是被壓迫的立場。他們的基本理解架構是，「人民」在戰前被天皇制和軍部壓迫，戰後則是被美國壓迫。但是一九六〇年代後期的新左運動提出一個問題：高度經濟成長之中的日本人並不單只是被害者，（尤其是對越南人而言）同時也是加害者。這件事對參與共產黨的運動者來說是個很大的衝擊。例如，一九六〇年代前期擔任共產黨系全學連的委員長、之後任職於民青的川上徹表示，「像這樣否定自我的觀點，也就是作為加害者的觀點，總的來說在共產黨是滿弱的」，新左運動的出現讓他感到「真是出其不意啊」，於是他也開始思考要怎麼回應新左運動者所提出的這個問題。（川上・大窪 2007, p. 144）認真看待來自新左衝擊的年輕民青運動者，開始集結一些對共產黨內的官僚主義抱持懷疑態度的朋友，組織非正式的團體，討論如何進行黨內改革。雖然這些領導人在一九七〇前期遭到黨本部的處罰，但這也顯示出共產黨運動者受到了新左運動論述的影響。

自己和老左做出區隔，著手在這個物質富裕卻令人苦悶的社會中改變生活方式。即使同樣使用馬克思主義用語，新左和戰後革新勢力的思想和風格都有所不同。為了彰顯這樣的不同，他們在論述中大量強調兩者的差異。由於新左運動思想的性格，激化了當時日本新左、老左之間的衝突。[19]

二、直接行動作為自我變革的象徵

自我解放——日大鬥爭

新左運動中普遍存在的「自我變革」思想，可以分為兩種：「自我解放」與「自我反省」，分別以日本大學和東京大學的運動為代表。這兩所大學的抗議行動，是全國學生運動中最激烈、動員也最廣的。因為兩所學校的學生對社會的立場不同，他們的思想與口號也有微妙的差異。但無論如何，把自己的日常生活視為問題、並重新探尋生活方式這樣的想法，是兩所大學所共有的。

日大鬥爭最關鍵的思想就是「自我解放」。日本大學是一所規模頗大的私立學校，學生在畢業後多從事企業中的現場管理職。日大的學生人數不斷增加，學習環境卻沒有跟著改善，學生只能在擁擠的大教室裡上無聊的課，成為他們痛苦的根源。日大理事會的理事長古田重二良並不認同學生自治，大學校方也嚴密監視學生的自主活動，連日大的學生在校內發傳單都不允許。[14]

親校方的體育會（即大學的運動部）成員會替校方出頭，以暴力取締學生企畫帶有政治色彩的活動。例如，一九六七年四月二十日，學生自治會邀請了著名的進步知識分子羽仁五郎和日高六郎蒞臨新生歡迎會，卻被體育會學生的暴力所干擾，最後被校方解散集會。當天，就在大學教授們的眼前，兩百人左右的體育會學生直接用棍棒毆打學生運動者。在此之後，大學校方禁止了班級討論和社團活動，甚至命令學生自治會的執行部解散，並處分了核心運動成員。[20]體育會成員的這種暴力行為，讓多數日大學生感到恐怖，卻只能把不滿放在心裡。

一九六八年四月，主流媒體報導了日大校方的貪污事件。有二十億日圓用途不明的事

19「老左」和「新左」之間的激烈衝突是這個時期日本公民社會的特徵。若對照義大利的例子，義大利共產黨（PCI）在一九六〇到七〇年代是個擁有強大影響力的政黨，而義大利的新左運動在住宅與大眾運輸費用的問題上，則與共產黨和工會聯合行動。這樣的合作關係一直持續到一九七八年共產黨和保守的基督教民主黨共組聯合政府為止。（della Porta 1995, pp. 27-33）

20 秋田名大・福田善之「対談　学生叛乱から総叛乱へ——日大闘争は訴える」（情況出版編集部編 1997）、五〇頁（初版為『情況』一九六九年三月号）。

情一爆出來，學生們就開始抗議了。五月十一日，各班級所選出的學生委員不顧校方發出的活動中止命令，針對用途不明的金錢問題舉行討論會。從那天起，很多學生開始舉辦未經校方許可的集會，其中最為人所知的，是在五月二十三日那天，無懼於體育會學生的暴力妨礙，仍執意舉行的「偉大的兩百公尺示威」，這是在日大校內第一次舉行的示威遊行。

許多過去沒有運動經驗的學生組織了全共鬥，參加了對大學校方的抗議行動。在運動動員群眾最為成功的時期，運動要對決的對象被稱為「體制」，而對「體制」表達異議，則被稱作「叛逆」（或反逆）。但是，一想到要克服體育會學生的暴力、並把自己的脆弱轉化為力量這一點，重新探尋運動者自己的生活方式，就成為日大鬥爭中最核心的重點。那麼，在日大鬥爭中，「忠於自我，並正直地活著」這樣的想法是如何被表現的呢？參與了「偉大的兩百公尺示威」的學生之一如是說道：

> 鬥爭的根本原因來自於，我們是為了學習作為人類的學問真理而進入大學，大學原本應該是最有人性的地方，結果卻不把我們當人看，而是當成商品，作為工具，然後送進資產階級社會裡。那種讓我們覺得無力的疏離感與憤恨，就是叛逆鬥爭的根源啊。[15]

在偌大的校園中，不被當作人看，而是被當作物品的學生，不再無視於這樣的不正義，而是順從了來自內心的憤怒，克服了對體育會學生暴力的害怕，勇敢地站出來發聲。這就是「忠於自我，並正直地活著」。在日大鬥爭之中學生所共有的就是，將自己從那些妨礙自己直白表達感受的桎梏中解放出來。例如，專攻哲學的學生談到自己在一九六九年年初的運動成果，他特別強調的就是「主體性」。在鬥爭之前，他們從不對校方表達任何意見就直接服從，但參加了鬥爭以後，他們便能夠脫離對校方強加的規則只能予以服從的日子了。[21]這種「自我變革」的思想，便包含了運動者解放自我的這層意義。

在這邊需要強調的是，當然，害怕還是會害怕，但是參加日大鬥爭這件事卻帶給許多運動者自我解放的快樂。日大法學部鬥爭委員會委員長酒井杏朗如是表達了鬥爭中興奮的感受：

> 日大全共鬥的學生沒有忘記笑容地展開了這場運動。如果被問：九月三十日（一九六八年學生與大學校方進行交涉當天）那天你的收穫是什麼？我會說「很好玩」，因為在疏離感強烈的學生生活中，竟然可以大罵那個我覺得最壞的古田（理事長）「混

21 K・K「学友へのアピール」『文理戦線』一九六九年三月二五日、二頁。

蛋」，還逼他說出「真的十分抱歉」。進行這場大約一萬人的行動時，我們最常說的就是「開心笑著去示威遊行」。22

日大鬥爭為學生運動者帶來了快樂，但是不只如此，運動更把他們的自我變革和社會政治的變革連結在一起。這是因為學生要求查明校方的貪污問題而參加運動，結果卻被警察嚴厲取締。首相佐藤榮作介入日大鬥爭、強力支持古田理事長和校方這件事，讓學生深刻體悟到有必要對社會進行大幅改革。如此一來，由於直接介入了政治，學生運動者可以說是自然而然地把改革自己的大學這件事，和改變政治社會這件事連結在一起思考。

自我反省——東大鬥爭

一九六八年一月，東大鬥爭從醫學系開始。這個時期的醫學系學生正在反對厚生省所推行的「醫師登記制度」。根據這個制度，醫學系畢業生在國考及格後必須登錄為「研修醫生」。這個制度不但將他們編入由教授管理的研究室上下關係之中，更強迫他們在惡劣的勞動條件下工作，造成他們非常痛苦。一方面為了反對醫師登記制度在研究室內乃至校園內形成階層關係，一方面也反對強化對醫師的管理，這些醫學生進行了罷課。[16]正如華格納所說的，東大鬥爭來自對「規訓化」的反彈。

大學校方處分了參與罷課的學生，但是連沒有參加罷課的學生也受到波及，導致很多醫學系學生為了抗議這樣的不當處分而再度進行罷課。六月十五日，大學校方讓警察進入校園，把學生運動者強制驅離校園。這下子，不只是醫學系學生，連其他系學生都怒火難平，於是他們占領了學校的地標安田講堂，抗議學校當局的威權態度。

東大的學生運動者不只反對大學管理的強化、訴求擴大學生自治，他們更提出所謂大學的社會角色這樣宏觀的問題。尤其是「教授會」，對那些喊著「學問自由」等進步口號的學生，採取封殺學生異議的做法，因而成為被學生否定的對象。對於那些試圖阻止運動並宣稱「罷課再繼續下去東大就會毀滅」的教授們，教養學部的助教足立和浩如是說道：

> 如果東大毀滅了，困擾的到底是誰？是有著教授、助教授頭銜而獲得世人尊敬（好個虛名啊！）以及身家保障的各位老師們；還有，認為只有被貼上「東大畢業」的標籤，在未來進入社會菁英之流，成為高級官僚跟高級技術人員，成為體制的先鋒才能獲得人生意義的那些超不要臉的旁觀者（不參加罷課，在那段期間休息不上課的學生）

22 矢崎薫・館野利治・酒井杏郎「座談会　あくまで大衆闘争として」『朝日ジャーナル』一九六九年六月一日号、二〇頁。

以及一般的右翼學生。還有因為害怕被校內的「教授會」整肅、為了在校內獲得政治霸權而汲汲營營、完全不在乎鬥爭什麼事情的日共及民青的諸君。他們到底是怎麼看待東大時至今日還是每天都在製造日本帝國主義的先鋒部隊這件事的啊？[17]

這種參加運動的東大生，有在認真反省自己的特權地位。東大生一般被認定畢業後就會成為高級官僚或高級技術人員，雖然在東大鬥爭中，學生有批判造成研究室權力關係的大學系統，但是受惠於這個系統的人，正是東大生自己；所以運動者在面對這樣的事實時，必須把自己的菁英意識放在被改革的位置上。足立接著說道：

但是，必須被批判的對象被批判完以後，我們卻感到愕然。因為這些批判最後會直接回到我們身上。最該被批判的不就是你這傢伙嗎？最該被否定、粉碎的就是你自己啊！不管是到目前為止無意識的也好，在邪惡的威權主義與菁英主義中安逸度日的也好，不去揭發東京大學的負面真相，只是一個勁地貫徹自我中心主義的人，不就是你自己嗎？……我，不得不回答正是如此啊。然後就抱著嫌惡和憤怒否定了這樣的自我。我覺得，透過這樣的否定，我才第一次踏踏實實地參加了這場鬥爭。[18]

如上所述，即使在東大鬥爭中，也把自己的菁英意識這種日常感受當作一個問題來處理，其中重新探尋生活方式的意味濃厚。即使在這裡，「忠於自我，正直地活著」這件事也意味著，不會對眼前這些不正義的事情裝作沒看到。但是，這種不正義和日大的情況不同。他們所看到的不正義，並不是自己受到大學不合理的對待，而是自己在大學系統中成了高高在上的階級。因此，這兩所大學的鬥爭，儘管同樣是為社會正義的問題站出來，但是背後的理由卻有所不同。東大的學生運動者為自己在不知不覺中站在加害者的立場這件事感到很憤慨，因而反覆地反省自己的狀態（最足以表達這個心態的標語就是「自我否定」）。所以在東大鬥爭之中，自己該如何活著的這個問題，可以被理解為「自我反省」。

由於日大學生和東大學生的社會定位不同，所以思想上也有根本的不同。但是，自我解放與自我反省都可以說是「自我變革」，即「重新探尋生活方式」的思想中兩種不同的面向。

為了自我變革而行使的暴力

然而，許多新左的運動者也意識到，改變自己原本的日常意識與行為並不是件簡單的事情。理由是，沒有辦法指出一個特定的、運動的「敵人」。如前述的吉岡忍所主張的，在管理社會之中，「誰支配誰」這件事情，被電視這種消費財所粉飾，以致無法顯而易見。

作家真繼伸彥也表示，他曾聽新左的學生說過「想要盡全身的力氣打倒敵人，但根本沒有敵人啊」[23]，這種焦躁不安卻束手無策的話。「改變日常生活」這樣的嘗試，和傳統的革命運動不同，並不會給運動者和權力或敵人對決的真實感。因此，他們沒有辦法透過運動來獲得成就感。如果再把真繼所說的話加以延伸，關於改變自己的生活方式，運動者想要追求一個可以看得到的成果，所以他們希望能與所謂的「敵人」發生衝突。

如此一來會發生什麼事呢？許多運動者對自己找不到一個標準去衡量「自我變革」的成果這件事情感到難以忍受。被稱為「暴力」或「對抗暴力」的直接行動，是可能讓他們獲得成就感的事情。若要理解為何因為缺乏衡量標準而使運動者朝向直接行動發展，就必須先理解直接行動究竟具有什麼樣的意義。一九六〇年代後期的運動者創造了並展開了各式各樣的直接行動。包括：Z字形示威、封鎖羽田機場那樣具有象徵意義的地點、戴上五顏六色的頭盔還拿著木棍與警察發生衝突、在街頭把花送給路人等等行動。[19]

運動者在討論直接行動的意義時，將暴力分為「為了解放的暴力」以及「為了壓迫的暴力」。當時也在談論「為了解放的暴力」並獲得運動者支持的哲學學者野村修如是說：

和來自統治者壓倒性的暴力相比，學生們在示威中的暴力根本不值得一提，這點是無庸置疑的。示威行動是一定要被擁護才行，但，是暴力還是非暴力，如果只依暴力是大是小來予以衡量的話，有點奇怪吧。我之所以認為學生們的示威、或是占領校園的行動乃是非暴力行為，並不是因為他們的暴力比較「小」，而是因為這樣的行動內含了要斷絕暴力、也就是達到非暴力這個目標的時機（moment）。不過，無法否認的是，這樣的行動還是會有（真實的）暴力出現，即使無法和體制巨大的暴力相比。但這就是針對體制進行反暴力的時機。[24]

這樣的想法，可以說是新左運動論述中，典型的對直接行動的理解方式。根據野村的說法，被稱作是「暴力」或「對抗暴力」的直接行動，乃是人們奪回被國家壟斷的暴力，並斷絕國家暴力的一個行為。也就是說，運動的暴力乃是以實現社會正義為目的而為的暴力。如此一來，與國家和大學校方的對決行動就得到正當化了。

在這裡要強調的是，直接行動的目的是要產生象徵性的效果。當然，戴著頭盔、手持「暴力棍」（ゲバ棒，新左運動者與警察對峙時所持的木棍）的原因是為了保護自己免於警察、體育會學生和民青的攻擊，但是「暴力」有著比這個還要深的意義。在一場關於東大

23「私たちの軌跡と〈いま〉——作家・真継伸彦さんに聞く」『ベ平連ニュース』一九六九年二月一日号、二頁。
24 野村修「暴力論——権力と反権力の対話」『現代の眼』一九六九年四月号、一四〇頁。

學生運動者的直接行動座談會中，理科科系的研究生江草福治說道：

我認為，暴力的問題，可以被視為對現代資產階級社會的批判。從思想上來說，我們拿著暴力棍、戴著頭盔的形象，不過是一種象徵罷了。確實，現在的社會被各式各樣的間接統治所支配，權力的真實面貌不太容易呈現在我們眼前，就算再怎麼努力尋找也找不到它。但是，暴力作為一種象徵，卻可以把「這些間接統治本身就是個暴力系統」這件事情給明確地暴露出來。[20]

在羽田事件之後，新左運動者開始用頭盔和暴力棍來「武裝」自己。但是拿這些配備和重裝備警察對決，顯然非常無力。所以說，直接行動並不等於武裝鬥爭。雖然有時會有脫序行為，但直接行動的主要目的從來都不是要傷害誰。如同前面所說，管理社會中支配者的存在、或者是這邊所說的「權力」，都是眼睛看不見的。因此，「暴力」的象徵效果就是要把「權力」的存在給顯現出來。

那麼，「暴力」又是怎麼讓人得以看見「權力」的存在呢？運動者給的回答之一是，和警察、體育會學生、民青在街頭或校園內發生衝突。當然，這些「敵人」正是使政治冷漠及無力感在人與人之間蔓延的那個「權力」的象徵。衝撞這種被可見的「權力」，對運動者們而言充滿魅力，因為這件事可以提供他們與敵人對峙的真實感，甚至可以給了他們改變自己生活方式的成就感。之前介紹過的學生柏崎千枝子這樣寫道：

> 為什麼我們要行使暴力呢？因為我們很脆弱。我們具有生而為人必然有的脆弱。在與權力機構完美串通的東京大學之中，作為它的一員，作為一個「東大生」，就是壓迫一般大眾的壓迫者、犯罪者。那些自甘墮落的教師、民青和右翼，作為一種反面教材，已經把這樣的認知直接身教給我們了。即便如此，我們還是在這樣的溫水之中被寵愛養大，被蒙蔽了雙眼。正是因為認知到自己正在漸漸死於安樂，所以為了自我揭發、自我否定，我們要行使暴力。……甚至，這也是為了把我們自己的思想徹徹底底淨化。為了把自己逼入背水一戰、完全沒有逃跑餘地的處境裡，為了讓自己講出「真心話」，也為了逼自己絕對不能逃避鬥爭，我們對著，民青、右翼秩序派、警察機動隊所映照出來的「醜陋的自己的樣子」，用力揮打暴力棍。對這些被物化的對方揮打暴力棍這件事，帶給我們自身很大的心理負擔。「我真的有足以去毆打這個人的思想嗎？還是其實我跟他們是一丘之貉？」我們不斷地問自己這樣的問題，好讓我們的「暴力」可以得到純淨、我們的思想也得到鍛鍊。這樣的思想訓練就是，如果沒有堅定確信自己的思想絕對比對方的思想還要優越，就不能使用「暴力」。在揮下暴力棍之前，都必須要

嚴格進行這樣的自我檢視，我們才會真正地得到鍛鍊、真正地變強。[21]

柏崎以上的話語，充分顯示了新左運動者是怎麼看待直接行動的。由於在行使暴力之前他們必須徹底檢視自我，因此暴力被視為他們到底有多認真在參與運動的指標。能夠讓他們感到「對自己誠實，正直地活著」，就是實踐直接行動的時候。東大研究助理所組成的共鬥組織，在一九六九年舉辦了「對我們而言東大鬥爭是什麼？」座談會，展開了為何要行使「暴力」的討論。運動者之一表示，透過直接行動才能表現「自己的生活方式或思考方式是正確的」這件事。接著他又說，「為了貫徹自己的生活方式，也只能冒上生命危險了。」[22]像這樣的運動者們，就是透過對決式的直接行動，來確信自己是正確的，來得知自己改變自己的日常生活方式究竟到了什麼樣的程度。

直接行動還有一個影響是，提供給運動者活著的真實感。他們戴著頭盔，拿著暴力棍、和警察發生衝突、感受恐懼、有時還會受傷。但是這樣的事情，不但能將自己從「管理社會」之中解放出來，更賦予了他們活著的感覺。有位日大的學生這樣說道：

我過去從未真的感覺到自己活著。這究竟是為何，我也不知道。所以我覺得我什麼時候死了都沒關係。因此，我對未來不抱任何希望，也漸漸覺得活著沒什麼意思。戴著頭盔、拿著暴力棍，讓我能夠直接面對死亡。在那個時候，我產生了某種活著的感受，我對原本模糊不明的生命有了一些認識。[25]

第一章曾引用齊藤進所說的話「不是活著的喔　是被迫活著吧」，來表現活在物質富裕社會的青年所感受到的煩惱。他們的一輩子被迫捲入整齊劃一的學歷競爭之中，毫無任何活著的主體性感受。而直接行動給了這樣的青年們活著的真實感。

對直接行動也有類似看法的還有羽田素子。她不太能夠融入學校生活，十七歲從高中退學後，便積極參加羽田事件那樣的直接行動。在街頭與警察的衝突使她受到衝擊，她意識到自己是在參加對決式的行動時才感到自己是活著的這件事：

有時候，我會和全學連的學生一同組織團體、進行示威。有時也和勞工們站在一起。讀書、然後行動，這就是我的理想。偶然親身體驗到在示威中被警察機動隊激烈毆打，但對我這樣的無政府主義者來說，並非毫無意義。那是因為，這樣的體驗永遠比讀書還要給妳更強大的衝擊。每次像游擊隊一樣地參加這種形式的示威，都會覺得這樣才

25　沢登誠「バリケードとは何か」（情況出版編集部編 1997）、九六頁（初版為『情況』一九六八年三月号）。

是真正地活著。26

如上所述，直接行動具有象徵意義。為了獲得從事運動的成就感與活著的感覺，越來越多新左運動者們，把警察、體育會學生、民青視為敵人，並和他們發生衝突。如同柏崎所指出的，運動者和他們的敵人有著同樣醜陋的一面，因此要透過直接行動與「管理社會」對決，才能夠宣稱自己和敵人是不同的。這不是把自己的政治理念傳達給媒體的那種做法，而是面對自己內心的直接行動。於是，直接行動的實踐越來越徹底，被逮捕的人數也持續增加。例如，在一九六七年十一月初的第二次羽田事件中，有三百四十五名運動者被逮捕。[23]這個數字甚至超過了一九六〇年安保鬥爭遭逮捕的總人數。僅僅在一九六八年這一年，在抗議行動中被逮捕的學生就超過了六千人以上。[24]

三、反對直接行動的社群組織

「日常性」登場

隨著運動暴力越來越激化，為了鎮壓新左運動，警察人數也急速增加。一九六九年度，全國警察增加了五千名，其中兩千五百名是警察機動隊、一千名是公安搜查員。[25]同年的十月二十一日，國際反戰日當天，警視廳動員了兩萬五千人、全國則總共動員了七萬五千人作為警備人力，以因應新左運動的示威。[27]學生之間還流行一種抗議方式，是在校園設置路障進行封鎖，而且依據「大學自治」原則，警察不能介入學生這種在校園的抗議行動。不過，在一九六九年八月國會制定了《關於大學營運的臨時措施法》之後，警察開始更積極主動地介入校園。在此之前最為人所知的事件，就是許多運動者因占領了包含安田講堂在內的校園建築而遭到逮捕。一九六九年一月十八到十九日，八千五百名警察機動隊破壞了本鄉校區的路障，解除了校園封鎖。整整兩天的衝突之中，一共有八百一十九名學生遭到逮捕，[26]六百名以上的運動者遭到起訴，審判過程持續了好幾年。占領安田講堂的十五人被判處兩年徒刑。[27]就這樣，從一九六九年九月到十一月之間，不只東大，還有一些其他大學的封鎖也被解除了。

這段時間，被警察逮捕的運動者人數急速增加。一九六八年十月的國際反戰日示威中逮捕了一千四百人，一九六八年十一月十六日在羽田機場附近與警方衝突而被逮捕的有一千九百四十人，一九六九年六月二十三日抗議安保條約的罷工罷課中則有六九七人，一九

26 羽田素子「反権力行動の根拠——私のノートから」『思想の科学』一九六八年一一月二日号、三二～三三頁。
27「『非常態勢』下の10・21反戦デー」『朝日ジャーナル』一九六九年一一月二日号、五頁。

七一年十一月十九日抗議沖繩返還協定的行動中也有一千七百人以上被逮捕。[28]光是一九六九年這一年，與新左運動相關的被逮捕人數就高達一萬四千七百二十八人（其中有八成五是學生）。[29]甚至，警察還會在大規模抗議行動前夕逮捕核心運動者，把他們羈押在警察局的拘留所。最惡名昭彰的事前拘留案例是，一九六八年一月十五日，在東京的法政大學前面，有一百三十一個手持木製看板的學生運動者遭到逮捕。他們正在前往抗議美國核子動力航母企業號停靠佐世保港的路上，學生們被下安上的罪名是，在公共場所持有「凶器」（木製看板）。[30]

逮捕運動者的主要法源根據包含：凶器準備集合罪、公務執行妨害罪、違反道路交通法、違反公安條例等。政府根據一九五二年為了加強治安所制定的破壞活動防止法，給予警察超越法律框架來管制抗議行動的空間。即便不是這樣的狀況，運動者也不得不遵守那些讓警察得以規範在公共場所進行抗議的法律條文、以及其他明示或暗示的規則，例如，在街頭示威的時候，參與者一定要排成六排以內之類的規則。打破規則的示威參與者就會遭到毫不留情的逮捕。這種情況讓許多新左運動者直接面對遭到逮捕與起訴的恐懼。

除了與大學校方的攻防及警察的介入之外，在日大及東大的學生運動面臨轉捩點的一九六九年，新左的論述空間開始頻繁出現所謂「日常性」這個詞。這個「日常性」的自我變革，到底意味著什麼呢？一九六五年東京教育大學學園祭，以「日常性的再確認——提升和平意識！」為共同標題，便是新左運動初期使用「日常性」一詞的例子。報導這個學園祭的《教育大學新聞》說明，「日常性」是指「那些我們必須要打破的形式主義、順應體制、無力感」。「日常性」隱藏在高度經濟成長所造成的「華麗的消費文明」之中，漸漸讓人失去「對社會的批判精神」，正是因為這樣的「日常性」，才會容許日本政府參與越戰。這篇報導雖然一方面顯示對「日常性」的否定看法，另一方面也加入「素樸的人文主義、反戰意識、還有在日常生活中各式各樣的需求」這樣的肯定態度，並認為應該要提升後面這一部分。[28]

但是在一九六九年左右，對「日常性」抱持否定的看法成為主流。一九六九年初期，在東大學生舉辦的座談會中，有人詢問「擺脫日常性」這樣的運動口號是什麼意思。主修經濟學的學生運動者對此的回答是，要擺脫「現在普遍的想法──從庶民的處世之道到以學術為名的教授們所擁有的認識體系這一切」，例如「議會制民主」的政治、「高度成長」的經濟、在其中「庶民的願望總有一天會實現」這樣的期待等等，我們一邊質疑這樣的東西，並「揭開它們的面紗」，唯有如此，才能「擺脫日常性」。[29]在這個座談會中，「日常性」

28「日常性の再確認──平和意識を汲み上げろ！」『教育大学新聞』一九六五年五月二五日号、三頁。
29 鈴木優一・小沢瀞司・瀬戸秀助・後藤伸介・岡安茂祐・小林良一「東大闘争一・一八以後──「東大解体」とは何か」『展望』一九六九年四月号、八〇頁。

被認為是必須被克服的對象。

再看一個有關使用「日常性」一詞的例子。住在練馬區、有一個三歲小孩的女性，因為想要好好珍惜自己的時間，猶豫著要不要參加反越戰行動。直到一九六八年七月她在埼玉縣朝霞的美軍基地野戰醫院看到從直升機後送的美軍士兵，她終於去加入「大泉市民的集會」，之後還參與了各種行動，例如對美軍士兵發送反戰傳單、發起撤除野戰醫院的署名運動、定期參加示威遊行、向警察提出遊行申請、與東京都知事和朝霞市長見面會談、印刷快報等等。她如此談論當時的心境：

> 正是遵守日常性而活著的我，在支持日本的現狀。不論改變有多小，日常性的框架都必須被打破。這樣就能證明我是一個人。[30]

如她所述，「日常性」關乎對自己平穩的日常生活抱持疑問、以及重新探尋自己的生活方式。前面說過，一九六〇年代後期同樣也有一個詞「管理社會」，指出了「規訓化」的問題。但是，「日常性」比起「社會」這個詞，更能讓人感受到與自己每天的現實密切關連的意義。即使是在這之前，新左運動的主要關心也是重新探尋自己的生活方式。於是一九六九年左右的「日常性」，就成了會阻礙自我變革，也就是阻礙重新探尋自己生活方式，所使用的一個詞。之前提到，自我變革有兩個意涵，一是從被規訓的日常中「解放」、二是對日常的「反省」。但是，如同前一段所引用的，「日常性」一詞在一九六九年左右和「自我變革」連結在一起，兩者（解放與反省）之間的平衡崩解，朝「反省」的那一方傾斜。而這樣的論述變化，發生在新左運動出現轉捩點的時候。

對抗暴力的激化

新左運動因為警備的強化而日漸被逼入嚴峻的處境。在這樣的狀況之下，出身自新左運動的戰鬥團體開始了使用土製汽油彈的游擊行動。我們可以看看瀧田修的例子。他是京大全共鬥的運動者，一九七〇年左右開始支持運動武裝化。瀧田在一九六九年所寫的論文「〈全共鬥＝反大學運動〉的結果與展望——第三期的組織課題為何」中，把全共鬥運動定位為「自我否定運動」，並指出該運動是時候該走向下個階段了。根據瀧田的說法，因為全共鬥運動是以各大學為基礎所構成的，所以運動的組織和戰術會受到個別大學的特性所限制。雖然他們揭示了「帝國大學解體」此一重大目標，但是繼續維持現在這個樣子，是不可能達成這個目標的。[31]帝大解體這樣的課題是「全民的革命行動」，學生們必須結合

30 和田あき子「日常性への弾劾をこめて」『朝日ジャーナル』一九六九年六月二二日号、四三頁。

大學之外的公務員工會、反戰的中小企業勞工、朝鮮人、高中生、重考生和部落民。[32]如果不克服運動當中受限於「個別大學、各個地方」或「經驗狹隘」等問題，是不可能達成帝國大學解體的目標。[33]

基於以上的現況分析，瀧田主張，全共鬥運動為了要捨棄「自然成長性」、進而獲得「目的意識性」，於是「具體的組織表現」十分重要。而所謂的「組織表現」之一，就是成立「臨時革命政府」作為運動指導部。[34]瀧田指出，若不展開武裝行動就不能發揮組織的指導力。他說，「我們一定要更毅然決然地、更充滿活力地拿起武器」，他並積極肯定「要組成黨人游擊部隊＝黨人五人小組」[31]。在此之前的鬥爭多以示威、封鎖、占領行動為主，使用的武器則是棍棒、石頭和瓶子，但是瀧田預測，今後的主流將會變成「不知道恐懼為何物、絕不容情的武裝鬥爭」。瀧田這樣的言論，充分展現了新左運動中如何肯定武裝路線的邏輯。在一九六〇年代後期新左運動成功動員大眾的時期，武裝行動的成功和運動的原則是毫不相干的。但是，由於抗爭處理的強化以致運動陷入困難的一九六九年以後，武裝路線作為打破現狀的手段就這樣被提出來了。我們在這裡可以看出黨派運動者的武裝化邏輯，乃是從「日常性」的自我變革此一論述為出發點所推導出來的道理。但因為運動者明顯是以武裝行動的成效為優先，以上的邏輯便脫離了原本論述的框架而變質了。

武裝化改變了新左運動。為了最大化武裝行動的效果，團體內的性別分工得到了認可。本來在新左運動中，性別分工的傾向並不明顯；但男性因為身體條件較好而在前線當戰鬥人員，女性因為身體條件較差而從事煮飯、製作傳單、救援被捕者等輔助工作，這樣的角色分工在武裝行動中並不罕見。[32]這樣的性別角色分工在與警察發生直接衝突時被強化了。

失去了大眾的支持

新左運動的武裝化，對運動而言還產生了另一個負面效果，那就是對決式的運動者遭到孤立。採用游擊戰這種戰術，伴隨著潛在的參與者會猶豫要不要加入運動的危險。甚至，武裝化也會漸漸讓運動的外部旁觀者改變他們的目光。他們開始恐懼那種隨時可能發生、而且無法預測的游擊戰。有時候警察和示威者之間的衝突，也會危害到集會場所附近、或示威遊行路線周邊居民的生命財產安全。一九七一年六月十七日，運動者在東京的明治公園舉行集會，反對仍然保留大面積軍事基地的沖繩回歸日本，集會中運動者和警察發生激

31 譯注：原文作者以日文寫成「パルチザン五人組」，「パルチザン」是「partisan」的音譯，語源來自義大利語，指「同黨的人」，乃戰爭中非正規軍的游擊部隊。被使用在共產軍隊（赤軍）之中，則成為游擊部隊的專有名詞。

32 例如，德山晴子「私が動けば世の中が一人分動くという実感」（女たちの現在を問う会編 1996）、八八頁。

烈衝突，波及住在附近的居民。關於附近居民在這場集會中所受到的危害，物部長興說明如下：

明治公園前面有奧運道路。隔著公園的另一面，住著一小群在極小的工作場所認真過活的人。這些人在示威隊伍和警察機動隊的激烈衝突中受到危害。受害最嚴重的是建材店。那是一個老派的木工在自己家裡的土間揮舞著刻刀和鎚子製作建材的建材店。店裡面有新的木材，以及做到一半的作品，但那些物品被拿來用在封鎖行動中。狹小的店門裡還有一個水電工。這個人用來牽管線的一束水管被帶走，然後就不見了。此外，石頭飛入家中啦、因為害怕而睡不著啦，這樣的不滿非常多。[33]

在新左運動的論述之中，為了矯正國家和大學校方的不正義而為的「直接行動」，被正當化為「暴力」（Gewalt），但是附近的居民和警察也會因為「暴力」而受到物理上的傷害。這樣的被害問題，在運動中是怎麼樣被討論的呢？一九六九年四月在京大的學生座談會中，文學部全共鬥的學生太田靜夫問道，難道只要是行使「暴力」，做什麼都可以被原諒嗎：

例如，有很多人會說，學生們的暴力是必要防衛，絕不是要行使殺戮的、攻擊的暴力。但是，不知道是幸還是不幸，在這個鬥爭的過程之中，雖然沒有人真的因此而死，但是我感覺我們的倫理是非常站不住腳的。[34]

即使是傷到了或殺害了包含警察在內的運動外部的人，「對抗暴力」也是正當的嗎？針對這個問題，另一個參加座談會的學生答說，「這樣的倫理問題呢，對我來說完全不存在呢」，其他學生聽了甚至加以附和。他們的發言顯示出，一九六〇年代的許多新左運動者，並沒有把對抗暴力最後會傷害到他人的危險視為一個嚴重的問題。

為什麼運動者們沒有注意到直接行動的影響呢？這和運動的原則有關。如同本章第一節所述，運動者們認為，能否獲得大眾支持不過是個次要問題。對他們來說，更重要的是運動的原則，也就是忠於「重新探尋自己的生活方式」這樣的思想而活著。因此，忠於自

33 武藤一羊／もののべ・ながおき「政治空間の二重性——自警団への転回過程をめぐって」『思想の科学』一九七一年一〇月号、一四頁。

34 高橋和己・太田靜夫・来島切・北一郎・小島洋・山田さゆり・宮崎芳夫・高瀬太郎・角前真司・三次重治・小林正・吉田豊夫「存在変革への執拗な問い——京大L（文学部）共闘の模索」（小田他編 1969）、九一～九二頁。

己的原理原則所做的行動到底會帶來什麼樣的後果，他們並沒有很關心。

自警團登場

最早針對新左運動的直接行動予以反抗的是都市的社區組織。擔心會受到直接行動所害的居民組成了「自警團」。例如東京，從一九六八年十月八日的「新宿阻止美軍油料列車鬥爭」[35]開始，居民便發出「驅離暴力學生」的聲音。[35]一九六九年十月的國際反戰日前夕，新宿、神田、四谷、涉谷等都內十三個警察署轄區內，便有大約四十個民間自衛組織團體（防犯協會、商店會、町會等等）成立。[36]

新宿車站西口的地下廣場，成了越平連的年輕人聚集在一起、唱著民歌、舉辦討論會的場所。一九六九年七月左右，警察把「廣場」變成「通行道路」，禁止所有的集會。附近商店街的店家也和警察合作，為了不讓學生在該處逗留而進入警戒。新宿站前商店街振興組合的理事長對警察的取締感到不滿，因為警察和學生的衝突會給路人和商店帶來傷害，消費者漸漸就不來這一帶了。又因為一到晚上就會變得危險，百貨公司等商店就會關門，這樣一來就沒有辦法做生意，於是新宿車站周邊的七個商店街組成了「新宿站周邊環境對策委員會」，以便監視運動者。[37]

一九六九年十一月的《朝日新聞》報導了靠近羽田機場的蒲田站周圍成立了自警團。

這個自警團試圖抓住那些為了抗議赴美交涉沖繩返還事宜的佐藤榮作而聚集在羽田機場附近的運動者。

國電蒲田站東口以北有一條長約一百公尺的飲食商店街。賣魚的店員們頭綁著毛巾、腳穿著長靴、手拿著長木刀，站著。下午四點十五分，五個戴著白色頭盔的人在警察機動隊的追趕下逃到這裡來。突然有五、六根火柱從土製汽油彈冒出來。「這個混蛋」——拿著木刀的年輕人打了白色頭盔的其中一人，發出巨大的聲響，就在木刀打到對方頭上的這一瞬間，年輕人自己的脛骨也被鐵管擊中。兩人都流血了。三個自警團員前來支援，白色頭盔男仍抱著自己的頭。[38]

35 一九六七年八月八日，新宿車站發生上行貨車撞上下行貨車並引起大火的事故。下行貨車的目的地是美軍駐立川基地，車上滿載的油料則是供美軍在越戰使用。這場事故進一步激化了反對運送軍需物資的行動，後來被運動者稱為「新宿阻止美軍油料列車鬥爭」。

36 『朝日新聞』一九六九年一〇月二二日、一五頁。

37 関根弘「騒乱新宿——自衛作戦の全貌」『現代の眼』一九七二年四月号、一二五頁。

38 『朝日新聞』一九六九年一一月一七日、一五面。

自警團的出現，顯示了新左運動漸漸失去了地方上的居民原本默默的支持。如同前述，一九六八年一月的佐世保事件中，學生們的直接行動是有獲得部分當地居民的支持。在媒體上被稱為「群眾」、支援運動的當地居民，又在一九六八年三月，抗議東京都王子地區設置美國陸軍野戰醫院的示威中再度現身。這個時期，為了收容在越戰負傷的美軍，政府計畫在王子地區建設醫院，這項計畫遭到很多當地居民的反對，新左運動、尤其是黨派的運動者，就和居民一同行動。三月八日，配有頭盔和暴力棍的學生運動者在和警察衝突的時候，大約有三千五百名「群眾」殿後支援學生的行動。[39]《朝日新聞》儘管批判這個衝突對當地居民的財產造成傷害，但是也有報導數千名「群眾」反對設置野戰醫院，並高喊「警察滾回去」、「不要幫助越戰」等等。[40]

一九六八年十月二十一日的國際反戰日，「群眾」也參加了新左運動的對決式行動。示威參與者封鎖了包含新宿車站在內的東京各處公共設施，很多人遭到逮捕。但是媒體對於這個行動的報導十分嚴厲。隔日，《朝日新聞》刊載了因為電車和車站被破壞而感到憤怒的市民們所說的話。例如，某位二十三歲女性說，「他們難道真心認為用這樣的方法大叫反戰，就可以獲得國民的支持嗎？」[41]就這樣直到一九六八年年底為止，媒體上出現的「群眾」漸漸消失，取而代之的是，媒體開始強調那些擔心直接行動會造成自己被害的當地居民。

一九六九年十一月，在抗議佐藤榮作訪美的行動中，有七十七名蒲田當地居民被運動者的土製汽油彈所傷。十一月十七日的《朝日新聞》以下面這段文字批判直接行動：「對於佐藤首相此次訪美，想要表達訴求或是提出異議的人絕不在少數。但是，過激派集團的無差別游擊戰術，在當天遭到『主戰場』的居民予以排除。」42

一九六八年一月的佐世保事件，讓主流媒體對直接行動的看法產生了微妙的變化。媒體對新左運動的直接行動雖然採取批判立場，但因為也有報導「群眾」支持新左運動，可以說，對政府的政策、警察的暴力提出了間接的質疑。然而一旦「群眾」消失，取而代之的是自警團登場，媒體就開始毫無保留地批判起新左運動的直接行動。

許多運動者因為自警團的出現而受到衝擊，從而認知到有必要重新檢討，以為那些旁觀者的當地住民都是自己的支持者，這種樂觀的想法。佐世保的居民之所以會支持直接行動是因為，「美國」的「核子動力」航母企業號勾起了居民們對第二次世界大戰的痛苦記憶。但是，居民支持的理由並不僅止於此，他們也受到學生們為了社會正義而努力行動的

39『日刊警察』一九六八年五月一八日、二面。
40『朝日新聞』一九六八年三月九日、一五面。
41『朝日新聞』一九六八年一〇月二二日、一一面。
42『朝日新聞』一九六九年一一月一七日、一五面。

真誠所感動。但是到了一九六〇年代末期，這種對抗暴力和大眾支持之間的連結開始產生裂痕。面對自警團的出現，運動者們理解到，這樣的連結實際上是非常脆弱的。

第三章

新左運動的衰退——「日常性」的自我變革所帶來的苦惱

新左運動在一九六〇年代後期獲得許多人的支持，但在一九七〇年左右卻發生快速的衰退。本章將要討論這個問題。首先，我將分析警察的抗爭處理戰略，也就是警察如何取締運動的策略。一九六〇年代後期，警察先是採取大量逮捕、甚至事前拘留運動者的做法，後來則是推動地方社區參與治安協力，同時也把警員訓練成為國民提供服務的人。警界高層明確指出，除了要討論如何有效管制新左運動的戰略以外，也要在媒體上製造出新左運動者自我中心且暴力的形象。

本章要描述的第二件事是，在運動衰退的同時，運動者所感受的苦惱。依據《朝日新聞》資料庫對抗議活動的分析成果，日本關於和平、政治、勞工、醫療、教育等社會運動所進行的活動（集會、示威、罷工罷課等），在一九六八年達到最高峰，在這個時間點之後，就開始明顯地減少。[1]除了說明以上的數值資料之外，本章也會討論數值所無法顯示的、在運動後退的過程中運動者所感受的苦惱。

在與警察對抗的過程中，「日常性」的自我變革，這個論述的性質也產生了改變。自我解放的面向逐漸消失，自我反省的色彩更加濃厚，倫理的性質更為強化。這個論述性質的變化，帶來了運動內部衝突、挫折感蔓延、運動經驗斷絕等問題。綜上所述，運動者的苦惱正是「重新探尋自己的生活方式」這個思想所帶來的效果，本章則試圖從這個觀點出發來討論新左運動的衰退。

一、以社區為基礎的警備

《七〇年代的警察》

警察是如何管制新左運動的呢？我們先概觀一下高度經濟成長期，警備力量的變化。一九五〇到六〇年代，由於道路交通網絡的健全，汽車等交通方式變得發達，移動到遠方變得更加容易，但在此同時，犯罪的區域也因此擴大。為了因應都市化時代的來臨，警方深感有必要進行組織改革，因此強化了警察的裝備與通信設施。另一項改革則是確立了「專業分工體制」：警察被分配到包含刑事、交通、警備[1]等各部門，接受專業化的訓練。到了一九六六年又實施警察廳保安局長的指示「外勤警察組織改造」，[2]為了防範新形態的犯罪，都市周邊區域一律廢除小型派出所、駐在所，改而在重點區域設置大型派出所。這些改革的基本方針可以說是為了促進警察組織的組織改造、以及提升警力運用的效率。[2]

如同在第二章所提到的，一九六〇年代後期，取締新左運動變得可能，就是因為動員

1 譯注：參序章隨頁注5，此處的「警備」警察，指涉特定的警備部門，專責社會抗爭的對應處理。

2 譯注：「外勤警察」，指在警察署當中負責巡邏、派出所值班等第一線工作的部門。「組織改造」，日文原文為「組織改造」，英文原文為「rationalization」，指組織部門的精簡化。

了大量警力。但是，以警力直接壓制抗爭群眾，怎麼說都不算是一個有效率的戰略。例如，一九六八年十月二十一日的國際反戰日，帶著頭盔的學生、警察、以及看熱鬧的人等，讓新宿附近陷入了一團混亂，新宿車站內外都發生了火災。最後甚至是以騷亂罪的名義出動自衛隊，警察才勉強控制了局面。[3]此外，在這個時期，執法過當也會引起運動外部的人對警察的反感。其中特別具爭議性的，就是一九六八年一月佐世保事件的鎮暴行動。警察在與學生運動者發生衝突的時候，導致數位採訪記者受傷。因為這樣，媒體也會對警察抱持懷疑、甚至有時是敵對態度來加以報導。[3]雖然最後警方還是盡了全力壓制新左運動，但是並沒有獲得廣大民眾的支持。

因此，警方開始著手改革管制新左運動的方法。一九六九年九月開始，以警察廳的幹部為中心，加上官房審議官，開始討論上述改革。一九七〇年八月成立了「警察運籌管理綜合對策委員會」，由警察廳次長高橋幹夫出任委員長。在這個委員會所進行的討論，到了一九七一年七月，則以「警察廳綜合對策委員會」之名提出警備方針改革的期中報告，並在隔年六月集結成《七〇年代的警察——對動盪與變局的因應》這份最終報告。這可不是一本單純的報告書，而是指示了一九七〇年代警察政策的方向。例如，一九七二年六月九日最終報告提出之後，在東京都千代田區的半藏門會館召開了全國警察本部長會議，包括國家公安委員長、警察廳長官、全國的公安委員、警察廳各局的部長課長、警視總監等等，總共有一百二十四名成員參與會議。警察廳長官後藤田正晴在會中指出，一九六〇年代後期是與新左運動對決的「非常時期」，而《七〇年代的警察》則被定位成一九七〇年代這個「和平時期」的警政方針。4

《七〇年代的警察》在前言指出，因為公害和都市人口過剩等快速現代化所引起的負面影響，使得對現狀有所不滿、感到疏離的人們急速增加，這些人就是對決式社會運動的動員基礎。[4]報告書還引用美國雜誌《新聞周刊》對日本治安的高度評價，自誇了一番。但報告書也指出，這個「世界最安全的都市」正因為高度經濟成長所導致的社會變化而陷入危機，書中並列舉造成治安問題的不安因素，包括都市化、資訊化、交通方式、生活方式、國民意識的變化等等。

都市地區的CR戰略

除了預測不遠的未來治安可能惡化以外，報告書也針對一九七〇年代的警察活動提出兩個方案：「強化與國民的合作」和「掌握國民的期望」。「強化與國民的合作」意思是，

3「若い力が演じた新宿ハプニング——「七〇年」をつきつけて欲求不満」『朝日ジャーナル』一九六八年一月三日号、四頁。

4『日刊警察』一九七二年六月一〇日、一～二面。

警察透過「社區關係」（community relations，簡稱CR）建立一個在國民生活中相互監視的共同體；此外，也規定CR要以家庭、職場、商店會、町內會、家長教師聯誼會、家長團體、社團活動等社群為基礎。《七〇年代的警察》寫道，「作為警察活動的CR，乃是透過對話蒐集居民對警察的不滿與期望，並且把警察的意圖與期望事項告訴當地居民，進而呼籲雙方合作的運動。」5[5]CR的目標是，警察在社區扎根並滿足居民期望的同時，也能更有效地應對抗爭。

《七〇年代的警察》還指出，地方社區的活化是治安良好的關鍵要素。之所以要強調社區的理由是，以地方為基礎的傳統警政在都市是無法運作的。因此，警察以「讓街道變得明亮的守望相助運動」（山形縣）、「解決地方困擾的運動」（埼玉縣）為口號，展開以活化社區為目的的CR。[6]必須注意的是，諸如此類以社區為基礎的警備戰略，在第一次世界大戰後就已經存在。那個時期，面對蓬勃發展的勞工運動，警察採取了透過地方社區的協助以取締勞工運動者、社會主義者、共產主義者的戰略。[7]《七〇年代的警察》雖然沒有直接提到這個在戰間期（一戰結束後、二戰爆發前）所誕生的警備戰略，但是顯然這個報告書是在傳統的社區戰略影響之下的產物。

不過，我們必須面對的現實是，一九七〇年代和戰間期的CR戰略有很大的差異，因為一九六〇年代的快速都市化發展，使得地方社區已經難以回到過去的那種狀態。因此，在社區逐漸改觀的情況下，警察有必要重新去構築在都市型的社會中相互監視的體系。自古以來，日本的警察都會到府訪查轄區內的居民，蒐集鄰里之間的閒話等資訊，以此協助針對犯罪的偵查。但是這個時期的快速都市化，讓警察越來越難掌握地方上的實際情況。一九六六年透過「訪查」而破獲的重大犯罪，都市占比為二六・六％、鄉鎮占比為三九・四％。這個數字在一九七四年降到都市占比一三・八％、鄉鎮占比一八・一％，[8]顯示出地方上的居民已漸漸地互相不認得，以致起訴犯罪者所仰賴的探聽搜查也漸漸失效了。

在這樣的狀況之下，警方於是與民間的廣告代理商合作，致力於蒐集有關社區的資訊。大型廣告代理商博報堂就協助警方製作了「CR地圖」。「CR地圖」依據不同的社區分類，記載地方上的社會或企業人際關係，上面有各個社區的主要成員與領導者名單。這種廣告代理商所做的地區調查成果，不只提供給警方，也會提供給電力公司，讓電力公司在興建新的發電設施而居民反對時，可以說服這個CR地圖上所載的地方名望人士。[6]

一九七〇年代初期，廣告代理商和警方之間的資訊和人員交流乃是私下進行，雙方

5 社區關係原本是美國政府為了管理黑人所採用的警備手段。詳見雷蒙・孟柏斯所著《社區關係與暴動預防》（一九六七）。

6 企業戰略研究會「日本資本主義の企業戦略」『現代の眼』一九七五年七月号、二五〇～五一頁。

建立了非常緊密的關係。博報堂在一九七三年一月由福井純一就任社長後，便積極召募警界人士前往博報堂任職。最具代表性的例子就是，取締役特別本部的CR負責人、前警視廳高層町田欣一。町田不只是CR戰略的理論台柱，更積極擔任宣傳負責人。[7]一九七〇年代，警方為了因應快速的都市化而必須修正傳統的警備戰略，廣告代理商於是在促進CR戰略所進行的社區資訊蒐集這件事情上扮演了輔助的角色。

利用外勤警察建立起社區監視體系

《七〇年代的警察》也注意到在派出所工作的警察所擔負的「外勤警察」角色。從戰前開始，外勤警察的工作就是支援有專門業務的警察，例如刑警。到了戰後，開始喊出外勤警察的「主體性確立」與「組織改造」等口號，顯示當局希望外勤警察能夠從處理各種雜務的工作中解放出來。儘管一九五三年曾出現「外勤警察運籌管理概括方針」這樣具體的方向，但是把外勤警察視為「打雜的」這個看法，還是沒有什麼改變。[9]即使到了一九六〇年代，外勤警察在警察內部還是被蔑稱為沒什麼用的「稻草人」，相形之下是比較受到輕視的。

但是到了《七〇年代的警察》，卻把外勤警察定位成「警察的門面」、「警察的主力」。[10]外勤警察在報告中被描述為掌握管理社區工作之鑰而重新獲得重視。《七〇年代的警察》

寫作者還特別把外勤警察針對地方上的家庭或辦公室所進行的巡迴聯絡，視為促進社區與警方合作所不可或缺的活動。外勤警察進行巡迴聯絡的目的，在一九六〇年代的改革中，從保持與地方居民的良好關係，被轉化為犯罪情報的蒐集。[11]《七〇年代的警察》則再次把巡迴聯絡所擔負的工作轉向了與社區的合作。

《七〇年代的警察》主張，有必要檢討一九六〇年代為了因應犯罪區域的擴大及都市化而把派出所和駐在所廢除合併的政策：

> 國民與警察的關係，是在國民與警察接觸的各種場合中，透過相互的溝通而形塑出來的。但是，即使國民和警察接觸的機會那麼多，雙方心意的連結卻非常疏遠。例如，警車的引進雖然有助於增加警察活動的效率，但是另一方面，透過車窗的接觸也減少了國民對警察的親近感。我們為了追求組織的合理性，捨棄了許多看起來無用但實際上非常重要的東西，讓人對於與國民接觸減少這件事感到擔憂，因此我們必須尋求廣泛與國民接觸的場合，積極地提供資訊，並且透過在接觸場合所交換的資訊，努力獲得國民的理解與合作。[12]

7 同上。

因此，警界高層便提案要重新檢討組織精簡政策。一九六八年時，全國的派出所與駐在所總共兩萬零一百四十二所，[8]這個數字在一九七〇年代初期降至一萬六千所，因為即使到了一九七〇年代，組織精簡這項目標還在一直重複宣導。不過到了一九七〇年代，急速減少的數字也開始趨緩，依據《警察白皮書》的資料，一九七二年的一萬六千一百一十二所（派出所五千八百二十一所、駐在所一萬二千九百一十所）到了一九八〇年，僅微降至一萬五千五百一十七所（派出所五千九百八十四所、駐在所九千五百三十三所）。《七〇年代的警察》所提出的意見，可以被視為上述轉變的推力。

當然，大量動員警察、全力鎮壓社會運動這種一如往常的做法從未消失。一九六九年十七萬八千人的警員數，在一九七〇年代有增無減，到了一九七九年增加為二十四萬六千人。[13]甚至，一九七二年五月還增設以「極左暴力集團」為對象的公安第三課，以強化針對新左運動者的情報蒐集體制。[9]警察也做好了在與運動直接對決以力量制服的準備，儘管如此，此時警備方針的重點卻從投入大量人力物力的作戰方式轉變成與居民聯手包圍的策略，在這個意義上來看，一九七〇年代可視為警察行政的一個重要轉折點。依據這樣的方針，警察進行了具體的組織改革，成立了「市民警察」部門（除了外勤警察，還包含了交通、刑事、保安警察）。雖然一九六〇年代後期警方增加了全國機動隊的數量，但是這群新雇的警察中，有一部分在一九七〇年代以後的任務被改派為急難救助、掃蕩暴力集團、維持交通秩序等。[10]

自警團（巡守隊）是在警察著手建立社區互相監視體系的過程中成立的。在民間擔當這項工作的是「防犯協會」（犯罪防治協會），負責蒐集社區的犯罪資訊，並把這些資訊告訴居民。進入一九七〇年代以後，該協會的末端組織「防犯聯絡所」開始增加，到一九七四年時大概有三萬個新設的聯絡所。[14]全國共五十七萬個聯絡所負責把住家附近發生的事故通報給警察，同時把來自警察的犯罪資訊告知附近居民。

警察和地方上的社區組織最合作無間的案例之一是「地毯式搜索作戰」。[11]一九七三年十月中旬，警視廳公安部針對住在公寓的「可疑人物」進行密集的情蒐行動。在這個「地毯式搜索作戰」之中，警察從四十三萬名協力者處獲得大約兩千三百件情報，其中有四分之三是關於可疑人物的情報。另外，也有人提供了通緝犯和地下組織的相關情報。[12]

8『日刊警察』一九六八年一月二五日、一面。
9『日刊警察』一九七二年五月九日、一面。
10『朝日新聞』一九七二年八月三〇日、九面。譯注：日本的「全國機動隊」，相當於台灣的保安總隊、保安大隊的部門。成立之初主要任務為擔任鎮暴部隊，而後任務日漸分化。
11 譯注：日文原文為「アパート・ローラー作戰」，根據《警察白皮書》的說明，指的是針對極左派分子可能潛伏的公寓、出租套房、寄宿旅館等場所，一家一家地進行訪問，就像滾筒（ローラー，roller）滾過那樣，讓嫌疑者無所遁逃。因此中文譯為「地毯式搜索作戰」。

一九七〇年代初期，東京都上野警察署東上野四丁目的本町會（居民會議）應警方要求對學生的集團暴力提高警戒。這個町會便在公布欄上貼出「有關防止被集團暴力傷害的請求」，拜託居民協助警察管理治安，例如：當「暴力學生集團」購買石頭、木材、空瓶、毒藥等可能成為凶器的物品時必須通報、在警戒現場不可圍觀看熱鬧、利用地方上的聯絡體系以防止「暴力學生」對民宅投擲石頭或是入侵等等。[13]在公布欄最後則呼籲，一旦發現可疑人物，要打電話給一一〇。今日廣為人知的一一〇通報系統，就是這個時期的警方為了在犯罪發生時能夠早日啟動搜查，於是在居民之間致力推廣而產生的措施。警察利用地方上的居民普遍存在對直接行動的擔憂，透過社區公告欄的通報，試圖全面圍堵地方上的新左運動。

二、服務國民的警察

作為服務提供者的警察

《七〇年代的警察》還有另一條軸線，即如何訓練警察作為國民服務的提供者。主管治安的警界高層主張，為了讓國民理解警察的工作，有必要找出國民內心的希望是什麼，因此建議舉辦民意調查與公聽會。[15]一九七二年十二月，總理府舉辦了「關於警察的民意調查」，這個調查的項目非常多元，從對警察的評價到期望等等都有，是警察用來理解國民需求的資料。這項調查準備了為數眾多的題目，除了針對警察的印象，也有針對「過激派團體」的印象，從而讓民眾了解在調查實施時，警察有意識到與新左運動的對抗關係。

在「滿足國民需求」的口號下，警察比過去更加不猶豫地介入人們的日常生活。例如，根據一九七六年五月十四日的《朝日新聞》報導，兵庫縣警察自一九七〇年代中期開始運用警力嚴格取締隨地小便、放養家犬、非法丟棄家庭垃圾、亂丟菸蒂、小打小鬧等各種地方問題。[14]大概也是在同一時期，警視廳設置了電話諮商室，供民眾來電詢問家庭糾紛或戀愛問題等日常生活的煩惱。在進入都市化的一九七〇年代，警察利用電話這個新科技扮演了地方上諮詢顧問的角色。

在警界高層提出「訓練警察成為國民服務的提供者」這個案子的同時，也是名為「豐田主義」（TOYOTA-ism）的新型生產消費系統大行其道的時期。以豐田汽車為名的經營策略，建立在企業必須正確掌握市場需求、並將之反映在要生產什麼種類的商品以及生產多少的決定之上。一九五〇到六〇年代的高度經濟成長期，使大量生產的廉價消費財廣泛進

12『日刊警察』一九七三年一一月一七日、五面。
13 室謙二「町内会・自警団の復活」『思想の科学』一九七二年二月号、六四頁。
14『朝日新聞』一九七六年五月一四日、一〇面。

入日本社會的各個層面。結果到一九七〇年代為止，洗衣機和冰箱等生活必需品的消費市場到達了一個飽和狀態。為了突破這樣的飽和狀態，各個企業開始主打「多角化經營」，也就是說，並不是生產標準化的單一商品，而是生產有差異性的多樣商品，以引發消費者欲望。透過調查消費者的需求、組成與之相應的彈性生產體系、以提供多樣化商品的企業策略，不只在製造業很普及，也擴散到服務業等其他產業。[16]

豐田主義對日本消費者意識產生莫大影響是一九八〇年代以後的事情了。[17]但是，早在一九七〇年代，消費者就已經習慣了企業針對市場需求所提供的服務，於是警察也不得不認知到民間企業的服務特質。例如，神奈川縣警方從一九七三年一月開始進行CR活動，喊出「窗口民主化」這個目標，意思是「如同銀行一般的接待，在警署大廳配置巡查部長級別的人員，並且溫柔親切地提供說明」。[15]在這樣的狀況下，警界高層必須滿足嚴苛的消費者，也就是國民，所以必須貫徹國民需求的資訊蒐集，然後把這些資訊反映在服務的內容上。在豐田主義剛開始的一九七〇年代，主管治安的警界高層認為，就像消費者對產品所抱持的印象會影響企業的營業額一樣，地方居民對警察所抱持的印象也會影響社區的管理工作成功與否。《七〇年代的警察》就提案要發行有關孩童安全資訊的「迷你通信」(mini letter）以及地方上的迷你報紙，並把這些刊物分送到各個家庭，把警察的想法傳達給居民，以建立良好的印象。這份報告書雖然並未直接提到豐田主義，但可以說把豐田主義的戰略核心掌握得非常好。

塑造警察的良好形象

警察為了創造自己的良好形象而努力和媒體打好關係。從一九六八年一月的佐世保事件中警察對新聞記者動粗，可知警察到一九六〇年代為止都不太重視如何因應媒體。一九七〇年五月十六日，越平連外國人成員在東京都內舉行示威抗議時，也發生了警察對媒體的暴力事件。示威者到了美國大使館，提交抗議文件給館員時，拍攝該畫面的《產經新聞》攝影記者便遭到警察妨礙拍攝、毆打頭部並強踹下腹部。同樣受到警察動粗與妨礙拍攝的攝影記者還有其他數人。[16]

另一方面，一九六〇年代後期的警察也很頭痛警方的治安措施不受媒體和國民支持。例如，當時的警視廳警備局長川島廣守曾在《日刊警察》這份以警界為讀者的報紙上所刊載的新年致詞中，對警方為「維持公共安全與秩序」的行動，竟然被輿論拿來和「過激集團」的「不法行為」相提並論一事，表示了不滿。他還這麼說：「各位同僚，要達到讓大

15『日刊警察』一九七三年三月一九日、三面。
16『朝日新聞』一九七〇年五月一七日、二二面。

眾了解那些挑戰社會的『過激集團』所為的暴力是沒用的這個目標，可能還有很長的一段路要走。但是不管這段路有多長、多難走，我們都要念茲在茲國家社會需要『有秩序的進步』，所以今年也要繼續努力。」17

一九七〇年代的警察有鑑於媒體的強大影響力，開始細心注意媒體對警方的報導，並積極提供犯罪事件的詳細資訊給媒體記者。日本主要媒體的記者通常都會加入「記者協會」，而警察是透過記者協會和記者交流並提供資訊給他們。西山武典在有關媒體報導的著作中寫道，警察是在一九六四年東京奧運後開始充實宣傳系統，這項措施到了一九七〇年代，讓警察面對記者的態度產生了變化。當有事故發生時，警察的宣傳室就會快速通報記者協會，把事件的始末提綱挈領地整合成新聞稿發布出去。西山指出，這樣的發展讓記者在進行事件採訪時更容易處於被動的位置。[18]西尾漠在研究一九七〇年代警察的著作中舉例，某《產經新聞》的記者表示，警察開始積極發布資訊以後，很多記者變得比過去更仰賴警方的消息，並且更傾向於相信警方的消息是正確的。[19]如此一來，以警察提供的資訊為基礎所寫的報導，會讓新左運動者那樣的「犯罪者」孤立無援，同時增進民眾對警察的信賴。

在警界高層塑造警察良好形象時，還有一件事很重要，那就是在第一節也曾提過的外勤警察角色。能夠讓地方上的居民「看得到臉」的外勤警察，被視為居民服務的主要提供者。這顯示以社區為舞台的CR活動以及以媒體為對象的PR活動（Public Relations）是一組配套措施。《七〇年代的警察》如此描述外勤警察的義務：

關於外勤警察在街頭的活動，當然是要從國民的角度來予以評價。然而，比起法律上的處置是否正確、處理是否迅速，警察應對的言詞與態度好壞與否、感覺親切與否，才是決定國民評價的因素。稍微親切的舉動，就會帶來國民對警察全體的感謝；反之，一點無禮的言詞，就會招致國民對警察全體的反感。所以個別的警察必須充分自覺到，他的舉止行為可能會影響到國民對警察全體的評價。[20]

同樣的，警察廳外勤課的中井清一也主張，外勤警察從日常行動到發言都必須予以再教育。他提案外勤警察要從事「讓國民看見」的活動，也就是「進入民眾視線」或是「吸引注意力」的活動。[18]中井舉例什麼叫做「進入民眾視線」的具體作為，例如：要是有駕駛人因為汽車爆胎而感到困擾，警察可以幫忙打電話給修車廠；要是有人因為至親在深夜

17『日刊警察』一九六九年一月一日、三面。
18 中井清一「市民と接点に立つ外勤警察官のあり方」『警察学論集』一九七二年九月号、九八頁。

驟逝而需要乾冰，卻因為沒有店家開門而感到困擾，警察就會一起想辦法解決。一九七〇年代發行的《警察白皮書》，便屢屢出現這類情節。中井指出，當警察回應國民需求時，所提供的服務超出他的法定義務，就會喚起大家對外勤警察的注意。

中井將警察的工作視為服務，也對警察身為服務提供者應有的日常行為，也就是言語態度等，提出相當細緻的要求。他一方面指出，為了不要讓居民對警察的權威態度感到壓迫、傲慢、冷淡，警察必須「帶著人情味執行勤務」。但同時他也認為，為了讓居民認為警察是個可靠的存在，必須「充滿自信、堂堂正正地執行勤務」。[19]兼具「人情味」和「自信」這兩種相異的特質，是外勤警察被要求必須做到的事。

塑造警察良好形象時的重點，還包括女警的角色。就像銀行會利用「親切」或「細心」等女性給人的形象，而配置女性員工負責接待顧客的窗口業務，警察也會在與居民接觸機會較多的派出所增派女性。例如，一九七三年警視廳在通信控制中心為一一〇報案電話配置了十二名女警，又在築地、涉谷、新宿、上野等四個警署共配置了十二名女警。[20]同樣的，大阪府也為了創造親民的警察形象，配置了七十五名女警駐在派出所。根據《日刊警察》報導，配置女警的措施獲得了居民的好評。[21]

就這樣，警察全體投入了改善外勤警察的舉止行為這項課題。警察的改變之大，連某位批判警察的運動者都不禁表示「外勤警察的應對以及用字遣詞，禮貌到讓我感到困惑」。[22]

警察保護市民免於「過激派」[23]所害

那麼，上述改革是否有讓警察獲得來自媒體的支持呢？評估這個結果的方法之一，是調查主流媒體對警察的看法如何產生改變。不過，這個時期的媒體並非一面倒支持警察，他們也有批判接連爆發的警界醜聞。例如一九七〇年代後期的《朝日新聞》上，便可以看見〈歷代本部長受處分　兵庫縣警的黑道網絡〉、〈大阪巡查部長　白天酒醉順手牽羊〉、〈警部補[24]勒斃女性　強盜十六萬圓〉、〈菜鳥警察酒醉　在車廂小便　被指正卻轟『老子逮捕你喔』〉、〈警察殺害女大生〉、〈爛醉警察　襲擊主婦〉等標題。

19 同上、一一〇頁。
20『日刊警察』一九七三年二月一九日、三面。
21『日刊警察』一九七一年一二月一日、五面。
22 小川一「警察のCR作戦とフレームアップ」『情況』一九七四年一〇月号、二二八頁。
23 譯注：此處保留原文漢字「過激派」，而不採取常用中譯「激進派」。原因有二：首先，「激進」來自英文的「radical」；亦有譯為「基進」，強調「基礎」以及與「基本教義」的關聯。由於原文使用「激」字，譯者認為應予保留。其次，「過」一字有「過度」、「極端」之義，呼應作者在本書的英文版所採用的「extremist」。
24 譯注：「警部補」在日本警察的層級次於「警部」，高於「巡查部長」。

另一方面，媒體在報導新左運動的直接行動時，也採取了批判的角度。就是從這個時期開始，媒體把從事對決式直接行動的那些團體稱為「過激派」。一九六八年以前的《朝日新聞》鮮少稱呼對決式行動的運動者為「過激派」，但在一九六九年十一月，位於東京的美國文化中心收到炸彈，數名新左運動者被當成嫌犯後（最終並沒有被判有罪）開始產生變化。《朝日新聞》開始大量使用「過激派」一詞，僅僅在一九六九年十一到十二月之間，就出現在超過一百篇的報導當中，到了一九七〇年代以後，更是頻繁地出現在新聞報導中。

就這樣，媒體在一九七〇年代開始被否定的方式敘述新左運動。讓我們看看這個例子：一九七一年十一月十九日，黨派運動者為了抗議「沖繩返還協定」，在東京涉谷地區投擲汽油彈。一名警察在行動中因嚴重燒傷而瀕臨死亡，國鐵上另有五名乘客受波及而重傷。《讀賣新聞》在報導這一連串行動時，使用了〈「週日暴動」憤怒的都民〉、〈壞孩子的「玉碎戰」〉[25]、〈過激派發狂〉、〈在都心「無差別放火」不可原諒「市民的敵人」〉等情緒性標題。《朝日新聞》也以「過激派颱風的爪痕」為題，刊載運動者所破壞的公共設施與私有財產的照片。[26]

《讀賣新聞》還進一步刊載因為暴力抵抗行為而受害的民眾心聲，使「過激派」與「市民」的對立浮現出來。打柏青哥被中斷的歐巴桑說：「我是不認識這些學生啦，但他們造成了很大的麻煩。我原本打得正高興耶。應該把這些暴力分子給流放到外島」；客人被趕跑了的壽司店老闆震怒說道，「那些學生小鬼敢闖進我的店，我就跟他們拚了，至少要打倒一個。」[27]一九七一年十二月，警視廳警務部長宅邸的炸彈恐攻事件導致部長的妻子被殺以後，運動者自我中心又暴力的「過激派」形象就被定型了，到了隔年發生「淺間山莊事件」，此一形象更加地被強化了。諸如此類的媒體報導，確立了警察「保護市民免於過激派所害」這樣的形象。

承接前述一九七二年總理府調查的形式，內閣總理大臣官房宣傳室也在一九七〇年代多次進行《關於警察的民意調查》。這項調查以全國二十歲以上的男女為對象，透過調查委員以面訪的方式進行。我們可以看看一九七四年七月（六百零五人回答）以及一九七八年十一月（四百三十人回答）的調查結果：在這兩個時間點上，回答對警察整體的印象「有好轉」的人不超過二〇％；但是問到「警察有改善的地方是什麼」，回答「變得比較好親近」的人卻有四九％（一九七四年）和四三％（一九七八年），回答「態度和用字遣詞變好」的

25 譯注：「玉碎」一詞的典故來自唐代《北齊書》的「大丈夫寧可玉碎何能瓦全」。「玉碎戰」的說法則來自太平洋戰爭時，大本營以「玉碎」取代「全滅」來表示某戰役的日軍全數陣亡，後來則演變成一旦知道不可能打贏就下令軍民集體自殺。《讀賣新聞》使用「玉碎戰」的標題，應該是有「同歸於盡」的意味。

26『朝日新聞』一九七一年一一月二〇日、三面。

27『読売新聞』一九七一年一一月二〇日、一三面。

人也有四五％（一九七四年）和三六％（一九七八年）。雖然說對警察的印象變好，但不完全是因為警察的新戰略奏效。應該說是警察建立了與媒體的關係，注意到己方如何地被報導，創造了「保護市民免於過激派之害的警察」這樣的論述，以上的各種努力帶來了一定的效果。透過這樣的方式，警察把新左運動者自我中心又殘暴的形象給擴散開來，從而孤立了運動者。許多忠於「日常性的自我變革」這個運動目標的運動者，並沒有認真注意自己是否有獲得大眾的支持，就在街頭展開了「直接行動」。這樣的新左運動，開始受到來自外部的批判。

三、「重新探尋生活方式」所帶來的苦惱

在新左運動逐漸失去大眾支持的同時，運動的財務狀況也惡化了。社會運動的資金來源十分仰賴募款。在佐世保事件當時，學生運動獲得很高的支持，對街上不特定的路人募款，成為他們很重要的收入來源。然而，一旦世人對運動的眼光變得嚴苛，在街頭的募款活動就越來越困難。

這個時候，新左運動的論述內涵也產生了變化。為了確認這個事實，我們可以看看一位在東京東部的「山谷」[28]做臨時工的青年怎麼說。他在一九六〇年代後期參加了東大學

生運動，之後從大學休學，開始在山谷工作。他這樣說明他的理由：

> 現階段我們著眼於「大事」的話，是沒什麼希望的。我的話，我想要執著於像山谷這樣的「小事」。[29]此時此刻我所想的是，成為能夠獨當一面的臨時工。我會盡我的全力奉獻於山谷這個地方。[30]

從這段引文我們可以確認新左運動論述所產生的兩個變化：首先是，「自我解放」的性質逐漸消失。如同第二章所述，在成功動員大眾的時期，自我變革的思想，是由「自我解放」與「自我反省」兩個相互平衡的面向所構成的，因此運動者得以體會從「規訓化」當中解放出來的感覺。但是，從「自我變革」和「日常性」這個詞產生連結的那一刻開始，

28 山谷是一個以臨時工聚集而著稱的小鎮（位於東京都台東區東北部）。這裡的勞工住在提供簡易設施的「工寮街」（ドヤ街），做的工作則是按日計酬。臨時工多數為營造業所雇用，但由於建設公司有暴力集團介入的情形，所以在爭取改善臨時工的勞動條件時，也會訴求保護他們免於暴力集團的危害。（Fowler 1996, Ch. 1）

29 譯注：「大事」原文為「大状況」，「小事」原文為「小状況」。前者指涉宏觀的政治，如政策、制度、典範；後者指涉日常生活中的權力關係。

30 「座談会　キャンパスを見捨てて」『朝日ジャーナル』一九七一年二月五日号、十七頁。

這兩個面向的平衡就崩解了，「自我反省」的面向開始變成主導。從此處所引用的運動者自述看來，儘管我們可以看到他重新探尋生活方式所表現出來的真誠態度，卻看不到他因為解放而產生的喜悅。雖然一直是街頭的直接行動在支撐著新左運動自我解放的這一面，但是直接行動卻遭到抗爭處理的打擊以及媒體的批判，使得實踐上變得十分困難。結果，新左運動只剩下了「自我反省」的面向，使得運動思想的倫理色彩更加濃厚。

第二個變化是，對社會變革的期待消失。在運動動員成功的時期，「自我變革」多多少少還是有和「社會變革」連結在一起。但是，在運動逐漸失去大眾支持的同時，對社會變革的期待也消失，而只留下了自我變革的面向。如此一來，自我變革的成敗在運動之中就變得很重要，這也是運動的倫理色彩變得濃厚的原因。這個成為臨時工的青年，說完前述引文之後，接著描述在山谷參與運動的具體注意事項與困難，分享了對「小事」的執著所帶來的實在成果。但另一方面，這個青年的發言並沒有透露出任何對改變現有社會結構的期待。一九六〇年代後期的新左運動者所抱有的期待，或許並沒有確實地反映到現實之上。但是，他們關於社會運動那近乎幻想的期待，卻屢屢能夠促進大規模動員並影響到社會。當時在背後支撐著大規模動員的力量，是對社會變革的期待，但前述青年的發言顯示了，這樣的期待正在急速消失中。

當新左運動的思想轉向個人反省這樣倫理色彩濃厚的面向，其結果是運動者痛切地感受到實踐運動原則之困難。他們所直接面對的困難可以分為三種：對運動戰友的攻擊、挫折感的擴散、運動經驗的斷絕。如同前面所說的，導致新左運動動員衰退的最初原因是，警察壓倒性的強大力量。害怕和警察發生衝突以及被逮捕，使得許多運動者保持了一定的距離。但是，如果只注意到來自運動外部的因素（例如警察的鎮壓），就沒有辦法解釋為什麼後來有那麼多運動者完全放棄了運動，之後也沒有再回歸運動。因此，接下來我們要思考「重新探尋生活方式」此一思想所帶來的苦惱，也就是運動內部的因素，以討論新左運動之所以衰退的原因。

戰友對「日常性」的攻擊

第一個困難和運動者想要達成的目標有關。若要忠於「日常性」自我變革的原則，那麼，為了要「對自己忠實、正直地活下去」，他們就會要求徹底檢討自己的意識與行為。但是，這個檢討的對象不只是面對自己，還要面對運動戰友的意識和行為。因為新左運動不僅是個人的倫理行為而已，而是和戰友一起改變社會的集體實踐，所以這樣的檢討也是理所當然的吧。但是，對戰友自我變革的要求，引起了運動者之間的衝突和問題。本來所有的運動者就不會擁有完全相同的做法、相同的熱情來重新探尋自己的生活方式。結果，「日常性」的自我變革另一面，變成了對戰友的攻擊。

這個攻擊戰友的問題，令人想到連合赤軍的私刑殺人事件。一九七二年二月，從新左運動衍生出來的武裝組織連合赤軍成員，挾持了長野縣輕井澤淺間山莊的管理員之妻為人質。他們和警察槍進行戰並遭到逮捕，後來才知道他們在山岳地帶的軍事訓練中，以「肅清」為名殺害了十二名戰友。這個事件是怎麼被運動者理解的呢？黨派的話，最多的反應是譴責聯合赤軍的政治路線。[31]但這只是黨派在捍衛與正當化自己的政治立場而已，因此並沒有獲得黨派以外成員的支持。

到目前為止我所引用的資料主要來自新左媒體，但它們對這個事件的嚴重性幾乎完全沉默。另一方面，主流媒體則刊載了大量有關連合赤軍殘忍誅殺戰友的報導。根據日報和週刊的報導指出，被害者對運動的態度惹惱了幹部，成為私刑殺人的導火線。「對鬥爭的意識太薄弱了。」「資產階級的物質欲望還是很強。」。「工作中居然與異性發生關係。」。「在組織的行動正如火如荼時只考慮自己。」「對妻子的態度太『大男人主義』，這不是革命。」[32]報導還指出，有女性運動者戴著耳環，但這種乍看之下根本就很瑣碎的行為，居然也成為遭到私刑殺害的理由等等。

主流媒體甚至列舉私刑殺人的背景原因，如資金分配問題、男女關係、走投無路以致瘋狂、領導者的人格問題、欠缺家庭教養和學校教育等等。由於新左媒體保持沉默，很難透過實證的方式看出當時的新左運動，尤其是不屬於黨派的運動者，是如何看待私刑殺人事件的原因。但是我們並不難想像，在他們之中，是如何把私刑事件與「日常性」的自我變革思想連結在一起的。在運動衰頹的傾向日漸明顯的一九七〇年代，社會變革和自我解放的面向漸漸消失，個人反省的這個倫理性質逐漸變強。如同第二章所述，「改變自己生活方式」的鏡子，就是像山崎博昭那樣、獻身於運動的死者。死者的形象，作為自我變革的參考點，很容易被抽象化、理想化。若和被理想化的死者比較，當然會認為眼前戰友的自我變革非常不足。他們時常會對戰友的「日常性」感到不耐，對他們自我變革的不足感到不滿，更糟的時候還會攻擊他們。

由於對「日常性」的不滿而攻擊戰友一事，在一九六〇年代後期的「自我批判」對戰中就已顯現。學生運動者圍繞著對運動的參與程度，屢屢以恫嚇的方式相互批判。例如東大全共鬥的運動者與其支持者「造反教師」之間，在一九六九年三月十日所舉辦的討論會上，學生們對應該是戰友的教師們，說出了以下的話：

用東大教師身分來分析我們、批判我們，根本就毫無道理。沒有嚐過勞工運動的苦

31『朝日新聞』一九七二年三月一六日、三面。
32『毎日新聞』一九七二年三月一一日、一九面。

頭，還保有自己的特權，用分析和觀察來出書、賺錢，在這一點上東大研究者是存在犯罪性質的。對你們來說，東大鬥爭是什麼？只是研究、批判、觀察的對象而已嘛？難道沒有和我們共患難的意志嗎？[33]

自己的生活方式是怎麼與運動相關的必須反映出來，這使得新左運動帶有高漲的倫理意識，很容易導致對戰友的攻擊。

當時的日報與週刊報導認為，私刑事件的發生，和惡劣的生活環境與對「肅清」的不安恐懼有關。對本章的議論來說，比起事件的真正原因，更重要的是日報與週刊報導強調了「私刑事件」與「改變日常性的實踐」兩者之間的連結，而這種說法在當時的新左運動中頗具說服力。當然，這不代表所有「重新探尋生活方式」的人都會陷入內部暴力的陷阱中，從「日常性」的自我變革一下子就到私刑事件，的確是有些邏輯上的跳躍。但是，如果研究「自我批判」對戰中反覆出現的狀況，那麼內部暴力所代表的「對戰友的攻擊性」，來自「重新探尋生活方式」的思想，這樣的看法也並非毫無根據。

因此，即使想都沒有過要對自己人進行內部暴力的運動者，也沒辦法認為內部暴力和自己毫無關係，而這件事讓他們非常苦惱。他們看到連合赤軍私刑事件的新聞時大受衝擊，對運動充滿了絕望感。遭私刑殺害的連合赤軍遺體被發現的當天，《朝日新聞》晚報刊登了那些受到衝擊的青年心裡的聲音。[34]一位原本支持連合赤軍淺間山莊軍事作戰行動的二十歲大學生如此說道：「我不理解私刑是什麼道理。我沒有為此事辯護的意思了。」「他們已經走向和我們不同的世界了」。「他們的心已經荒蕪了。殺害戰友使他們更加墮落。但是，在這個世上，和他們一樣的荒蕪，也不會從我們的心裡消失吧。」

從一九六〇年代後期開始，便充滿幹勁報導學生運動的高木正幸，也在連合赤軍事件發生後，如是報導了學生之間不斷擴散的信心動搖：

「那（關於連合赤軍的媒體報導）全部都是真的嗎？我無論如何都無法相信啊。」活躍於大學某一學運分支的學生，用異於以往的消沉聲音說道，經過短暫沉默後，他掛了電話。連合赤軍這個小集團的異常事件，任誰都覺得難以相信，由警方提供的資訊被媒體原原本本地大量報導，還有人在連假期間開著車帶著小孩，到發現屍體的現場去兜風。在這樣極端異常、籠罩日本的集體歇斯底里狀態之中，我認為受到這個事件最嚴重打擊的，還是那些過去曾經參與、或現在正在參與反體制運動的活動分子。[35]

33「資料　東京大学三・一〇討論集会」『自由』一九六九年九月号、一四二頁。
34『朝日新聞』一九七二年三月一一日夕刊、一〇面。
35 高木正幸「連合赤軍と「新左」運動」『朝日ジャーナル』一九七二年三月一一日夕刊、一〇面。

高木指出，內部暴力事發當天，在神田販賣社會運動出版品與手冊的Unita書店中，學生人數激減。他說，因為學生們內心充滿絕望，變得連運動相關的書籍和雜誌都不想看了。[36]

黨派之間的內部暴力從一九六〇年代起就不斷發生，若要談到運動中的肅清事件，雖然有程度上的差異，過去的共產黨內部也曾經發生過。透過閱讀高橋和巳的小說《憂鬱的黨派》（一九六五）那樣的作品，這件事在新左運動者之間應該廣為人知。那麼，為何新左運動的大多數運動者，沒有辦法把內部暴力事件視為黨派的愚行，而是恐懼自己也會掉入這個暴力陷阱呢？如同前述，這是因為透過「日常性」的自我變革，把自己和連合赤軍理解為同一個連續體。於是，這個內部暴力事件就在新左運動者心中留下深刻的傷害。

「沒有終點的自我變革」所帶來的重擔

第二個困難來自於「沒有終點的自我變革」這個想法。新左運動的原則是，必須永遠持續地檢視自己的生活方式。運動的目標若是改變政策或政治制度，他們就會在取得官僚和議會一定的讓步之後，讓行動告一段落。但是，新左運動的目標是意義曖昧的「日常性的變革」，所以這個行動並沒有結束的終點。

「沒有終點的運動」所產生的困難，最早是在東大鬥爭的過程中顯現。一九六八年中，持續對課程與考試進行杯葛的東大生們，在一九六九年初被迫決定是否要終止這個杯葛行動。忠於運動原則的運動者，在面對一九六九年六月的期中考時，決心繼續進行杯葛。但是這種對運動的忠誠，卻把他們自己逼到了絕境，因為在大學重啟課程與考試的時候持續進行罷課，就意味著落榜與留級，這些都對學生自身造成經濟上與精神上的極大負擔。「繼續罷課」使得他們必須面對相當高的運動門檻，使得有去上課和考試的學生不得不退出運動。在東大全共鬥的雜誌《進擊》所舉辦的座談會中，有一位運動者針對「某些學生完全退出運動」一事，做出以下說明：

> 非黨派的人，每次有新的方針出現（關於考試或課程的杯葛行動是否應該持續一事），一定會猶豫再三，意思是說，無論好壞，非黨派的人都會把鬥爭回歸到自我的層次上，但這在「毀滅考試鬥爭」中意味著什麼呢？去考試的夥伴，即使接下來還是有需要他們支援運動的任務，他們卻透過「我去考試了，我是右翼」這樣的說法而加以逃避。他們甚至也不參加班上核心團體的「班級內部研究會」以及「越南反戰連合」（東大校內的反戰團體）的活動。關於「毀滅考試」這件事的問題很大啊。[37]

36 高木正幸「中核・革マル——その出口なき内ゲバ戦争」『朝日ジャーナル』一九七五年三月二八号、九九頁。

接著，我們再來看看日大理工學部的學生渡邊隆之的例子。他在日大享受著打麻將、開車、滑雪、和情人約會等充實快樂的生活。差不多快修完畢業學分的一九六八年五月二十三日，他和許多學生為了抗議大學校方的不正義行為，參加了「兩百公尺示威遊行」，那個場面撼動了他的人生。「盡全力質疑自我、在行動中印證理論，所鍛鍊出來的活生生學問真是太棒了。」[38]在日大鬥爭中，他實際體驗到上述事實。但是渡邊在決定是否要持續杯葛考試行動時，相當煩惱自己的畢業考該怎麼辦。要是他繼續杯葛行動，就得留級一年，對必須支付他和弟弟兩人學費的雙親來說，是相當沉重的經濟負擔：

我太小看了日大生可能會失去的東西。我太小看那些名聲啦、地位啦等等的幻想。儘管如此，明明沒有什麼未來可言的日大畢業頭銜，要被古田（理事長）一手捻熄，還是感到非常崩潰。

我不是很清楚到底是從什麼時候開始嫌惡起自己。對法學部、經濟學部的替代課程[39]所感到的惱怒、在民青丟擲的石頭中被警察機動隊追著跑之後所感到的空虛、聽到連理工學部都要重啟課程時所感到的動搖、家中開始漂浮的沉重氣氛，快要被這些加總起來的感受擊倒的我，也不知道該怎麼辦。

現在的我，也不知道自己該做什麼才好。很明顯，日大鬥爭沒有任何進步。原本我決心要在日大鬥爭有所開展以後，就從學校畢業，但現在的我連自己都無法戰勝，內心感到十分不安。[40]

在這裡可以看見「日常性的自我變革」過於曖昧不明的評判標準所造成的問題。如果參加了罷考，就可以獲得「重新探尋自己的生活方式」這個目標的成就感。除了成就感以外，多多少少也會想要逃離因為自我變革所帶來的痛苦。但是這件事情會帶來巨大的風險。因為沒有「到目前為止我都有做到啊」這種介於中間的稱讚，所以只能從「罷考」跟「放棄全部」之中二選一。而且因為自我變革沒有終點，所以罷課得一直進行下去不可。這是因為「日常性的自我變革」這個論述具有個人反省這樣強烈倫理的性質，於是造成了這種非意圖的效果。對新左運動來說，這樣的效果會提高參與運動的障礙，造成動員大眾

37「転換期に立つ駒場共闘」『進撃』一九六九年七月九日号、四頁。

38 渡辺隆之「日大全共闘からの出発」（情況出版編集部編 1997）、九〇頁（初版為『情況』一九六九年三月号）。

39 譯注：指因為課程的進行遭到學生杯葛，而到別的地方進行。原文「疎開授業」的「疎開」有遇到緊急狀況而撤退、避難之意，台語中也有同樣的用法。

40 同上、九一頁。

能力的低落。

在新左運動中一直存在著「必須進行日常性變革」的義務感，漸漸成為沉重的負擔。背負著這個重擔、決心與運動切斷關係、無法擺脫挫折感、甚至連去觸及自身經驗都感到猶豫等狀況，都發生在許多運動者身上。一九六〇年代後期，「重新探尋生活方式」的實踐確實提供了運動者許多生活上的快樂。在封鎖行動持續進行的校園中，學生們一起吃飯、組讀書會、和朋友建立非常緊密的關係。但是，一九七〇年左右運動者們開始覺得這樣的思想也帶來了苦惱。一九六九年年末所舉辦的全共鬥學生座談會中，日大學生如是說道：

> 我們這些好朋友們聚在一起，談到我們過去很開心這件事。在和權力、右翼角力的過程中，也不知道什麼時候會失明，又或者一生殘廢。可是單單是身處其中這件事本身，也就是我們這些活動者之間的關係不斷被深化這件事本身，就讓我覺得非常高興。為什麼當時的感受是如此快樂呢？而又為什麼現在做這些事情只剩下義務感？還是因為只能用這樣的模式搞運動？這些問題我自己也不清楚。[41]

他說，參加新左運動這件事，帶給他和他的好友們一種從管理社會中解放出來的感覺，但是，在結束校園封鎖之後，運動者卻沒辦法享受這些自己的活動，讓他感到非常苦惱。

運動經驗的斷絕

因此，為了要忠於「日常性的自我變革」這項原則，新左運動者面臨了許多困難，越來越難走下去。即使為了突破這個困境而去實踐更多的直接行動，也只是被警察嚴格管控、被媒體批評為「過激派」而已。但讓他們感到更加絕望的，是知道了內部暴力事件傷害到運動戰友這件事。由於運動的原則是不可以中途退出，以致在和蔓延的威脅感奮鬥過後而退出的人，心中無不留下深深的傷痕。

在一九六九年的《朝日》雜誌上，以「就職轉向」為題的座談會中，有一名和學生運動斷絕關係後在小出版社工作的學生，如此表達了他心中的懸念：

> 我們沒辦法讓自己在校園鬥爭中學到的純粹理念在具體的生活中得到實踐，而且正

41「学生座談会　シコシコやっていこう——四大学（中大、東大、東教大、日大）全共闘学生は語る」『朝日ジャーナル』一九六九年一一月二三日号、十八頁。

是因為我們參與了鬥爭，比起那些沒參與的人，我們更能感受到孤獨和憂鬱吧。[42]

在這個發言之後，有位任職於運輸公司的前運動者這樣說道：

> 我並沒有感到悲壯，而是感到十分不安。在大學鬥爭還處在那樣（艱困）的狀態下從大學離開，只有在這樣的情況下才有辦法和大學沒有關係，對於自己做出這麼功利的事，讓我自己也無法再信任自己了。

一九六〇年安保鬥爭的當時，也是在運動的動員能力急速衰退以後，失望感開始蔓延。但是一九六〇年安保鬥爭的運動者是以改變新日美安保條約這個外交政策為主要目標，所以在改革公領域（制度面）的政治改革受到挫折後，還能夠逃到私領域（日常生活）這個避難所。但是，新左運動者是拒絕公私分離的，因為他們的目的是改變自己的生活方式，即使運動快走不下去了，也沒辦法回到日常生活。這就是為什麼，從新左運動退出會在參與者內心留下和過去的運動分道揚鑣的傷害。諷刺的是，拒絕公私分離的這個運動邏輯，導致了運動者毫無退路。

新左運動中所蔓延的挫折感，成為運動者傳承自身運動經驗的障礙。這是自我變革運動所遇到的第三個困難。在學生運動參與者的座談會中，有一名因為到企業就職而退出運動的東大學生這樣說道：

我們看起來是被擊潰了，但這只是其中一個面向而已。我認為，不想談太多運動的事的人非常多。那是因為我們在就職的時候，對不該讓步的東西讓步了，而現在的自己只不過是個體制內的小螺絲釘，諸如此類的感覺困住了我們。……在如此沉重的情況下，說任何話都只是在欺騙自己而已。說什麼都不對。明明覺得有些不得不說的事情，卻什麼都不能說，真的很痛苦。[43]

像這樣因為和運動斷絕關係而產生的內心創傷，使得運動者很難用言語向他人訴說運動的經驗。誠如引文所述，要說出那些經驗，會讓人感到自欺欺人。新左運動的原則中，最不能做的事情就是對自己的想法說謊，所以他們會避免用言語訴說自己的經驗。這麼一來，運動的經驗既無法被表達，也無法好好地被傳承。

42「ゲバ棒から就職への道程——獲得したものをどう活かす」『朝日ジャーナル』一九六九年四月六日号、一〇頁。
43「座談会　60年と70年の「その後」」『朝日ジャーナル』一九七一年五月二一号、三六頁。

一九七〇年《朝日》雜誌刊載了日大鬥爭運動者座談會，會中也指出運動經驗的傳承愈發困難。福島縣郡山的日大全共鬥成員O君，對新生只能從主流媒體的報導來獲得新左運動的資訊感到焦慮，他說：「我認為有必要把日大鬥爭的內涵傳達給新生」。對此，經濟學部的日大全共鬥成員M君表達的苦惱則是，面對必須單獨去散發傳單的新生來說，給出技術性的意見是可以做到的，但是除此之外，並沒有辦法進一步去說些什麼。[44]在運動中必須被傳承的，並非只是技術性的東西而已，還應該包含成功和失敗的經驗才對。但是運動者對講出這些經驗非常猶豫。如此一來，運動經驗的傳承出現困難，進而妨礙了新左運動的擴大與持續。

在這樣的狀況之下，運動即使想要召募年輕人也十分困難。這不只是因為媒體上存在「自我中心又暴力的過激派」這樣的污名、或是有被警察逮捕的危險而已。由於直接行動遭到警察嚴厲的鎮壓，在媒體上又是不受歡迎的題材，以致許多運動者對於在街頭或校園採取「直接行動」感到猶豫。對那些不滿日常生活遭到「規訓化」的年輕人來說，新左運動的魅力之一就是透過直接行動來體會從日常解放的感覺。因此如果直接行動被拿掉，對召募年輕人而言就會成為一大障礙。

企業對新左運動的吸納

許多日本企業很擔心參與過運動的學生會在公司內進行政治活動或組織工會而引起混亂。因此，曾經參與過運動的學生要在企業就職，就會面臨相當高的門檻。企業會委託公安警察和民間徵信社對予以錄用的學生進行思想調查。從生活狀況、社交費用的金額到讀書興趣及學校社團的思想走向，都是調查的對象。[45]

另一方面，不能忽視的是，企業如何運用運動者的熱情和能量來達成組織改革的任務。一九六九年由企業經營者所舉辦的關於大學紛爭座談會中，十條製紙的副社長田中慎一郎說：「我不會單單只是因為曾經揮打過暴力棍，就讓他永遠無法進入公司」，但也因為「如果是臥底的就麻煩了，很糟糕」，所以也不會無條件接受那些學生。那些在校成績優異的「秀才」們，是要「進大藏省（財政部）、日本銀行當公務員」，但是在業界想要的不是「秀才」而是「有幹勁的傢伙」。熱心參與學生運動的人才有可能是「有幹勁的傢伙」。因此，若只是「年輕的時候不小心犯了點錯」就「否定這個人的一生，這樣的態度我會盡量避免」。[46]

44 清宮誠「前衛党なんて知らないよ」『朝日ジャーナル』一九七〇年七月一二日号、八八頁。

45『就職ジャーナル』一九六九年一二月号、五七～五八頁。

46 阿部実・田中慎一郎・永野徳光・尾崎盛光「現代学生は『商品』になるか」『別冊中央公論』一九六九年三月号、二七三頁。

關於前學生運動者如何面對就職的問題，我們可以再看看大企業家的訪談。關於「在錄用人員時，積極性和行動力的比重到底有多大」這個問題，湯淺電池的社長湯淺佑一這樣回答：

我很重視執行力。……「過激」確實是不行的，但能夠關心社會問題、對現在的學生運動有健全的思考、又能夠自主行動的話，那就沒問題。那是因為年輕的時候，本來就會有年輕人的熱情，有很強的感受力，會擁抱理想主義和革新的價值觀嘛。……反而，我們想要排除的對象是「三無主義」的人：作為職員卻對公司的問題毫無關心、對工會毫無關心、對社會問題也毫無關心。這樣的三無主義職員，才是完全不可依靠。他們就是那種只要有薪水可領就好的職員哪。在大學裡就是不參加罷課的旁觀者吧。那些三無主義的職員對工作毫無熱情，也沒有創造力，更不用說他們也當然沒有認真對待企業經營該怎麼組織改造這件事的氣魄。[47]

東京急行電鐵的社長五島昇也附和湯淺的看法，對學生運動者的熱情與行動力給予正面評價：「不參加學運的學生才是最不行的那群」、「純真的學生懷抱著想要改革自己的大學這樣的問題意識，非常認真地去做了」，他如此讚許想要改革大學的學生們。他還認為，學生的本質「並沒有變得比以前差」。甚至「大學的上課時間是多還是少」並不會「決定學生是好還是壞」。48

一九五〇年代後期持續的高速經濟成長，到一九七〇年代初期開始趨緩，在這個金融、貿易自由化的時刻，許多日本企業都深刻體認到，要從與外國企業激烈的競爭中勝出，必須進行組織改革。但是，工廠和辦公室所導入的大量生產方式，剝奪了勞工累積知識和經驗的機會。他們變得只會依據職場的指示做好例行公事，對單調無聊的工作感到不滿，對工作越來越沒有熱情，也缺乏和同事之間的協調能力。面對這樣的狀況，開始有一些企業願意讓勞工在職場內組織小團體、讓他們和同事一起合作、也要他們去思考如何有效地完成工作。汽車產業所導入的品質管制（Quality Control, QC）就是其中一例。[21]這種新的勞動管理方式關鍵在於，如何讓勞工積極面對工作。這些大企業的經營者之所以對學生運動者抱持寬容態度，就是來自這樣的背景。企業家企圖讓運動者轉變成「企業人」，讓他們的熱情與能量對組織改革發揮效益。

有些運動者也回應了企業界這種沒有明說的期待。他們一開始有點困惑，但還是逐漸

47 湯浅佑「否定の哲学　肯定の哲学」『別冊中央公論』一九六九年三月号、二八八～八九頁。
48 五島昇「圧力ガマの安全弁を作れ」『別冊中央公論』一九六九年三月号、二八三頁。

適應了企業社會。要了解日本企業如何把前運動者納入自己的組織，可以看看宮崎晉生所做的調查。宮崎的資訊提供者之一S先生，在一九六〇年代後期是一橋大學的學生自治會委員，後來也參與了新左運動。一九七〇年大學畢業後，在精密機械的製造商就職，並馬上被調去香港擔任輸出業務負責人。他對當時的情況這麼說道：

> 入社一年半，我突然被派到香港，擔任第一線的工作。我的業務是時鐘和零件的輸出，但其實我真正的工作是和亞洲各國的走私水貨業者進行交易，並且在這個交易過程中監督他們不讓貨物流到黑市。這個工作很有趣。因為對我這種一直心存反抗國家和體制的人來說，能和從事非法交易的對象一起做生意，我感到非常痛快。進入公司以來，我並沒有產生任何違和感或是矛盾感，對我來說，（在香港忙碌工作的每一天）不如說是一種救贖。[22]

另一個例子是，一九六五年進入大阪外國語大學就讀的奧山玲子。她每次在校門口拿到新左運動傳單的時候，都有一種被宣導「你們以為只要好好念書就好了嗎？把眼光放在社會吧」的感受，讓她覺得有必要閱讀這些傳單，所以她會一張一張地讀完，有時也會參與學生集會。大學畢業後，她被東京銀行大阪分行錄用，並被分派到外匯課，負責匯票的買賣工作。雖然這是一個需要每天整理外匯市場資訊的忙碌工作，但是「正是因為這樣的忙碌讓人充滿活力，能夠實際感受到世界在運轉，所以每一天真的都很充實快樂」。入社的時候雖然有一種「自己居然進了銀行工作，成了資本主義的打手」這樣的矛盾感，但是在忙碌的每一天中會漸漸忘記這個矛盾，「隨著每一天的有所期待，我慢慢地把自己從學生運動和社會問題之中解放出來」。[49]

誠如前述，一九七〇年左右新左運動的衰退，改變了「日常性的自我變革」這個論述的性質，而且這個論述也為運動者帶來了苦惱。面對著這樣的苦惱，運動者還能夠如何深化「重新探尋自己的生活方式」這個思想的實踐呢？我們將在下一章討論這個問題。

49 奥山玲子「シンパでしかありえなかった私」（女たちの現在を問う会編　1996）、一二九頁。

第四章

一九七〇年代的新左運動——深化「日常性的自我變革」

在這一章，我們將會討論一九七〇年代新左運動的軌跡。雖然有許多運動者在一九七〇年代離開了新左運動，但是這場運動並沒有完全消失。他們是如何持續實踐並深化「改變自己的生活方式」這件事的呢？本章的目的就是要探討，在一九七〇年左右，當運動急速衰退後，新左運動的論述產生了什麼樣的變化。

首先，我將說明因為內部暴力事件而內心受傷的運動者所面對的無力感。儘管如此無力，這群探索著如何實踐「改變日常性」的人們，究竟該如何不被挫折擊倒、並持續努力地「重新探尋生活方式」呢？在討論完這個問題後，我們將把重點放在從新左運動中誕生的「學習運動」。透過融合了社會運動與學習的「學習運動」，運動者前往公害現場拜訪，以當地居民為鏡，從而想出了「改變日常性」的實踐方法。

這個為了「日常性的自我變革」所進行的學習，逐漸成為跨越國界、遍布亞洲的運動。因此在本章最末也會討論新左運動如何聲援亞洲各國的民主運動。這樣的聲援活動在意義上，也是來自「改變自己的生活方式」這個運動原則。綜合以上，在這一章我們將看到一九七〇年代新左運動的軌跡，以及這種「反省的、自我變革的思想」如何影響各式各樣的公民運動，並成為背後的支撐力量。

一、從挫折中再出發

「好好地打拚吧！」[1]

很多運動者出於厭倦了內部暴力對戰友們的攻擊，再加上對沒有終點的自我變革感到疲憊，便在一九七〇年代初期選擇退出了運動。他們離開以後，運動只剩下因為改變現實太過困難而產生的封閉感。[2]我們可以推論，這樣的閉塞感並不只存在於學生運動者身上，更廣泛存在於一般日本青年身上。這個推論的根據是一九七二年和七七年所做的「世界青年意識調查」。[3] [1]調查實施對象是巴西、菲律賓、印度、澳洲、瑞典、瑞士、法國、西德、

1 譯注：日文原文為「シコシコやっていこう」，「シコシコ」意指像麵條一樣Q彈，是一種擬態副詞，而「やっていこう」則是「做吧」或「這樣子做下去吧」的意思。這句新左運動的口號，是想要打破運動的冷漠感，所以用「シコシコ」這個代表「扎實」的副詞，來形容未來要腳踏實地「搞運動」的信念。由於中文沒有「シコシコ」的對應用詞，譯者在此採用台灣脈絡的「打拚」一詞，以對應原文想表達的「做好身邊的事情、從自己能力所及的地方努力起」，於是勉強譯成「好好地打拚吧！」

2 譯注：日文原文為「閉塞感」，但並非只是中文的「阻塞不通」，還有因為阻塞不通而看不到方向的寓意。作者在此用「閉塞感」來形容新左運動無力、充滿困難、好像有什麼東西卡住一樣、難以前進的窒礙狀態。

3 這個調查在日本是由「日本研究中心（株式會社）」所負責。一九七七年底的第二次，一共針對男性五千八百零三人、女性五千六百七十四人，合計一萬一千四百七十七人進行了調查。

英國、美國、日本等十一個國家的十八～二十四歲青年。問卷中「對社會的滿意程度」有四個選項（滿意、有點滿意、有點不滿、不滿），日本青年選擇「有點不滿」和「不滿」的比例，在一九七二年是七三．五％（第一高），一九七七年是五七％（僅次於法國，第二高），顯示日本和各國比起來，對社會感到不滿的青年占了較高的比例。

更值得注意的是問卷中的另一個問題：「對社會抱有不滿但是沒有採取積極行動的理由」，日本青年怎麼回答。在一九七七年的調查中，有三分之二的日本青年選擇了「個人力有未逮」這個理由。這個數字比其他國家高出非常多（見圖一）。此外，問卷中雖然有其他選項如「給適合的人去做就好了」、「還有其他更重要的事要做」等等，但比起其他國家的回

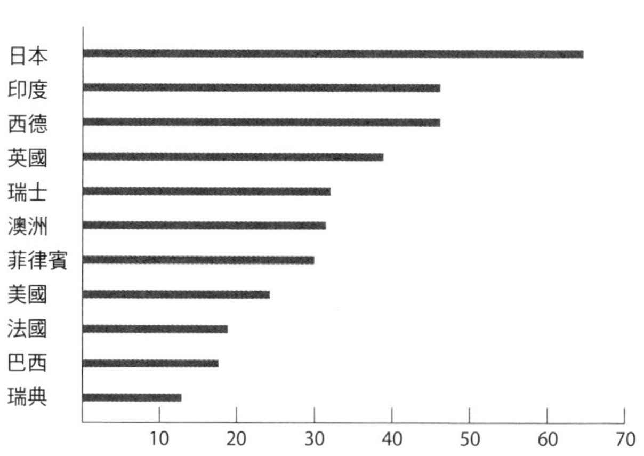

圖一：選擇「個人力有未逮」的填答者比例（出處：「世界青年調查」1977年版）

答呈現出分散狀況，日本青年的回答則集中在「個人力有未逮」這個選項上。[2]從上述「世界青年意識調查」中可以看出，一九七〇年代的日本青年對改變社會所抱持的絕望感和失望感。分析這個調查結果的社會學者松原治郎認為，報紙、雜誌、漫畫對政治的嘲諷態度深刻地影響了此種情感的形成。[4]雖然，實際參與新左運動的人數跟當時的青年總人口比起來，絕對算不上多數，但是新左運動在論述上的影響力，透過新左媒體的傳播，特別是在青年之間，產生了高於人數比例的強大影響。若把這一點考慮進去，就可以理解前面所說的「封閉感」到底有多廣泛，以致新左運動根本難以前進。

在閉塞感不斷蔓延之下，開始流行一句口號「好好地打拚吧！」這句話的意思並非要一舉打破封閉不通的現狀，也不是要放棄一切、和運動斷絕關係，而是不疾不徐地、從自己身邊所及的地方開始，持續進行運動的一種意志。如同第三章所述，一九六〇年代後期的新左運動者雖然想要把「自我變革」和「社會變革」連結在一起，但是在一九七〇年左右，當新左運動的動員力量出現明顯衰退的時候，許多運動者開始感受到「自我變革」和「社會變革」之間的距離。在人們對「社會變革」的期待不斷消退的狀況下，對新左的論述來說，與其去探究「自我變革」和「社會變革」之間的關係，更重要的反而是徹底做好

4 松原治郎「不満に自閉し行動しない青年たち」『朝日新聞ジャーナル』一九七九年一月一九日号、二〇頁。

「自我變革」這件事。

就像「世界青年意識調查」的結果所顯示，日本多數青年已經放棄把對社會的不滿用集體行為表達出來這條路了。青年們所面對的現況是，很難有太大的政治進步，因此他們一開始就放棄了行動，希望藉此迴避可能的失敗和傷害。新左運動的動員能力急速消退的同時，也面臨著運動經驗斷絕的危機。前日大全共鬥領袖田村正敏在談到這個時期的時候如是說道：

要我說幾遍都可以。我說的是我對一九六八年的看法。那時候我所說過的話、做過的事、相關的事、失敗的事，我都希望可以和很多人一起正視它。這需要重新整理我們的記憶。因為記憶正在風化中。這些事情不可能永遠藏在每個人心裡，我們也不應該這麼做。不管是愉快的事也好、不愉快的事也罷，我們都應該盡可能地，並且不試圖去自我合理化地，把這些經驗用我們生活上的語言給表達出來、並和其他生活經驗互相爭鬥，不是嗎？讓我們從內心開始努力。因為一直保持沉默，就是在肯認現狀。[5]

從這段話我們可以看出，運動者對一九六〇年代運動經驗的消逝，感到強烈的焦慮。

這是因為，有很多運動者在決心與運動斷絕關係的時候，就放棄去訴說自己的運動經驗了。

這種狀況的出現，引起了關於「新左運動的論述如何與社會運動持續產生關連」的討論。例如，以越平連運動者的身分為人所知的小田實，在運動頻繁發生內部暴力事件的一九七一年，曾說過以下的話：

> 我一直覺得不可思議的是，從參與者的視角書寫的運動論著頗多，但是從「持續參加運動」的視角來討論的卻完全沒有。這大概是因為所謂「運動論著」，是以運動的前衛性為核心，並且從「偉人」（請容我用這個奇怪的字眼）的視角來書寫。喔不，因為「運動論著」就是他們自己書寫的東西。這邊我講的「偉人」，並不是一般定義的「偉人」，而是站在運動前方、擁有力量、遠見和勇氣並為此獻身的人們，對他們來說，是否持續參加運動，也是一件不證自明的事情。但是，那些不在運動中心、而是在邊緣的、也沒有和「偉人」一樣的力量、遠見、勇氣和奉獻的人們又如何呢？「偉人」會在運動當中「持續存在」，但是，對普通人而言並不是這樣，不，應該是說他們自

5 田村正敏「出発することの意味」『蜂起と夢と伝説』海燕書房、一九七五年、一九四頁（初版為『無尽』一九七三年五月号）。

己也不太知道自己是不是這樣，而且在這個不知道的狀態下「持續存在」著。我認為，對他們來說，是否持續參與運動，就是最大的問題。6

根據小田的看法，社會運動之中存在兩種人。第一種是有著與他人不同的能力與意志、無論面對怎樣的嚴苛狀況都能夠繼續進行運動的少數領袖。另一種則是一面參加運動一面可能因為挫折而放棄的大多數人。在一九六〇年代後期，新左運動急速發展的時期，很少人會討論「運動是否能夠持續下去」的問題。這是因為，這個時期關於社會運動的討論，是以那些有著強烈意志的少數領袖為主要對象。但是，一九七〇年代運動開始衰退的狀況下，重點變成如何使那些受挫的多數人能夠持續參加運動。在這個時期，越來越多討論是從「持續」的視角、而非「參與」的視角出發。

越平連的年輕運動者井上澄夫，在一九七二年如此說道：

最近在我身邊常常聽到「生活方式的戰略」這個詞，意思是「未來要怎麼活下去」。基本的事情當然是要怎麼生活，但講得迂迴一點，更基本的事情是到底要做什麼才有飯吃。這對現在有固定工作的人來說，無疑也是一個大問題。在這種狀況下，我該怎樣才有飯吃呢？我要吃哪一種飯呢？這種生活方式真的ＯＫ嗎？有沒有別的方式？

也就是別的「生活方式的戰略」呢？為了實現這樣的「戰略」，我們必須逐步地調整自己的生活方式。[7]

「生活方式的戰略」成為討論的話題，和一九六〇年代後期提倡「日常性的自我變革」有關。在新左運動中，除了公領域之外，運動者也被賦予了檢視私領域的義務，而日常生活中最重要的一個面向就是「吃什麼樣的飯」，也就是做什麼樣的工作維生。例如，既然反對越戰，就不可能無視「在支持戰爭的產業中工作」這個自我矛盾的行為。但是，一九六〇年代後期，運動者雖然有在討論如何改變自己的生活方式，卻沒有充分討論這些想要改變生活方式的人應該從事什麼樣的生計。到了一九七〇年代，已經有越來越多運動者會思考「重新探尋生活方式」與「生存糧食」之間的關係了。井上所說的話便代表了新左運動在論述上的變化。

就這樣，一九七〇年代初期的運動者開始討論如何持續參與運動的問題。雖然討論這個問題最多的人是越平連，但這樣的討論其實廣泛存在於新左運動的論述中。前段所引用

6 小田実「「生きつづける」ということ——一九七一年以後」『展望』一九七一年一月号、一七頁。

7 井上澄夫「さてどうやってたたかいを続けるか」『歩きつづけるという流儀——反戦・反侵略の思想』晶文社、一九八二年、一二頁（初版為『たいまつ』一九七二年六月号）。

的小田曾經強調越平連「不是前衛也不是後衛，而是同時以每個人為中心所進行的運動」，而新左運動也是以發揮個人自主性的組織為目標。因此，他們的自主參與，比起大型工會那種半義務的參與，還要脆弱。一九七〇年代，這種脆弱的參與急速衰退，人們開始放棄實踐「日常性的自我變革」，如同小田的話所代表的一樣：運動者開始痛切感受到討論「持續參與」這個問題的必要性。

「日常性」的改變方法

在一九七〇年代的動員力衰退的狀況下，運動新產生的問題是：離開了封鎖行動之類的非日常空間之後，運動者該如何持續實踐「日常性的自我變革」呢？最能夠用清楚的方式回答這個問題的人之一，就是前面所引用的小田實。小田在一九七二年出版了《改變世界的倫理與邏輯》一書，討論持續進行運動的方法。他在開頭就寫道，本書不是給那些自稱「革命家」的人看的，而是給那些每天思考著、煩惱著人生的「普通人、一般人」看的。[3]

小田認為，人類的「生活」有三個不可或缺的面向。[4]第一個面向是「生命」，與感覺、思考、哭、笑等人類作為生物的天性有關。第二個面向是「工作」，因為與世界有關，所以賦予了「生活」公共性質。第三個面向則是和前兩個有所區別的「玩樂」。這三個不同的面向，各有各的倫理與邏輯，而且每一個面向都會受到其他兩個面向的影響。例如，「玩樂」面向的自由活動，對豐富人類心靈來說不可或缺，但是只有「玩樂」的生活應該很快就會破產吧。[5]因此小田很強調「生活」這件事取決於三個面向的微妙平衡。

小田以學生運動為例，不斷警告說「生活」三面向的平衡存在著隨時可能崩毀的脆弱性。依據他的說法，學生運動者過於強調「工作」，也就是公共領域的參與這個面向，以致缺乏了「生命」與「玩樂」這兩個面向。小田表示：

> 那些忽視自己的「生命」和「玩樂」面向的人，沒有辦法理解「生命」和「玩樂」對其他人的重要性。他們會裝出偽善的表情說：我可是為了這場革命、這場戰鬥而拋棄了「玩樂」喔，我可是抱著赴死的覺悟喔，而你這傢伙……。然後其他人就只能自動地變成膽小的機會主義者和修正主義者。到了最後，就變成一場競相表態誰對運動更有決心的比賽。[6]

小田認為，這種過度傾向「工作」，剝奪了運動中的「玩樂」面向所代表的自由精神，使得運動者無法對戰友採取寬容的態度，從而導致運動內部的衝突和暴力。面對生活如此失衡的人，運動內部出現了嚴厲批判，這些批判來自女性的運動者。如同第二章所說，她們一方面被男性運動者指派去做生活上的基本工作，如煮飯和掃廁所；但同時她們也對男性運動者沉迷於街頭演說和示威活動抱持著冷眼旁觀的態度。接下來的第五章我們會討論到，後來的日本女性解放運動發生時，這些女性運動者擔當了什麼樣的角色。

之所以會出現對學生運動者的批判，來自「生活」和「運動」之間存在著難以切割的密切關係。一九五〇年代的戰後革新勢力，並不太討論「生活」這件事，但是對新左運動來說，「生活」是社會變革所不可或缺的一部分。運動者把那些管制了自己的生活意識和行為的力量稱為「日常性」，給「日常性」在政治領域擺個新的位置，但他們對「日常性」並沒有具體了解，總是傾向於和殖民主義、革命等政治概念連結在一起。反越戰運動者室謙二，對於一九七〇年代前期自己所參與的運動，指出其中的問題點：

> 全共鬥運動的時候，諸如個人的自我否定那種行為突然增加，並且硬要把日常的層次一舉拉到高度抽象的層次，與產學協同（企業和大學合作進行事業與共同開發的活動）啦、日本帝國主義啦，強行連結在一起。感覺上好像我們是活在沒有餡的紅豆餅那樣的框架中（空有形式沒有內容）。[8]

如同室所說的，新左運動一面提倡個人日常生活領域的變革，一面又不分青紅皂白地馬上把日常領域與抽象的體制連結在一起。結果是，青年們的運動成了缺乏生活感的、歪七扭八的怪東西。然而，從新左運動中誕生的「日常性的變革」，在一九七〇年代以後仍然是不可迴避的問題。只是，若不重視日常生活中各個面向的平衡，無論是「生活」還是「運動」，都將難以維持。以上就是歷經了新左運動之後所產生的共同認知。

二、向當地的「生活民」學習

學習運動

一九六〇年代後期，新左運動者們把校園封鎖起來，舉辦了反對大學、批判大學的行動和自主講座，這是和既有的學校制度截然不同的、獨創的實踐。到了封鎖行動失敗、許多青年陸續離開運動的一九七〇年代，一面繼承前述的實踐，一面融合了社會運動和學習的「學習運動」，在校園內外應運而生。本章的課題是討論「重新探尋生活方式」的論述如何變化，而「學習運動」正是新左思想有所深化的體現。以下將以「寺小屋」和「自主講座」兩個學習運動的團體為例，說明這個思想深化的軌跡。

8 福富節男・吉川勇一・室謙二・麻生薫・岡田理「自立した人間の流通への旅立ち」『市民』一九七四年一月号、八二頁。

「寺小屋」成立於一九七一年春天，據點在東京高田馬場一處租來的1LDK（一房一廳一廚）辦公室。寺小屋誕生的契機是，一名來自社會主義德意志學生聯盟的德國留學生，提議創造一個和既有的大學制度不同的學習場所。經歷過學生運動的參與者接受了這個提議，把江戶時代的平民教育機關「寺小屋」和「掘立小屋」的名字重新組合，將組織命名為「寺小屋」，開始舉辦語言講座。[9]「自主講座」則是一九六〇年代後期的「大學紛爭」告一段落後，以東大工學院「助教會」主辦的研討會為契機，於一九七〇年十月開始在東大的教室內舉辦。東大都市工程學的助教宇井純，就是在這裡針對公害問題定期舉行演講而為人所知。

在組織運行的初期，主要的負責人和參與者多為經歷過學生運動的人。這項事實說明了，學習運動讓新左運動者得以療癒內心的傷，進而面對一九六〇年代後期運動還沒有充分深化就結束了的問題。這項運動繼承了新左運動「不管是什麼樣的學問或知識，重點是對人而言到底有沒有價值」這個問題。例如，在自主講座開辦「公害原論」的主題演講時，就是以「對升官發財沒有用的學問，對生存來說卻是必要的學問」作為講座目的來加以宣傳。[7]根據宇井的說法，在學校獲得的知識，只對「考上一般人眼中的好大學」或是「擁有政府或企業的高階地位」這種目的有用而已。然而，學習運動的運動者想要的知識，並非作為升官發財的手段，而是如何讓社會變得更好，也就是把「學習」這件事，當作社會運動來參與。

此外，學習運動的反省對象也包含大學和學問的做法。例如新左運動被曾議論產學合作的問題，此一問題意識由學習運動的運動者繼承，針對企業和大學之間的緊密關係提出批判。批判的事項之一是地質學者和電力公司的關係。曾在自主講座演講的地質學者生越忠表示，東大地震研究所的地質學者會把數百年來不曾發生地震的地方，排除其發生地震的可能性，並將此地規定為「無震帶」。透過這樣的規定，地質學者確保了核能發電廠的安全，為促進核電的發展加了一把勁。[8]諸如此類的例子，充分顯示了業界和大學之間的掛鉤關係。運動者對這類關係的反省，既不是為了自己的利益、也不是為了要在學歷社會出人頭地，而是為了摸索什麼才是對社會而言有價值的學問。

寺小屋所提出的口號是「到戶外學習」。運動者展現出要和在大學之外生活的人們一起學習、而且是為了那些人而學習的意志。在寺小屋的教室中，桌椅的配置都有費心安排，注意不要讓講師和學生之間呈現上下關係。但在大學的教室中，教師的講桌和學生的桌子是以面對面的方式排列，從而把「教」與「被教」的立場給固定下來。相反的，寺小屋的所有參加者都圍著同一張桌子坐著，因此建構了「教的人」有時會變成「被教的人」、而「被

9　清水多吉「寺小屋教室繁盛記」『中央公論』一九七五年八月号、二七〇～七九頁。

教的人」有時會變成「教的人」這樣的教學關係。10

從寺小屋和自主講座的資料中可以確認，他們很重視和組織運作有關的行政業務。這是學習運動有別於新左運動的特點。如同先前所提到的，讓運動得以持續進行的基礎行政業務，在新左運動中、尤其是學生運動，根本是被無視甚至是被輕視的。例如，寺小屋成立初期是由事務局長一個人負責會計工作，其他成員則不太清楚會計的實際狀況，一旦負責會計的人不在，組織就會進入混亂狀態。諸如此類的運作不順暢，讓寺小屋在一九七四到七五年間陷入財務危機，後來大家才開始針對行政業務進行頻繁的討論。11 到後來，參與者的結論是，財務危機不是來自資金不足，而是來自組織運作不當，於是把組織重整為合議制的結構。財務危機發生時擔任營運委員長的澤井啟一，如此回顧當時的事情：

> 我剛當上營運委員長的時候，矢掛同學（組織成立時的事務局長）有時會不在辦公室。在寺小屋的運作中，如講座的聯絡、或者打掃等日常事務，雖然是瑣碎的問題，但真的非常重要，如果這些事情沒有做好，我們就不可能做到每週一次的聚會討論，而只能自己空想而已。後來營運委員的人數有大幅增加，他們也越來越理解這些事情的重要性。然後有越來越多人願意擔任評議員、雜誌編輯等工作了。在這五年之中，我認為寺小屋的組織運作有相當大的進步。12

初期由語言和思想等多元講座構成的寺小屋，在這次財務危機事件之後，規定每個講座必須選出一位委員來組成評議委員會。委員會則針對雜誌編輯、財務、乃至打掃等組織運作的必要業務進行定期討論。

至於自主講座的運動者，則組織了執行委員會來討論相關事務。在每個星期要聚集相當數量的聽講者、以及定期出版雜誌和報告書的業務中，並不是只有演說和寫作那種會出名的工作而已，還包括講座的錄音、打逐字稿、印刷、邀約講師這些單調卻不可或缺的雜務。透過每天對自主講座的經營，執行委員會的成員逐漸體認到這些行政事務的重要性。[13]由於新左運動並不採取半強制動員，而是以參與者的自發性為支持基礎，因此要找到持續支援行政事務的志工，就成了令人相當頭痛的問題。若是大規模組織，這樣的煩惱通常都是用錢雇人就可以解決，但是在新左運動中，為了要遵循自己的原則，就只能依賴

10 中村元「教壇なき教室「寺小屋」」『寺小屋通信』一九七三年九月号、四頁。

11 伊坪公伊・矢掛弘司・片岡啓治・斉藤哲・相田博「寺小屋四ヶ年の歩み」『寺小屋雑誌』一九八〇年四月号、一七頁。

12 片岡啓治・矢掛弘司・山泉進・永池見二・沢井啓一・後藤総一郎「寺小屋十年への自己検証」『寺小屋雑誌』一九八〇年四月号、一七頁。

13 宇井純「我らが自主講座の中間報告」『潮』一九七五年三月号、一七三頁。

志工的幫忙了。我們因此理解到，像學習運動的行政事務這種結合了大家的做事熱情並進行分工的工作，對於以參與者的自發性為基礎的運動來說是極度重要的議題。

實踐「自我變革」的所在

雖然學習運動包含了過去運動中不曾出現的要素，但我們之所以能夠說學習運動繼承了新左運動，在於參與者的主要關懷還是要改變自己的「日常性」。例如，曾經擔任寺小屋營運委員長的山泉進在《寺小屋通信》這樣說道：

> 不管是外語、技術、思想都好，我們應該要先問的是和這些事物相遇的主體是誰。要是沒有思考這個主體的問題，外語就會變成單純是為了仕途發達的手段、技術和思想也會變成不過是拿來解構知識罷了。……這樣的「主體」問題，對失去對抗權力的空間、或者找不到這種空間的我們來說，是最重要的問題。寺小屋可不是什麼佳話，而是把什麼都做不了的我們攤在陽光下以便建構主體性的所在啊。正因如此，從思想水準來說，就是繼承了全共鬥運動這個知識分子運動中「自我否定」的面向，透過把自己攤開來予以否定的過程，以建構自己的主體性。[14]

山泉指出，寺小屋的學習運動並不是只為了學習外語和知識，而是強調「建構自己的主體性」這一點。新左運動的培力方式，就是自我坦承，透過反省來改變自己，而這種做法對寺小屋參與者的思考影響很大。

自主講座的參與者，也相當關心這種反省式的培力。他們出版的雜誌在督促運動者反省自己的想法這件事情上扮演了重要的角色。自主講座的營運委員安川榮對自主出版的雜誌所具備的意義，是這麼說的：

> 年輕人拚了命去寫這些拙劣的文章，即使沒辦法對社會產生什麼影響，但至少寫的人可以改變他們自己。我認為，自主講座就是這樣的所在。[15]

講座的參與者既非作家也非學者，所以在雜誌上所發表的文章絕對稱不上講究。但是不管他們的作品多麼不成熟，寫文章的過程成為他們表達自己的想法、並重新思考的契機。安川強調的是透過書寫而達到的培力效果。由此可知，透過學習以建立自我意識，並

14 山泉進「〈寺小屋〉から寺小屋へ」『寺小屋通信』一九七四年五月号、五頁。

15 川本健・児玉寛太郎・鈴木久仁直・姫野誠一郎・安川栄・綿貫礼子・松岡信夫「座談会　『自主講座』五十号にあたって」『自主講座』一九七五年五月号、五頁。

對自身的做法進行反省，從而與自我變革產生聯繫，這樣的想法正是學習運動的根本所在。

學習運動與一九六〇年代後期的新左運動一樣，都抱持著「自我變革」的問題意識，但前者也努力地想要克服後者所面對的問題。一九六〇年代後期有許多運動者意識到日常生活去政治化的問題，但他們傾向於用非常抽象的方式去認知「日常性」，以致在實踐主體性形成的過程中，容易在觀念上陷入自以為是的危險。然而學習運動的參與者不分職業、性別、年齡，大家一同學習，不避諱他人的眼光，因此避開了這樣的危險。一九七七年度的寺小屋一共有一百三十名學員參加，年齡從二十歲到六十幾歲，職業更包含了學生、上班族、公務員、老師、醫師、打工族。[16]另一方面，在自主講座的活動中，雖然講座地點在東大，但非東大生的聽眾遠遠超過了東大生的人數。特別是負責講座的執行委員會裡有許多校外人士，為講座提供了不少具有獨創性的企劃。[17]例如，自主講座的實行委員長就是東京電力公司的社員。當然這是瞞著公司偷偷進行的活動，但是有了實行委員長這樣不滿足於上班族日常的學員，學習運動便增添了繽紛的色彩。[18]於是，學習運動參與者的「自我變革」，是在來自各式各樣背景的人們之中加以實踐的，同學者的目光則擔負了不讓「自我變革」落入自以為是的監督功能。

作為「生活民」，為了「生活民」而學習

一九七三年一月一日發行的《自主講座通信》，有一段與新年賀辭並列的文字：

> 在新的一年　一起跨出新的一步吧　不要太逞英雄　只要作為一個普通的「生活民」不懼怕「科學」和「權威」的幽靈　當個有自信的　頑固的「生活民」吧。[19]

所謂的「生活民」，是指每天為生活打拚的人。「生活」這個詞在這裡是指從一九六〇年代後期以來社會運動所累積的各式各樣經驗。當時的新左運動批判「產學合作」制度，讓運動者在學校體制內的學習屈服於「科學」和「權威」，因而看不見作為「生活民」的那個自我。但是，也由於一九六〇年代後期的運動者過分強調對「產學合作」的批判，而非深入理解「生活」，所以反而陷入失去人民支持的困境。

那麼，要怎麼找回所謂「生活民」的自我呢？自主講座所提出的方案是，去「現場」訪問，也就是走入田野。做田野工作的目的是，透過當地「生活民」的觀點去檢視自己的

16 山泉進「学びの精神——寺小屋」『教育のために』一九七八年春号、一三一頁。
17 松岡信夫「自主講座が生まれたころ」（宇井編 1991）、四六七頁。
18 宇井純「東大自主講座——十年の軌跡（上・下）」『月刊教育の森』一九七九年一〇、一一月号、一一四頁。
19『自主講座通信』一九七三年一月一日号、一頁。

所想所學。自主講座的成員松岡信夫在一九七六年舉辦的座談會中如此說道：

大學裡面有很多像「公害問題研究會」之類的學生社團，而最能夠呈現這些學生在思考什麼的形式，就是「到現場去」——在把這樣的概念介紹給學生的過程中，自主講座也扮演了重要的角色——到了現場，能夠與各種不同的人接觸、談各種不同的話題，因而能夠把所學和自身與現實相互印證。[20]

這裡的「生活民」，對學習運動的參與者來說，就是學習的參照點。他們以「生活民」為鏡，透過反省自己的所學、甚至是自己的生活方式，來尋求自我變革。走入田野，是為了找回作為腳踏實地的「生活民」的自我，其中最重要的就是向當地居民學習的態度。自主講座的成員之一吉田葉子，如此描述在「地方」學習的意義：

我們現在開始做的事情，並不是要建立新的權威，也不是要傳達新權威的「語言」。而是，我們自己要在這個奮戰中的「地方」學習，並且在我們生活的空間中創造出所謂的「地方」。地方，指的不是相對於東京的那些地理區域，而是相對於那些與生活毫無關係的語言，以及充斥假象的「中央」。是失根的人民大聲叫著：「我們還活著啊！」因而得以確定的生活「空間」[21]。

如上所述，學習運動的參與者之所以走入地方，並不是為了改變當地居民，而是為了改變生活在都市的自己本身。

一九七二年七月的暑假開始前，學生在《自主講座通信》執行委員會的新聞欄內，寫下了這樣的注意事項：

> 大家對於「到現場去」都寄予厚望吧？但是我認為，對於每天生活在現場的受害居民要如何進行在地抵抗一事，抱持著教導他們而去到現場或因為這麼做是有意義的這種姿態，對運動而言只是有害無益。可是我們卻很容易忘記這件事。雖然講過很多次了，但我們一定要記住，自主講座並不是要把知識切割後加以零售，受害居民才是公害專家，我們是親自到現場，透過居民的行動來學習，這才是最重要的事。[22]

20 宇井純・松岡信夫・立川勝得・安川栄・金玉靖子・児玉寛太郎「自主講座六年の歩み——教育の原形をもとめて」『現代の眼』一九七六年一二月号、二頁。
21 吉田葉子「私の自主講座」『自主講座通信』一九七二年五月一日号、二頁。
22「夏休みに入る前に」『自主講座通信』一九七二年七月一〇日号、一頁。

這段話同樣是在確認運動的原則，那就是找回作為「生活民」的自我，而到現場向當地居民學習。上述注意事項還有一點值得提出的是，為了向「生活民」學習而前往發生公害的地方訪問。也就是對運動者來說，所謂「生活民」的具體形象就是那些公害現場的人們。

在公害現場反思自己的生活方式

在一九七〇年代，「自主學習空間」這樣的想法吸引了對學校體制不滿的人們，再加上運動者紛紛走向「田野」，使得學習運動漸漸拓展到日本全國，甚至被編入大學課程中，或者成為地方文化中心講座的一部分。這個發展說明了運動的推廣有了很大的成效，但同時大學和地方教育中心也逐漸失去了學習運動初期對既存教育體制的批判精神。一九七〇年代後期，有「寺小屋」的成員指出，隨著聽眾人數和講座場次的不斷增加，講座的內容越來越專業化，參加某一講座的學員越來越難跟另一個講座的學員進行交流，以致講座與講座之間的關係面臨斷裂的危機。[23]

另一方面，分散在全國各地與當地居民建立關係的運動者也越來越多了。一九七〇年左右，快速工業化帶來了各地發生的公害問題，許多居民苦於自己的生活基礎和自然環境遭到破壞。起因是一九六九年五月內閣決議通過「新全國綜合開發計畫」。這個開發計畫以一九五〇年制定的「國土綜合開發法」為基礎，預計把過往著重在太平洋工業帶[24]的開發計畫拓展到全國各地，把苫小牧（北海道）、陸奧小川原（青森）、志布志（鹿兒島）等地作為工業基地據點，展開新幹線、高速公路、機場等巨型基礎建設。[9]

這樣的大型開發計畫雖然會增加經濟成長的數字，也會留下負面的影響。隨著企業被吸引來設廠的同時，也為當地帶來公害。外來的大企業，不僅導致當地產業的衰退，也剝奪了從業人員的工作機會。生活基礎崩解的結果是，地方上有越來越多人外流到東京等大都市，導致人口過稀的問題越來越嚴重。[10]當經濟成長帶來公害等社會問題的情況越來越明顯，各地面臨生活基礎崩解危機的人們開始走上街頭抗議工業化。[11]

在這種情況下，學習運動的參與者去到各式各樣的地方：水俣（熊本一處因遭受水銀污染公害的漁村）、三里塚（請見後述）、山谷、因為回歸日本而局勢不穩的沖繩、以及其他無名的工廠和農村。在自主講座的課程中，出現了以沖繩和志布志的開發為主題的專業團體，提供了很多主題的活動。更有許多人超越了學習運動的框架，親自前往公害現場。當然，並不是所有的當地居民，都會對這些不了解當地狀況的參訪者採取寬容的態度。參訪者將當地居民視為勇敢挑戰權威的人，硬要把當地的運動加上浮誇的口號，結果導致居

23「あとむレポート　寺小屋教室版「私の大学」」『高田馬場』一九七九年一二月号、三一～三二頁。

24 譯注：太平洋工業帶（太平洋ベルト）是日本政府自一九六〇年「所得倍增計畫」以來所指定開發的工業區，北自南關東，南到北九州，如今已有十個工業區。

民反對這樣的事情，也必須記上一筆。即便如此，對運動本身而言，參訪公害現場一事，可以看成是試圖回答過去的課題。就像自主講座提案「到現場去」所說的一樣，運動者感到，為了避免前述「沒有餡的紅豆餅」那樣的反省，有必要去好好理解「生活民」。於是他們向那些在公害現場、生活受到威脅的人們學習，以求更深刻地了解何謂「生活」。

對這些來自都市的運動者來說，與公害現場的居民進行直接接觸與交流，成為他們得以「自我變革」的契機。其中一個例子是千葉縣成田機場附近的三里塚有機農業。一九六〇年代後期，三里塚的農民對政府在沒有通知居民的情況下就決定建設成田機場感到相當憤怒，為了守護自己的土地，展開了一連串的抗議行動（「三里塚鬥爭」）。雖然抗議行動相當激烈，但隨後也逐漸陷入困境。一九七〇年代尾聲，在抗議者一個接一個離開的狀況下，剩下的少數農民決定，有必要把反對機場建設這個政府的現代化計畫，轉變為反對政府所獎勵的現代化農法。他們決定停止使用化學肥料和農藥，開始有機農業的耕種。[12]

許多新左運動者，為了聲援三里塚的抗議行動和農業，都會定期購買農民所生產的有機蔬菜。農民把十種左右的季節蔬菜包裝成「一箱野菜」後，[25]配送到消費者手上。在這個箱子裡面，也會放入三里塚鬥爭的傳單，讓消費者知道抗議行動的現狀。一九七六年，當農民開始「一箱野菜」的計畫時，購買的人只有三十八戶，但到了一九八一年，已經增加到一千兩百戶。[13]那麼，農民們究竟想要透過有機農業，達成什麼樣的目標呢？他們這樣說道：

> 我們想要成田機場停建的目標，是為了逼迫政府根本上改變這種拋棄農民的政策。我們希望改變日本的政治結構。我們認為，三里塚的有機農業，並不單純只針對土地是「有機的」而已，我們也想要在農民之間創造「有機的」關係、甚至創造與都市勞工之間「有機的」關係。[14]

住在東京、神奈川、千葉、埼玉附近的會員，每個月會收到兩次的「一箱野菜」。作為生產者的農民，則是把蔬菜運送到各個據點，並與會員進行面對面的互動。「一箱野菜」的目的就是，透過有機蔬菜來改變人與人之間的關係。

「一箱野菜」的價格是固定的，無論蔬菜的數量或種類有多少，總之消費者是以一箱為單位來支付固定的價格。固定價格的目的是想要保護農民免於市場波動之害，讓他們的生活得到保障。因此，運動者和農民之間的關係，不同於一般的消費者和生產者之間的關

25 譯注：日文原文「ワンパック野菜」直譯自「one pack vegetables」，但中文譯成「一箱野菜」，因為該產品的單位為「箱」而非「包」(pack)。

係，因為購買「一箱野菜」的消費者，沒辦法選擇購買自己喜歡的蔬菜。這種做法對消費者來說並不方便。不過如果要追求方便，去超市買不是最好嗎？但是，許多消費者並不會因為這樣的不便而不滿。反而，透過購買「一箱野菜」的經驗，讓消費者開始懷疑，為什麼生活在都市的人們，無論季節、天氣如何，都可以用幾乎相同的價格買到蔬菜呢？就這樣，「一箱野菜」讓都市的消費者重新思考自己的生活方式，進而成為改變的契機。

「一箱野菜」直接帶來的影響，不僅止於都市運動者的飲食習慣而已，更可以說，透過飲食習慣的改變，促使他們去重新思考日常生活的方式。在一場有關「一箱野菜」的座談會中，一名來自「全國一般東京地（方）本（部）南部支部」工會的成員竹川康則如此發言：

我們（「一箱野菜」的購買者）這個團體當中有很多人是從事運動的，晚上回家已經十點、十一點的人所在多有。在購買「一箱野菜」之前，幾乎都是靠外食解決，但是現在，我們會願意花功夫設法做出可以快速調理的餐點，不管再怎麼忙，都要試圖改變飲食習慣。不少雙薪家庭在開始買「一箱野菜」後，連丈夫也樂於做菜了，不過我還沒到那樣的境界啦（眾笑）。這代表我們開始透過飲食生活重新思考男女分工的關係。除了飲食之外，我們還一起團購無污染肥皂，我認為這些都是透過「一箱野菜」

來讓我們重新思考所謂「生活」這件事。[15]

許多運動者平時忙於集會、示威、開會，對於「飲食」這個生活上的基礎面向總是抱持輕視的態度。「一箱野菜」讓這些運動者重新看待自己的生活，讓他們開始注意到日常生活中的細節，例如吃什麼食物、食物從哪裡來、食物是如何栽培養殖的、食物要怎麼料理等等問題。

三里塚鬥爭因為有各式各樣的人參與，或可算是新左團體有參與的運動中比較例外的一場鬥爭。雖然這場鬥爭也沒辦法免於直接行動和內部暴力所導致的問題，也算不上獲得了廣大群眾的支持；事實上，聲援三里塚農民的新左運動者在媒體上還被描述成「過激派」。即便如此，三里塚鬥爭透過有機蔬菜建立了地方上的農民與都市運動者之間的網絡，在這個意義上，這場鬥爭是一個值得被關注的事例。「一箱野菜」這個消費制度不僅批判了以效率和便利為優先的工業社會邏輯，也批判了依據這個邏輯所進行的日常生活。透過這樣的方式，運動者能夠以地方上的「生活民」為鏡，找到可以從日常生活的層次具體實踐「反省」的方法。

三、亞洲作為「自我變革」的鏡子

向亞洲輸出公害

新左運動者改變「日常性」所參考的對象不僅止於公害現場的「生活民」，還跨越了國界向亞洲各國取經。這和日本企業從一九七〇年代開始在亞洲各地的活動有關。日本和亞洲各國的經濟關係，從第二次世界大戰開始的斷絕狀態，到一九五〇年代又重新恢復緊密連結。透過二戰賠償金和日圓借款這兩種方式，日本企業開始進軍亞洲市場。[16]尤其是東南亞各國，對日本企業在亞洲地區的經濟活動而言非常重要。作為亞洲地區反共戰略的一環，美國把日本納入東亞地區的分工關係中：東南亞各國是日本的原料供應地也是市場，擔負支持日本高度經濟成長的功能。[17]

日本企業的外國直接投資（ＦＤＩ）在一九七〇年代快速成長，特別是一九七二年由於投資金額激增，被稱作「投資元年」。這個時期有很多日本企業都朝海外發展，他們最有興趣的目標就是亞洲地區。[18]比較一九七四到一九七七年度日本企業ＦＤＩ的分布地區就會發現，亞洲以三九．二億美元躍居首位，超越北美的二八．六億美元和中南美的一九．四億美元，占了ＦＤＩ總金額的三三．九四%，約三分之一。[19]還有一個原因讓日本對亞洲地區的投資急速增加，那就是「輸出公害」。一九六〇年代後期到一九七〇年代初期，受到各地住民運動的影響，日本對企業所製造的公害有了更嚴格的法律規定，導致越來越多國內企業轉而把工廠設在沒有公害防治規定的其他亞洲國家。此外，亞洲開發中國家的低廉勞動力和豐富資源，也是日本企業進駐的拉力。

日本企業「輸出公害」的典型案例之一就是川崎製鐵在菲律賓民答那峨島的工廠。[20]川崎製鐵在戰後於千葉縣設置鋼鐵工廠，很快地就成為業界龍頭之一。但是到了一九七〇年代初期，因為當地居民的反彈以及行政機關的監督，使得這種排放有害物質的工廠越來越難在千葉縣立足。川崎製鐵決定把工廠搬到國外。在一九七四年田中角榮首相和馬可仕總統的高峰會結束後，菲律賓政府許可了川崎製鐵的投資，移轉計畫開始實行。[26]菲律賓政府指定川崎製鐵的事業為投資優先計畫並給予各種優惠，包含立法許可百分之百的外資比例、以及低價提供工業用地。菲律賓政府為了提供給川崎製鐵一處面海的廣袤土地，把原本居住在該地大約兩千名居民強行遷離，甚至把拒絕被徵收的居民關進牢裡。[27]

就這樣，一九七〇年代的日本政府與企業、以及日本居民的生活，對亞洲的人們帶來了巨大的影響。如同第一章所說，直到一九六〇年以前，日本民主運動的願望之一就是「去

26 山田経三「日本企業の進出とアジアの民衆」『朝日ジャーナル』一九七八年五月一二日号、三二頁。

27 同上、三三頁。

殖民」。當然，美軍基地並沒有撤離，美國對日本的政治、經濟、文化的影響力還是很強，但是在一九六〇年安保鬥爭後的短短十年中，日本在國際社會的位置開始發生變化。一九七〇年代的日本，對亞洲的開發中國家具有重大影響力，尤其是在經濟上，儼然成為一個「殖民母國」的存在。[21]

然而，日本多數的工會卻無法看見自己和亞洲各國人民之間存在的關連。松下電器的馬來西亞廠工會，就是一個很明顯的例子。一九七〇年代前期，當松下電器於馬來西亞設廠，當地勞工就自發地組織工會。但是，日本國內的松下電器工會（主要由日本勞工組成）聽到這個消息後，竟然唆使「比較乖」的勞工組成由公司主導的御用工會，然後把活躍分子給趕出去。於是馬來西亞的松下工會只能接受遠比日本國內還要惡劣的勞動條件。[28]多數日本工會即使對日本勞工的加薪問題十分積極，但對於維護其他亞洲人民的權利卻沒有那樣的關心。

不過，在一九七〇年代到日本各地參訪的學習運動參與者中，出現了一些對日本在亞洲所扮演的角色有所自覺的人。例如，一九七六年時，包括自主講座和千葉公害塾[29]等約四十個團體組成了「反輸出公害通報中心」。這個網絡的目的在於，針對日本企業的亞洲策略進行分析並發表公害外流的實況。[30]一九七四年，有兩位隸屬自主講座亞洲社團的青年，讀了在日韓國人發行的經濟雜誌，得知富山化學工業由於水銀污染問題而無法在日本生產，打算把「紅汞」工廠外移到韓國仁川一事。兩位青年立刻與富山縣反公害運動的相關人士聯絡，計畫進行共同抗議行動。一九七四年四月二十七日，他們拉著「水銀污染企業富山化學 停止輸出公害！」的布條，包圍位於東京茅場町的富山化學工業總部。當日，富山縣也發起了發散傳單的抗議行動。這樣的行動有效了，富山化學由於擔心輿論批判，在抗議行動發生的三天後果斷發表聲明，決定放棄工廠的外移計畫。[31]如上所述，在日本企業加速擴張到亞洲地區的一九七〇年代，受到新左運動論述影響的運動者們，開始關心起自身與亞洲各國的關係。

「亞洲人會議」與女性

一九七四年六月八日到十五日所舉辦的「關於經濟開發與環境的未來：亞洲人會議」

28 Mutô Ichiyô and Matsuo kei, "Rightwing Unions' International Activities" in *AMPO*, July-September 1975, pp. 70-83.
29 關切川崎製鐵造成公害的千葉市居民在一九七二年組成的團體。他們會在當地寺廟定期舉辦讀書會。
30 反公害輸出通報センター「アジアの犠牲の上に成り立つ文明を拒否する」『自主講座』一九七六年五月号、一～八頁。
31 井上澄夫「僕らは公害輸出と闘い始めた」『展望』一九七四年一一月号、五三～五六頁。

（簡稱「亞洲人會議」），可以視為日本新左運動和亞洲之間的關係一個重要的節點。[32]這個會議的主辦單位包括：越平連在內的反戰運動團體、自主講座在內的公害問題相關團體、以及基督教牧師，共邀集了亞洲各國大約四十名運動者。[33]會議的首要目標是，了解高度經濟成長的日本背後不為人知的「悲慘」。[22]因此會議的頭兩天，亞洲各國的參與者一同參訪了三里塚和千葉的工業區（川崎製鐵與旭硝子玻璃工廠），了解公害問題的實況。會議的另一個目的是，聽取亞洲各國參與者的故事，分享日本企業如何輸出公害以及當地的威權國家如何進行政治壓迫的資訊。訪問公害現場後接下來兩天進行座談會，由來自泰國、新加坡、馬來西亞、韓國等大約八十名參與者提出報告。隔天則針對日本企業進軍亞洲的狀況、公害問題、勞工與女性的狀況、政治犯等主題，進行分組討論和全體討論。會議的最後一天，超過一千人齊聚目黑公會堂來參與這場大規模集會。在這場集會中，參與者發表了「亞洲人共同宣言」，並提出未來的具體行動方案。然後亞洲人會議就宣布閉幕。

透過與亞洲各地的來賓對話，日本的參與者實際感受到其他亞洲人民所面對的嚴峻生活狀況，以及自己對亞洲的人們所產生的重大影響。其中，婦女運動的參與者特別關心亞洲女性所面對的苛刻勞動條件以及性暴力問題。[23]值得注意的是，這場會議成為日本女性與亞洲女性建立起連帶關係的契機。這些運動者在一九七七年組成「亞洲女人之會」，希望能夠從女性的視角理解亞洲的狀況並有所行動。該組織的參與者如此描述自己的活動目標：

我們的運動目標是什麼呢？如同宣言所說「絕對不會一而再、再而三地對亞洲伸出侵略的手。絕對不會把丈夫和情人送上經濟侵略和性侵略之路」。為了達到這個目標，我們必須從根本改變自己的生活方式。為什麼要這麼做呢？因為沒有亞洲人的犧牲，就沒有日本的生活方式，以及身在日本的我們的生活方式，這就是我們必須正面挑戰的對象，我們必須抵抗的時代潮流。只在乎自己、只在乎自己的家庭、只在乎過著安適的生活，這種以物質和金錢為中心的個人主義生活方式，已經成為日本社會的主流。這樣的社會存在一項令人不快的現實，那就是：我們這些女人，對於海的另一端正瀕臨餓死邊緣、或是被刑求、被污辱的女人所經歷的痛苦，不僅無法感同身受，甚至連這樣的事實都不想知道。在企業和政府越來越國際化、多國籍化的今日，我們女人卻被國界所分隔。為了打破這樣的隔閡，過去這兩年來我們組織了各式各樣的活動，就像今天的集會中所看到的行動劇那樣，我們想要和韓國的女性勞工，和泰國、

32「亞洲人會議」的整體樣貌，可參照小田実編「「アジア人会議」全記録——人々の暮らしを奪い返す闘い」『潮』一九七四年八月号、一二四～七九頁。

33 淵柳仁「アジア人民の解放と日本人——アジア人会議からの報告」『新地平』一九七四年八月九日号、七六頁。

菲律賓、印尼等亞洲各國非常棒的女性有所交流、建立連帶，然後給予日本國內這個歧視、壓迫女性的體制重重一擊。[34]

從這段話我們可以知道，日本的女性運動者確實感受到日本和其他亞洲國家的女性之間有所連結。但是，這樣的連結絕非幸福的連結，而是如引文所說的，當亞洲「有女性正瀕臨餓死邊緣」、「被刑求、污辱」的同時，日本社會卻被「只在乎自己、只在乎自己的家庭、只在乎過著安適的生活，這種以物質和金錢為中心的個人主義生活方式」所支配。也就是說，亞洲和日本女性之間的關係是不公平的。

這種對不公平的認知，驅使她們採取行動。但只是出於對不幸和可憐的亞洲人表示同情是不夠的，因為這些不幸的人的不幸遭遇，有一部分是日本人造成的。於是這些日本女性開始思考「亞洲女性的痛苦」與「日本女性的優渥」之間有著何等深刻的關係，從而反省「高度成長＝工業化」創造出來的社會樣貌、甚至是自己的價值觀。對日本的運動者來說，和亞洲其他人的相遇，成為她們決心改變自己的契機。

日本女性運動者採取了行動，以矯正這些與自己有關的不公平，並打破日本女性與亞洲女性之間的藩籬。她們最為人所知的行動是針對「妓生觀光」[35]表達抗議。一九六〇年代後期，韓國朴正熙政府將發展觀光業定為國策。其中，以觀光客為對象的韓國女性賣春業，由於能夠快速賺取外匯而得到韓國政府的默認。於是以買春為目的而來訪韓國的外國觀光客急速增加，特別是日本觀光客。在一九七三年的訪韓旅客中，日本人就占了七成以上。一九七四年十二月二十五日，大約五十名日本女性前往羽田機場，針對日本男性的韓國買春團表達抗議。她們認為，日本男性以韓國的貧窮女性為對象所進行的買春行為是有問題的。像這樣的日本女性運動者，超越了自身的直接利害，為了改變日本女性和亞洲女性之間的不公平關係，勇敢地踏出了一步。

若引用前面的話來說，針對與亞洲的關係，日本運動者想要追求的是「從根本上改變自己的生活方式」。如同面對公害現場的「生活民」那樣，將亞洲其他國家的人民作為自我變革的鏡子。相較於當時看待亞洲的主流，也就是把亞洲其他國家的人視為「落後的」、所以要讓他們「現代化」這樣的觀念，我們可以理解到新左運動的焦點是：要改變的對象並不是亞洲人，而是自己的生活方式。

34『アジアと女性解放』一九七九年六月号、二八～二九頁。

35 譯注：日文原文為「キーセン」，音譯自韓文「기생」，中文譯為「妓生」，是古代朝鮮宮中宴客時提供歌舞或性服務的女性奴婢。後來亦有指涉慰安婦、性工作者之義。譯者認為，譯為「妓生觀光」，亦展現出性產業中充滿歧視特定種族意味的當代殖民意識，將女體影射為被殖民者／被殖民國，是一種性別與種族之間交疊的多重壓迫關係（intersectionality）。

香蕉研究

以亞洲為鏡來進行自我變革還有一個例子，那就是「香蕉研究」。這個研究能夠開始發展，鶴見良行扮演了很重要的角色。參加過越平連、和其他運動者也有交流的鶴見，對於新左運動者能夠運用想像力，把自己的生活和職場與「侵略越南」和「歧視沖繩」予以連結，給予高度評價。但另一面他也認為，新左運動並沒有提供一個方法，讓新的參與者得以共享各自的核心關懷。[36]

我曾在第二章引用吉岡忍對「有房主義」的批判，他指出在高度經濟成長期的日本，隨著大眾消費文化的日漸普及，日常生活也越來越窄化為消費生活。一九六〇年代後期，面對日本一方面在經濟上過著富裕生活、另一方面又參與越戰的狀況，新左運動者試圖賦予狹隘定義的「日常生活」更為廣闊的內涵。到了一九七〇年代，他們進一步想要清楚理解與自身相關的、支配者與被支配者的關係。那麼，運動者到底該如何運用想像力，才能體會在遠方的他者所經歷的痛苦，並具體描繪出他者和自己的關係呢？這就是新左運動的新課題。

對於這個新課題，鶴見的回答之一就是「香蕉研究」。一九七〇年代初期，鶴見在一個以東京為據點的非政府組織「亞洲太平洋資料中心」（ＰＡＲＣ）進行研究，後來寫了一本

《香蕉與日本人》，探討日本家庭的餐桌上香蕉怎麼來的。這些香蕉是在哪裡、被誰、用怎麼樣的環境種出來的，又是經過什麼樣的過程輾轉到了我們的餐桌上？「香蕉研究」讓我們知道了，香蕉在亞洲各地的種植不僅剝奪了小農的土地，而且使用了大量的農藥。這項研究也指出，香蕉販售的通路是由跨國企業所主導，亞洲農民不但沒有得到合理的利潤，還深受借貸之苦。正因香蕉是生活中近在咫尺的食物，才讓人們得以對「菲律賓香蕉園和餐桌之間」的關係，有了具體的想像。

「香蕉研究」的方法，很快就擴展到了全國各地。例如一九八〇年秋天，菲律賓民答那峨島的蕉園勞工代表多頓・桑托斯來日本參訪時，一個名為「菲律賓香蕉與我們・名古屋團體」的組織成立了，成立的理由是因為成員們在桑托斯的演講會上知道香蕉的生產實況後大受衝擊。組織成立後，先是透過讀書會的方式理解菲律賓香蕉生產的問題，然後是深入了解自己和菲律賓勞工之間的關係。接下來是透過紙芝居[37]和放映會的方式，向名古屋當地居民傳播資訊。甚至參訪名古屋的批發市場，親眼目睹香蕉從菲律賓來到自己餐桌

36 鶴見良行「新左再考」『鶴見良行著作集三アジアとの出会い』みすず書房、二〇〇二年、二七二頁（初版為『思想の科学』一九七六年一〇月臨時号）。

37 譯注：「紙芝居」是日本傳統說故事的方法，「芝」是草地、「居」是坐的意思，人們坐在草地上看說書人搭配大張紙卡（上面有圖畫、文字）說故事的活動。

上的通路。名古屋團體以親身行動去理解問題之後，開始寄信給農林水產省、厚生省、以及住友商事和TOMEN等進口商，表達希望改善菲律賓蕉園的訴求。[24]

「面對面的國際合作」

受到像「香蕉研究」這樣子結合調查和運動的方法所影響，在一九七〇年代誕生了許多援助發展中國家和以國際合作為目標的非政府組織。[25]特別是一九七九年的柬越戰爭，成為這些非政府組織把亞洲當作活動場域的契機。[26]他們找尋各種方法想要改變這個看似經濟富裕、現實上卻難以生存的世界。嘗試去達成這個目標的組織之一是「日本內格羅斯[38]・宣傳委員會」（JCNC），成立的契機來自一九八五年十二月於東京舉行的「日菲民眾團結全國會議」，當時來自菲律賓的嘉賓羅米・羅亞多亞提到了菲律賓中部的內格羅斯島發生了大規模的饑荒。[27]在這之前，日本國內的「菲律賓團結運動」是由公民運動團體或宗教團體所構成，主要討論的議題是輸出公害和香蕉問題。在羅亞多亞的發言後，大家決定展開前所未有的募款活動以緊急援助菲律賓。

當時的內格羅斯島有七成人口（大約一百五十萬人）以糖業維生，其中約半數（七十萬人）在甘蔗園工作。島上的地主只占全部人口的三%，卻擁有大約七成的農耕用地；反觀深受饑荒所苦的災民，則是沒有土地、只能在西內格羅斯州的農場種植秀貴甘蔗[39]的農場工人。這種不平等的經濟結構，在過去殖民時期相當常見。菲律賓從十六世紀開始被西班牙殖民，到了二十世紀，占領國變成美國和日本，直到一九四六年獨立以前，從未擁有實質主權。即使獨立後，仍然高度依賴舊殖民母國，難以脫離殖民經濟的狀態。內格羅斯島的貧窮問題相當嚴重。在甘蔗園工作的農工家庭，平均每家有七到八人，其中小孩有五到六人。居住環境方面，只有一個房間的家庭比例占了六成，沒有廁所的家庭高達九成五。至於收入，即使一整天都在蔗田工作，日薪也只有四十到五十披索（以當時的匯率換算，大約是兩百到兩百五十日幣），遠低於當時菲律賓政府所訂的最低工資七十五披索。

不過，ＪＣＮＣ對當時在日本全國發起的拯救非洲饑荒活動採取批判的立場。[40]一九八〇年代的拯救非洲饑荒活動，經常在媒體上反覆出現這樣的身影：瘦到皮包骨的大人，腹部異常膨大、目光空洞無神的孩子，分配食物給災民、投身擔任看護的志工。這樣的景象引發日本人對非洲人的高度同情，從而成功募集到了史無前例的資金與物資。然而ＪＣＮＣ卻主張這種活動是有問題的，[41]因為把非洲發生的饑荒講成是不幸的天災，使得

38 譯注：內格羅斯（Negros Island）為菲律賓島嶼之一，屬於維薩亞斯群島（Visayan Islands）。
39 譯注：*Saccharum officinarum*，甘蔗的一個品種，又名紅甘蔗。
40「『援助』って何だ？『支援』って何だ？」『ハリーナ』一九八九年六月号、八～九頁。
41 同上。

居住在像日本這樣「第一世界」的人們以為饑荒這件事和他們沒有關係。

拯救非洲饑荒活動還有一個問題是，看不到非洲人民的真實樣貌。他們在媒體上被呈現的形象是，毫無目的的徘徊、等待食物的配給，甚至連等待都已經放棄而陷入絕望。這些被呈現出來的表象，彷彿他們「不是人而是東西」一樣，根本無法傳達他們內心的憤怒、吶喊與盼望。所以JCNC揭示了一項目標：「面對面的國際援助」，也就是要建立自己知道是誰要被援助的那種關係。一九六〇年代後期的新左運動，雖然也曾喊出口號，想要與那些受戰禍所苦的越南難民一起團結起來，但事實上大家對越南人也僅只於抽象的理解，並沒有真的建立起面對面的信任關係。所謂「面對面的國際合作」，可以說是針對新左運動留下來的這個課題，所提出的一個解答。

為了和內格羅斯島上的人建立面對面的關係，JCNC的相關人士相當謹慎地考量對方真正的需要。因為當地人民需要的是捕魚的漁網而不是魚，因此援助的方向有了轉變，從一時的緊急援助改為幫助農場工人自立這種中長期計畫。[28] JCNC最早的嘗試是讓農場工人成為小規模自給自足的農民。[29] 然而農場工人並沒有自己的土地，所以一開始是向地主租地來共同耕種，或者自力開墾被廢棄的農地。

但是，農場工人想要自立自強，並不是一件簡單的事。例如，開始進行自力耕種的農場工人，很快就讓農田裡雜草叢生了。他們從小就被父母親告誡「地主的土地上長出來的東西一概不准碰」，所以他們並沒有那種「自己的土地就得自己管」的意識。[30]這是殖民歷史的遺緒，感染了內格羅斯人的自我意識。

為此，JCNC在一九八七年六月建設了「活泉農場」讓農場工人進行研習。42這個農場試圖把小農的農業技術，尤其是不需要資金也可以做的自然農法給找出來。具體來說，就是不依賴化學肥料和機械，而是利用水牛來進行開墾和栽種，所以JCNC相當努力地募集購買水牛的資金。[31]但是，光這樣還不足以讓當地的農業「去殖民」，JCNC還找來日本優秀的農業工作者進行技術的傳授，例如東京都世田谷區的大平博四、埼玉縣小川町的金子美登等人，他們都不是大規模經營的農家，而是以多品種栽培為基礎的小規模有機農家。43那種大規模、講求效率、把農產品當作工業產品在生產的「工業型農業」，對農民而言一點也不可取，因為不只農藥和化學肥料會破壞土地的肥沃，農民自己也會受到市場和政府的政策所影響，結果沒辦法靠自己的力量來主導自己的農業。在援助內格羅斯的實踐之中，我們可以行動者對日本工業化經驗的反思。

小規模自給自足的結構一旦上了軌道，下個目標就是要有現金收入。為了支付醫療

42 譯注：日文原文為「ツブラン農場」，音譯自菲律賓內格羅斯當地語言「Tagalog」語的「tuburan」，「tuburan」在該語言中也有泉水的意思。中文翻譯取其意義而譯為「活泉農場」。

43『ネグロス・キャンペーン・ニュース』一九八七年一二月号、一二頁。

費、生活必需品、學費等，首先想到的方法是栽種經濟作物並送到市場。但是農民沒辦法自己把農作物運到市場去，只能倚賴那些來村裡收購的盤商。盤商知道農民的弱點，一樣會狠狠地砍價。[32]為了改善這個問題，日本的生活協同組合（簡稱生協）也加入援助。一九八六年十月，一個名為「香蕉船」的旅行企畫案連結了內格羅斯的小農與日本的消費者。「香蕉船」是來自日本的各式公民團體共約五百二十人，從神戶港出發，到沖繩南部諸島一遊的旅行團。這個旅行團邀請了兩名菲律賓人，其中一人向旅客報告內格羅斯島的貧困問題，同時呼籲日本直接進口該島的農產品。九州的「共生社生協」、「讓德島的生活更好之會」、「中部資源回收運動市民之會」等消費者團體回應了這個呼籲，決定高價購入農產品以支付從內格羅斯進口農產品這項計畫的費用。[33]像這樣子初期的緊急援助，不久就轉變成和內格羅斯之間的長期關係了。

一九八六年十二月，「天壇貿易公司」（ATC）成立，主要業務是產地直銷：把內格羅斯當地的農產品直接進口到日本。一開始進口的是傳統製法做成的黑砂糖，後來又有了從內格羅斯進口香蕉的想法。日本消費者很講究健康，所以比糖更營養的香蕉會是更有魅力的產品。當時日本的公民運動受到「香蕉研究」的影響，認為農場栽種的香蕉既使用大量農藥又無視勞工人權，所以主張不吃香蕉是一種合乎倫理的選擇。然而，消費者團體卻指出香蕉有益健康，只要是安全的香蕉，他們就會想要購買。[34]為了回應這樣的需求，運動者決定進口香蕉。

ＪＣＮＣ決定進口到日本的香蕉品種是「巴朗工香蕉」。之所以選擇這種體積較小的香蕉，除了好吃以外，更因為這種香蕉在當地沒有太大的經濟價值。這種香蕉不是農場作物，是自己長在山裡的，在當地並不特別受歡迎，價格也不高。所以，如果進口到日本的是這種香蕉，就不會搶奪當地居民的食材了。這是決定進口巴朗工香蕉的思考。ＪＣＮＣ相當注意自己的行為，以免原本是善意的援助，結果卻引起當地的混亂。從這裡我們可以看到運動者充分地自覺到，生活在經濟大國日本的自己對內格羅斯居民所產生的影響。

決定進口香蕉這件事，也為援助內格羅斯的運動帶來其他效果。透過「吃」這個行為，日本的消費者和內格羅斯的小農之間建立起了具體的連帶感。這不僅僅是「理念」而已，正是因為透過香蕉這個「物」作為媒介來建立關係，使得運動者不是抽象地去理解，而是能夠具體掌握「日常性」自我變革的內涵與意義。再者，ＪＣＮＣ也不會用「不准做〇〇」這種否定形，而是用「要做〇〇」的肯定形，來具體建立日本消費者與亞洲各國人民之間的公平關係。這樣的行動可以說是繼「香蕉研究」之後，又跨出了實踐的一大步。就這樣，吃好吃的香蕉變成一件快樂的事。如第三章所說的，一九七〇年代以前的新左運動，因為倫理實踐的門檻越來越高，導致沒有人能夠參與這場運動。但是，吃香蕉這件事，只要花點小錢，任誰都可以輕鬆地做到，而且當香蕉又很好吃的時候，這樣的活動理所當然會讓大家心情愉悅。

與內格羅斯建立關係的意義

對JCNC的人來說，援助內格羅斯到底有什麼樣的意義呢？首先，是導正了日本和內格羅斯之間的不公平關係。他們不是把內格羅斯人的痛苦當作別人家的事，反而認為自己有「援助的責任」。例如，糖業這種單一作物經濟是造成內格羅斯不安定的元兇，而一九六〇到七〇年代新成立的四大製糖工廠，就是在馬可仕政權和日本企業交好的情況下建設的。因此，日本可說是造成內格羅斯的經濟過度依賴糖業的幫兇之一。除了經濟上的壓迫，JCNC也強調日本在第二次世界大戰時占領菲律賓，並且在內格羅斯的戰鬥中造成一百萬人以上的犧牲。[35]

讓人們得知日本和內格羅斯有這樣的關連，就是「面對面的國際合作」這項計畫的成果。就像拯救非洲饑荒活動一樣，如果把被援助者看成「不是人而是東西」，就不可能看見住在日本的自己和內格羅斯之間有什麼樣的歷史關連吧。日本運動者所謂「反省式的自我變革」，正是透過和內格羅斯人實際的互動所達成的具體成果。

援助內格羅斯還有另一層意義，那就是超越「日本等於加害者，內格羅斯等於受害者」這種簡單的二元關係。這是因為日本的運動者並不單單只是「給予」了內格羅斯人什麼，他們同時也感到自己從內格羅斯人身上獲得了什麼。JCNC在一九九二年發行的小手冊中如此說道：

從內格羅斯的社會狀況中，我們可以理解到，我們「富裕的、和平的」社會和生活，就只是被浪費文化、效率主義、管理主義給五花大綁的東西罷了，怎麼看都是建立在虛幻的基礎之上。像我們這樣的社會，未來會變成什麼樣呢？當內格羅斯的人說「天總是會亮的」的時候，我們說不定只能說出「天無論如何是不會亮了」這種話來。

但是，當我們遇見了這些靠著一己之力試圖開闢一條未來之路的內格羅斯人時，我們就被賦予了必須靠一己之力創造未來的勇氣，即使這條路是困難的。而且，只要看到他們為了追求生而為人的尊嚴、和不正義戰鬥、相互幫助的樣子，我們就會知道我們應該要建立什麼樣的社會……

「另一種援助」這項計畫的基本理念是，像這樣子認識內格羅斯人，對彼此所面對的問題有相互了解，然後一起討論可以怎麼解決這些問題，從而創造出一種「不再需要援助」的關係，換句話說，就是把各自所有的東西拿出來「共享共生」的關係。[36]

如同上述，JCNC的人從內格羅斯人身上所獲得的東西主要有兩個。首先是以一己之力試圖開闢未來的熱情；其次是看到了自己的社會、甚至是自己本身應該要怎麼走的方向了。認為內格羅斯的社會有問題而日本社會沒有問題，這種二分的看法是錯的。雖然問題的性質有差異，但是兩個社會都存在著同樣的問題。菲律賓有不平等和貧困的問題，日本則有「浪費文化、效率主義、管理主義」的問題（這些都是新左運動會提到的問題）。互相理解對方各自的問題，互相合作解決問題，在幫助內格羅斯人自立的同時，他們也教導了我們應該如何改變自己所處的社會、甚至是自己本身的想法和生活方式。拋棄那些原本認為是理所當然的價值觀，努力去創造一個完全不同的社會，這就是「共享共生」的意義。

就這樣，內格羅斯人和日本人的關係，變成一群立志改變自己的生活和社會的人們之間的連結。這樣的關係是互相的，而非單方面的自我反省，就像ＪＣＮＣ的雜誌刊物《哈利納》（*Halina*）這個名稱所揭示的，「哈利納」在內格羅斯當地的塔加羅格語中有「去」和「來」兩種意思。同樣的，內格羅斯的活動也有「援助／被援助」這兩層意思。[44]我們自己在援助內格羅斯的過程中，反而讓內格羅斯人教我們更多，讓我們思考許多，甚至賦予我們勇氣。「哈利納」這個字就是這樣的意思。

44『ハリーナ』一九八九年八月一日号、五頁。

第五章

「新政治」的缺席與新左運動

我們在第四章討論了日本新左運動給日本公民社會留下了什麼樣的思想與實踐，在第五章則將一邊參考其他工業化社會的例子，一邊思考新左運動沒有留下的東西。

本章第一節將整理一九六〇年代以來歐洲各工業化社會的「新政治」（new politics）理論。我將指出包含新左運動在內的「新運動」（new movements），如何催生了所謂的「新政治的政黨」（new politics parties）。透過分析政黨政治的空間重組形態，可以看出從「新運動」到「新政治的政黨」有兩條發展途徑：

第一條路是「革新政黨的轉變」。由於受到「新運動」的影響，傳統的革新政黨對其原則與組織形態進行改革，就「新政治」的相關議題，在小黨間建立起合作關係。我將在本章第二節討論，這種形態在日本的脈絡下有沒有可能性。具體來說，我想要討論，一九六〇年代後期到七〇年代前期，日本社會黨並沒有辦法回應「新運動」，尤其是「反戰青年委員會」所提出的問題，以致在思想和組織的革新都遭到失敗。[1]

若以歐洲的工業化社會為例，走向「新政治」還有另一條路，就是成立「綠黨」。這條路的形態是，「新運動」環繞著「新政治」所提示的議題來建構廣大的網絡，最後在既存的政黨政治之外成立「新政治的政黨」。我將在本章第三、四節討論這條路的可能性，特別是以婦女解放運動[2]和住民運動[3]（包括反核運動）為焦點，討論「新運動」的網絡與政黨政治之間有什麼樣的關連。

一、日本「新政治」的可能性

何謂「新政治」

什麼是「新政治」？從「舊政治」如何轉變為「新政治」？研究「新政治」和綠黨的湯

1 談到戰後日本的革新政黨，就不可忽視日本共產黨的存在。不過，就如第二章所說，在日本新左運動的論述中，共產黨象徵了一九六〇年的安保鬥爭、甚至是戰後革新勢力的「限制」。因此，共產黨和新左運動之間時常發生暴力衝突，彼此互相批判也持續到了一九七〇年代。此外，對於「新政治」的核心議題，也就是核電問題，共產黨也和新左運動抱持不同的看法。雖然共產黨也批判日本這種和美國相互勾結的核電政策，但是他們並不反對核電本身。（本田 2005, p. 106）考量以上幾點，共產黨和新左運動攜手合作共創「新政治」的可能性幾乎是零。所以，本章在討論革新政黨創造「新政治」的可能性時，主要是以日本社會黨為討論對象。

2 接下來也會提到，由於婦女解放運動和學生運動、反越戰運動保持一定距離，其思想性質具有比較強的「自我解放」傾向，因而自有其特殊性。然而，婦女解放運動同時也受到「日常性的自我變革」此一思想所影響。所以，本章討論婦女解放運動與體制政治之間的關係（不存在）時，雖然要討論的對象是婦女解放運動，但這樣的性質也不只存在於婦女解放運動，而是同時也存在於受到「日常性的自我變革」此一思想影響的其他新左運動。

3 我把住民運動定位在新左的論述空間之外。然而，歐洲的案例研究顯示，住民運動是「新政治」形成時新左運動的潛在合作對象。我之所以要特別把住民運動分開來談，就是要顯示日本住民運動與新左運動之間的關係（不存在），是新左運動擴大群眾基礎失敗的例證之一。

馬斯・柏根特凱的說明是：

總而言之，「舊政治」就是對經濟成長、物價穩定、經濟安定、軍力強盛等等自古以來的政治固有形式相當執著。與之相反，新政治的支持者會主張，經濟決策要考量到生態環境、人們應該要有更多自由可以參與更有選擇性的生活方式、為了降低國際緊張情勢應該要裁減軍備。此外，新政治也會重視所有社會少數的平等權利，關心自身與第三世界的連帶關係，這些對左派來說的基本態度。還有，新政治的支持者，傾向於採取和過往不同的形式來參與政治。[1]

「新政治」出現在已經工業化的社會之中。如同序章所說的，工業化乃是現代制度的基本構成要素之一。從二十世紀初到一九六〇年代為止的工業化，伴隨著廣泛的「規訓化」持續推進。[2]一九六〇到七〇年代以來的工業化社會中，隨著饑餓這樣的經濟問題漸漸成為次要的同時，環境的破壞這等工業化的黑暗面則是越來越明顯。越來越多人不只是關心物質的富裕與否，而是更在意自律、參與、社會正義等等「後物質主義的」價值。[4]後物質主義的價值觀逐漸普及的同時，過去比較不受矚目的政治爭議也漸漸浮上檯面，針對這些問題所產生的「新運動」也受到越來越多人的支持。這些政治爭議，並不僅止於傳統左派所重視的財富重分配，還包含了生態環境保護、自由主義（個人自由的擴大、女性和性少數者的權利）、多元文化主義（移民與難民、來自異文化背景的人如何共生）、和平主義（軍備裁減）等等。[5][3]

環境政治學者羅索．達爾頓認為，「新運動」存在著和政黨政治相互矛盾的性質。根據達爾頓的說法，「新運動」的象徵指標生態保護運動「和政黨政治不相容，因為政黨政治旨在選舉中獲得最高票，兩者的目的和原則完全不同」。[4]所謂的政黨，最關心的事情就是在選舉中獲得席次，為了增加得票數，必須綜合考量各種政治利害。因此，政黨會傾向於延後處理環境保護或是保障性少數者這類沒有選票的爭議性問題。

達爾頓也指出，「幾乎所有的政黨政治都會遵循寡頭鐵律，在決策過程中採行官僚主義、階層序列的做法」，而「這樣的做法與環保倡議者的規範（及其可能的政治利益）是

4 如柏根特凱所說，後物質主義的價值觀在「左派」之中究竟是否「普遍」，是個爭議的問題。赫伯特．基爾特的實證研究顯示，「新政治」對後物質主義價值觀的支持，能夠促使既有政治的左右光譜進行重組。（Kitschelt 1994, pp. 32-34）

5 即便出現了所謂的「新政治」，也不代表階級問題這樣的「舊政治」重要性降低。不過無論如何，這兩種政治之間存在著相當明顯的差異。檢視「新政治」的標準是對工業化的批判。工業化也許可能減緩國內的貧困問題，但是也會創造公害之類的新問題。這樣的共同認識正是「新政治」的特徵。

衝突的」。[5]在一九六〇～七〇年代之間出現的「新運動」，對政治參與只侷限在選舉的「官僚政治」和「議會政治」採取批判態度，就這個意義而言，「新運動」的原則與代議民主的原則（這樣的制度必然造成代議士和一般民眾之間出現階層關係）是無法相容的。女性主義政治學者希拉蕊・偉恩萊特把「新政治」這種「非制度」性質稱為「反政治」（anti-politics）。她認為，西方的新左運動者「創造了一種新形態的政治」，「『反政治』在儲備自己的能量之際，也正在成為一股政治勢力」。[6]

但是，「反政治」並不意味「新政治」必然和既有的政黨政治完全切割。那麼「新政治」是透過什麼樣的過程讓政黨政治產生變化呢？首先，隨著人們價值觀的變化，「保守 vs. 革新」這種傳統的政治對立圖式被弱化了。之後，站在「新運動」的基礎上，政黨進行重整。[7]以歐洲各國為例，「反政治」顯示出是有可能轉變為「更有選擇性的政治」。[6]以「新政治」的事例中最有名的德國來說，他們的綠黨就是站在「新政治」的原則和運動的基礎上組成的。德國綠黨在一九七〇年代後期，先是從地方議會、接著在歐洲議會擴大席次，到了一九八〇年代初期，又在德國內政上取得重大成功。[8]

政治學者費迪南德・慕勒－羅莫在討論「新政治的政黨」讓既存政黨政治產生變革時，指出「新政治的政黨」有三項特徵：[9]首先，對更進一步的工業化採取批判態度。「新政治的政黨」對過往政治中視為最優先順位的「經濟成長」抱持質疑的看法。慕勒－羅莫指出：

「這些政黨，並不像過往把物質的成長看得那麼重要，反而是要提倡一種更有選擇性的生活方式。」繼續鋪陳他的話，也許可以說是，保守和革新的既存政黨都是以大量消費的生活形態作為前提，為了實現這樣的生活形態而追求工業化；相對的，「新政治的政黨」主張，如果人類再繼續這樣子剝削大自然，地球環境總有一天會毀滅，他們帶著這樣的意識，提倡必須改變這種講求物質富裕和便利性的生活方式，如此才能建立一個永續發展的社會。

「新政治的政黨」第二個特徵，是其特有的組織結構。相對於保守和革新等舊政黨的組織結構採取上意下達式的官僚體制，「新政治的政黨」強力支持「參與」與「分權」。後者在政策決定的過程中，會給予地方黨部相當大的自治權限，以消弭官僚體制所產生的問題。誠如政治學者克勞斯．歐費所說，官僚體制乃是以工業化、也就是數字化的經濟成長作為社會一致的目標，為了有效達成這個目標所採行的組織形態。[10]但是，「新政治的政黨」對「工業化」這個目標本身就抱持懷疑態度，從而由官僚體制所架構的政黨組織也會成為問題，在這樣的情況下，他們遂採用鼓勵成員參與以達成由下而上的合意，這種分權而非集權的組織結構。

6 譯注：日文原文為「オルタナティブな政治」，來自英文的「alternative politics」，「alternative」有「另類」、「替代」、「提供更多選擇」的意思，雖然有些繞口，但為求精準，將譯為「更有選擇性的政治」。

慕勒—羅莫所舉的第三項特徵，是「新政治的投票者」（New Politics voters）的動員。在一九七〇到八〇年代這段期間，「新政治的政黨」主要支持者是以二十到四十歲相對年輕的世代為主。他們大多生活在不同於傳統村落的都市文化之中，也是一九六〇年代高等教育普及以來，擁有高學歷的一群人。這個年輕世代既抱持著後物質主義的價值觀，又對既有的政黨政治採取批判的態度，所以「新政治的政黨」所提出的政策和文化，對他們來說具有相當大的吸引力。

日本「新政治的政黨」之缺席

相對於歐洲的「新政治」，一九七〇年代的日本政黨政治，除了以生活社團「生協」[7]為基礎的政治團體有在地方議會獲得席次之外，基本上沒有什麼太大的變化。一九五五年以來一直執政的自由民主黨，在強力推行工業化的同時，也把從中獲得的利益分配給地方上的支持者。另一方面，日本共產黨與日本社會黨這種左派的傳統革新政黨，則深受蘇聯的國家社會主義影響。也就是說，保守黨的自民黨穩坐政權寶座的同時，革新政黨的社會黨、共產黨、民主社會黨（簡稱民社黨）並沒有任何基於「新政治」的原則而對思想或組織進行改革的行動。此外，接下來我們也會看到，成立「新政治的政黨」這個嘗試也沒有成功。這種戰後日本政治基本的結構，到一九九〇年代初期自民黨一時失去政權為止，並沒有什麼改變。[8]

在關於日本政治的研究中，對於日本的政黨政治為何沒有發生改變一事，有學者指出是因為後物質主義的價值觀並沒有在日本人之間得到普及化。史考特·弗朗甘認為，一九六〇到七〇年代的日本人，並沒有真正擺脫忠誠、服從、對權威的奉獻等日本傳統的價值觀，以致「新政治」論者羅納德·英格爾哈特所倡議的「後資產階級式」價值觀移轉並沒有在日本發生。[11]根據弗朗甘的說法，當時的日本仍然被封建的價值觀所支配，要在日本談「新政治」，還太早。

然而，也有學者反對這樣的說法。根據ＮＨＫ在一九七〇年代對一千五百人所做的年度問卷調查顯示，這個時期的日本人也並非對經濟成長抱持著絕對肯定的態度。根據該調查結果，受測者中有五九％的人對進一步的經濟成長感到擔憂（一九七三年）；另一方面，認為經濟成長帶來的正面效果大於負面效果的人，僅僅只有一八％（一九七四年）。這些受測者還舉出了各種經濟成長帶來的負面影響，例如環境污染、物價上升、人性的喪失等。[12]以上數據顯示，一九七〇年代的日本人對工業化的質疑很普遍，支持後物質主義價

7 關於生活俱樂部生協的政治，可參考Leblanc（1999, Ch. 5）、道場（2004）。

8 即使到了一九九〇年代，日本新黨、新黨先驅、新進黨等新政黨的成員，也多為既有政黨的前黨員，質疑工業化的問題意識相當缺乏。因此，這些新政黨和歐洲出現的綠黨以及其他「新政治的政黨」是有區別的。

值觀的人也越來越多。

關於日本的政黨政治為什麼沒有發生變化，還有一個有力的說明，乃是關注自民黨作為一個「全民政黨」（catch-all party）[9]的角色。研究日本政治的學者指出，自民黨因為要回應包括農民、勞工、企業等利益團體的要求，所以沒辦法在「新政治的政黨」形成中找到自己的立足之處。[13]以上的分析具有一定的說服力。但是，自民黨對於「新運動」所提出的多數問題，尤其是調整工業化政策的重要提案，卻無法加以回應。因為這個問題和自民黨促進工業化的政治原則是相衝突的。

無庸置疑的是，一九七〇年代日本的確存在過形成「新政治」的契機，因為這個時期對工業化所帶來的負面影響感到不滿的人急速增加。前面所提的NHK民意調查中，「對政治感到疏離」的人在一九七四年上升到七八％、對政治「不太滿意」和「不滿意」的比例則超過八成。在同一份調查中，「沒有特定支持的政黨」，也就是無黨無派的選民高達三分之一。[14]在一九七六年的眾議院選舉中，自民黨的得票率為四一．八％，這是一九五五年自民黨成立以來的最低數字（順帶一提，這個數字也是一九九三年自民黨失去政權為止的最低點）。另一方面，社會黨也在一九七六年的選舉中流失相當的選票，得票率降至二〇．七％。[15]

以上民調結果顯示出，既存的保守和革新政黨，都沒有辦法回應人們價值觀的變化。

戰後日本政治的最主要分裂來自兩股勢力，一股是受到農村和財團支持的保守勢力自民黨，另一股是受到工會勞工支持的社會黨。除了在安保問題上的對立之外，雙方在爭的還有「如何分配經濟成長的果實」這個問題。也就是說，兩個政黨都是以工業化作為共同前提。到了一九七〇年代，因為許多日本人對工業化越來越感到懷疑，所謂「一九五五年體制」這個政治結構，便無法像以前一樣地運作。從這點來看，一九七〇年代的日本政黨政治為何沒有出現重組，應該不是因為後物質主義的價值觀尚未形成，而是應該從「新政治的政黨」缺席這個視角來加以討論。

在英格爾哈特關於「新政治」的經典作品《寧靜革命》中，他認為，人們的價值觀變化，並不必然會導致新的政治分裂，以及隨後「新政治的政黨」出現。他指出：「如果政治菁英沒辦法提供真正可行的選項，即使個人是多麼熱衷於自己的價值觀，到頭來也只能感到挫折罷了。」[16]循著這句話繼續推演，就是在說，即使支持後物質主義價值觀的人們不斷增加，但如果沒有把這樣的價值觀轉換成政治語言，在體制內的政治場域中也沒有行為者提出這樣的議題，那麼「新政治」只會一直處於缺席的狀態。在本節所討論的「新政

9 譯注：「catch-all party」在中文政治學教科書有譯為「囊括型政黨」、「全民政黨」或「普涵型政黨」，意指希望廣納所有人民利益的政黨。在此選擇「全民政黨」這個較為白話的譯法。

治政黨」、以及作為基礎的「新運動」，就是這個承擔著「新政治」的行為者。

通往「新政治」的兩條路

歐洲政治的比較研究指出，若要把人們對「新政治」的期待透過政黨政治的方式來實現，大致上有兩條路可走：第一條路是既有的左派政黨重組；另一條路則是組成綠黨那種「新政治的政黨」。第一條路又可以細分為「從傳統左派政黨出走」和「左派小黨結盟」兩種形態。

首先說明「從傳統左派政黨出走」。「新運動」所揭示的「新政治」議題和作風，在傳統的社會主義政黨內部引發爭論。黨內一旦出現了支持「新政治」的黨員和領導者，就會和其他成員意見分歧，結果導致傳統左派政黨內部發生衝突，脫黨的人組織了新的政治團體，致力於把「新政治」的議程帶入議會討論。[17]

例如，丹麥的社會主義人民黨（ＳＦ）就是一九五九～六〇年從丹麥共產黨分裂出來的。分裂的原因是部分成員批判蘇聯鎮壓匈牙利革命，以及丹麥共產黨所採行的民主集中制代表了蘇聯的國家社會主義。此外，到了一九七〇年代，很多婦女運動和反核運動的參與者加入了ＳＦ，使得黨內的決策過程變得更透明、也更開放，結果導致女性在ＳＦ黨內的各委員會占比高達四成。這就是ＳＦ在和「新運動」合作的過程中所產生的組織變化。[18]

其次是「左派小黨結盟」這個形態。一九七〇年代，歐洲各國的左派小黨經常和「新運動」合作，在核電設施發起靜坐的議場外行動。在這件事情上，「新運動」扮演了把不同小黨團結起來的角色。聯合起來的小黨，試圖把「新政治」的議題帶入政治體制內。這種形態可以舉荷蘭政治為例。一九五七年從和平運動中誕生的和平社會黨（PSP）以及一九六八年從天主教人民黨分裂出來的基進黨（PPR），都與蘇聯的國家社會主義保持距離並支持參與式民主，但是兩黨在一九七〇年代以前並沒有合作的機會，直到一起參與了「新運動」所組織的議場外行動：封鎖核電廠和大規模示威遊行。這場運動的參與者對PSP、PPR、荷蘭共產黨（CPN）施壓，要求他們促成「左派小黨的統一」。為此，三個政黨到了一九八〇年代，先是把「新政治」所關注的議題編入共同計畫，包括環境破壞、女性和性少數者的歧視、第三世界的貧困問題等；接著三黨開始在歐洲議會選舉、然後是荷蘭國會選舉中合作；最後在一九八九年九月，加上福音人民黨（EPV）和無黨籍議員，為了在即將到來的國會大選中推派候選人，共同組成了「綠左聯盟」（GroenLinks）。[19]

也有從左派政黨中獨立出來組成「新政治的政黨」，以「新運動」為基礎而創黨的綠黨就是其中一個例子。曾經有綠黨創黨經驗的國家包括：奧地利、比利時、芬蘭、西德、冰島、義大利、盧森堡、瑞典、瑞士、以及澳洲。德國綠黨在一九七九年成立，在一九八三年和一九八四年的選舉中分別獲得八・三%和八・二%的得票率。依據赫斯特・謬斯的研究，德國綠黨具有三項特徵：首先，他們要把「新政治」所提出的問題，尤其是環境保護，拿到議事桌上；第二，作為「社運政黨」，他們要代表反核、女性主義、反文化、同志等新運動的利益；第三，基於參與式民主的原則，他們要在決策過程中預防集權化。[20]於是，德國綠黨就成了聯合不同團體並共享「新政治」議題的平台。

綠黨研究者克里斯・盧特主張，「新政治的政黨」是從反核運動中誕生的。例如，荷蘭國會在一九七三年通過一項法案，金援興建液體金屬冷卻的快中子增殖反應爐。該法案規定所有消費者在用電的時候必須多繳三%的費用，以支援位於西德卡爾卡核電廠的開發事業（這是一項由西德、荷蘭、比利時共同開發的計畫，卡爾卡是核電廠預定地）。於是，環保運動和反核運動就聯合起來反對這個核電廠的興建。從婦女團體和占屋運動[10]來的年輕人（一般被稱為「基礎團體」）也參加了行動，他們還發展出封鎖核電廠這種新形態的行動。左派各政黨也協助這些團體組織抗議行動。反對卡爾卡核電廠是一九七〇～八〇年代荷蘭公民運動的焦點之一。他們的行動是促成左派小黨於一九八〇年代後期組成「綠左聯盟」的重要一步。[21]

另一個例子是一九七〇年代的西德。當西南部巴登—符騰堡邦的威爾一被指定為核電廠預定地，當地的居民就開始了抗議行動。一九七五年二月，當地的抗議者和遠道而來的學生一起占領了建設預定地，導致工程被迫中斷。警察為此出動了噴水車強制驅離，而這樣的畫面被電視播放出來，在媒體上引起對這個爭議的關注。佛萊堡行政法院判決工程必須暫緩，核電廠興建計畫受挫。西德的新左運動團體受到這次行動的鼓舞，不僅加入反核運動，甚至還在地方議會選舉中聯合提名「綠色名單」的候選人。[22]就這樣，地方上抗議核電廠的行動和生活在都市裡的運動者連結在一起，並且讓核能成為全國性的政治議題，在這件事情上，新左運動扮演了相當重要的角色。

為何「新政治的政黨」會從反核運動中誕生呢？根據盧特的說法，相較於發生得更早、由環保團體所主導的自然保護運動，反核運動並沒有那麼制度化。當反核運動要在地方上反對建設新核電廠時，行動都是緊急的，動員都是短期、集中的。盧特指出：「由於反核運動常被視為單一議題的運動，因此往往可以組織一個包括左派小黨在內、由既存的各種團體所組成的廣大網絡。」[23]比起環保運動累積已久的束縛，反核運動就自由多了，只關注單一的問題，而且因為短期行動很多，對各種社運團體和政治組織而言，參與行動的門

10 譯注：「占屋運動」是一九七〇年代從荷蘭開始、而後擴散到世界各國的占領空屋行動，英文稱為「squatting」，占領的人則是「squatter」，中文有人譯為「嬉過客」。這項行動是希望透過占領空屋來點出都市邊緣的問題，例如居住正義、自由市場、資本主義等。荷蘭至今還保有千名以上的占屋者和他們生活的空屋所改造成的藝文空間。

檻也較低。於是，反核運動在結合了各種「新運動」之後，進而朝向「新政治的政黨」發展。

研究法國「新政治」的畑山敏夫指出，「新政治」的形成有兩個步驟。首先是後物質主義的價值觀在人們之間擴散，使得強調該價值觀的「新運動」應運而生；第二個步驟則是，以這個網絡為基礎的「新政治的政黨」提出全盤的社會改革方案，取代了體制內既有政治勢力的對案。[24]回到前面討論的反核問題，第一個步驟就是，由都市和地方的各個團體所組成的全國網絡。但是，單一議題的倡議，並沒有辦法在選舉的時候說服選民，以致得到廣大的支持。於是，「新政治的政黨」就把反核運動和生態環境保護、自由至上主義（libertarianism）、多元文化主義、和平主義、甚至是財富重分配等議題結合起來。一旦提出了全盤的政策方針，「新政治的政黨」才有機會擴大選民的支持。這就是第二個步驟。

接下來我們將考察，為什麼一九七〇年代的日本沒有出現「新政治」。首先我要在第二節討論既存的左派政黨（尤其是社會黨）重組的可能性。

二、無法成為「新政治的政黨」的社會黨

社會民主連合——「新政治的政黨」出現了？

一九七七年四月，夏天的參議院選舉前夕，「社會市民連合」（簡稱社市連）成立。社

市連所批判的對象，不只有過往的保守政黨自民黨，也批判當時的革新政黨，尤其是社會黨內擁有強大影響力的次團體「社會主義協會派」，說他們的政治風格是官僚主義。社市連同時發表宣言要改革革新勢力。一九七八年三月二十六日，社市連將黨名更改為「社會民主連合」（簡稱社民連）。創黨宣言指出「工業社會不僅讓人們越來越疏離，同時也破壞生態」；宣言還主張建立一個「人們的權利和生活都能受到保障，而自由、公正、團結這三大價值可以被實現的共同社會」。[25]宣言也反對把經濟成長視為唯一優先，提倡健全的社會福利制度、地方分權、創造「去工業化社會」，主張「自由派社會主義」與「新公民運動」要攜手合作。可以說，這份宣言揭示了，社民連要成立一個「新政治的政黨」，而這個新政黨是由日本各地勃發的「新運動」所支持的。

但是實際上，社市連卻難以獲得環境運動與婦女運動的支持。一九七七年的參議院選舉是這個黨的第一次考驗，雖然提名了全共鬥運動出身的秋田明大和生協運動出身的岩根志津子擔任候選人，作為公民運動和社市連攜手合作的象徵，但最後都落得脫黨參選的下場。[26]此外，號稱公民運動出身的菅直人，也因為無法說服所屬團體「參與式民主的市民之會」他為什麼要加入社市連參選，最後只得退出該團體。[11]社市連雖然想以「新的公民

11『每日新聞』一九七七年六月一〇日、二三面。

運動」為基礎來組成「新政治的政黨」，但顯然在組黨之初就面臨了阻礙。

另一方面，社市連在媒體上的形象，與其說是一個「新政治的政黨」，更像是一個在意識形態上比社會黨和共產黨來得「右」的「反共中道勢力」。[12]社會黨政治家江田三郎，在黨內本來就與主流的馬列主義路線保持距離，再加上他在籌組社市連之前就開始參與「思考新日本之會」，更是強化了前述對社市連的看法。一九六〇年代後期，以製造業為中心的全國工會網絡「全日本金屬產業工會協議會」（簡稱IMF・JC），連同其他的民間工會，和公部門中以對決式行動為手段的工會畫清界線，改採所謂「勞資協商路線」。IMF・JC希望有個政黨勢力能夠幫他們實現有關物價、稅制、社會福利等要求的經濟政策。[27]於是在一九七六年七月，社會黨的江田、公明黨的矢野絢也、民社黨的佐佐木良作等幾位在野黨的實力派政治家，共同組成了「思考新日本之會」。[13]如此看來，社市連的主要創黨元老江田，與其說是和「新運動」相互提攜，不如說他是站在一個政治領袖之間進行交涉的施力點上，而他們的共同目標是建立一個可以取代自民黨的聯合政權。

事實上，江田和社會黨早在社市連成立之前，就已經錯過了改革左派政黨的思想和組織構造的機會了。這個機會出現在一九七〇年春天發生的「反戰清黨事件」——社會黨中央執行委員會開除了七名中央本部書記局的反戰委員會成員。[14]

新左運動一員的反戰青年委員會

第一章提過，社會黨在支持戰後民主運動的革新勢力中扮演核心角色。戰後革新勢力動員了許多害怕被捲入戰爭、以致威脅自身生活的人們，去參與反對軍事基地、警職法、安保條約的抗議行動，而「總評」轄下的工會則主導了這些抗議行動。這些工會在選舉的時候，給予社會黨強力支持，把保障自己的生活這樣的願望託付給社會黨。因此，一九五〇年代的社會黨可以說廣受草根民主運動團體的支持。

但一九六〇年代的經濟成長改變了日本社會。「戰爭威脅了人們的生活」這種訴求已經失去了現實感。此外，第一、二章也說過，新左運動對戰後革新勢力在一九六五年越戰爆發時沒有全力反對越戰一事，感到相當不滿。所以，青年勞工們就在一九六五年八月三

12 高畠通敏「『保守新時代』と棄権票」『現代日本の政治72－77』三一書房、一九七八年、二九五～九七頁。（初版為『信濃每日新聞』一九七七年四月四日号）

13 高岡進「新しい日本を考える会」の內幕」『現代の眼』一九七六年九月号。「思考新日本之會」是一個超越黨派的政治團體，由東海大學校長松前重義擔任會長，加上江田等三位政治家，於一九七六年七月成立，目標是希望能夠取代長期單一的保守政權。

14 譯注：日文原文為「反戦パージ」，「パージ」音譯自英文的「purge」，在中文指的是肅清、清洗、清黨之意。在此為凸顯該事件係發生在特定政黨內，故譯為「反戰清黨」事件。

十日組成了「反戰委」。在成立大會上，以社會黨青年局、總評青年對策部、日本社會主義青年同盟（簡稱社青同）為中心，號召了所有反對國會批准日韓基本條約、以及反對越戰的青年團體。[28]

第三章也討論過，在高度經濟成長期，因為疏離感而痛苦的勞工急速增加。工廠和辦公室引進了最新的機械和現代化的組織形態，勞動的過程被切割成一個個小部分，勞工的工作就是去負責其中單調的一小部分。熟練的勞工被不熟練的勞工所取代，讓這些熟練的勞工對這種單調無聊的工作以及嚴格的勞務管理感到相當失望。他們的不滿也包括針對工會。在第二章第一節我曾指出，經濟成長時期的總評，關注的焦點是與資方談判工資問題，而當時的青年勞工則認為，工會根本就無法反映自身利益之外的議題，因此他們對工會也感到非常疏離。

面對上述所說的，高度成長期的勞動條件以及工會狀況的變化，反戰委認為「日本從被害者變成了加害者」。[29]意思是，他們自覺到，變成「大國」的日本對亞洲其他人擁有巨大的經濟與軍事影響力。雖然反戰委把抗議越戰和日韓條約的行動視為核心議題，但他們也認為這兩個問題象徵了日本和亞洲之間的不公平關係。反戰委的青年勞工們批判日本勞工「去政治化的意識」，說他們只追求自己的經濟利益，對越戰和日韓條約這種政治問題毫不關心。[30]反戰委可以說是新左運動一員，乃是因為他們也把物質富裕的社會所產生的

「日常性」當作問題來看。

反戰委相當強調「自立」這件事，這也和批判「日常性」有關。青年勞工所批判的「日常性」直指工會運動本身，因為大型的工會經常性地會支付走路工給來參加示威的勞工，讓這些勞工在示威遊行中喊著平淡的口號、一點幹勁也沒有地散漫走著。反戰委批判這種工會所舉辦的反越戰行動，就像是「被決定好的每日例行公事」。[31]但要突破這種「日常性」，就必須拿出自己的意志，採取自己的行動不可。如此一來，就算無法從工會拿到報酬，他們也要按照自己的意志去參與行動。

就像其他新左運動一樣，反戰委的行事風格獲得以青年為主的廣大支持。一九六八年三月，運動者在「第七次反戰青年委員會全國代表會議」中，呼籲要把反戰運動從街頭擴及到職場。從那之後，在「把反戰帶到職場」的口號帶領下，展開了「野貓罷工」[15]和「占領職場」等對決式的直接行動。參與「職場反戰」的業種，從一開始以媒體業（電視、報紙、出版、電影、戲劇、廣告、印刷）勞工為中心，到後來逐步加入了郵局和鐵路勞工。從區域分布來看，一開始是東京和長崎，不久就擴展到北海道、山形、宮城、埼玉、千葉、群

15 譯注：日文原文為「山猫スト」，是英文「Wildcat Strike」的直譯，指沒有經過工會中央批准，部分工會成員自主進行的罷工。

馬、大阪、京都、鹿兒島等地。[16]其中最具象徵意義的，就是在第二章提到的「新宿阻止美軍油料列車鬥爭」。此一事件的脈絡是，日本政府在美國的要求下，命令國鐵（國家鐵路的簡稱）運送美國的軍事物資，而反戰委的鐵路勞工拒絕運送這些用來殺害越南人的武器，於是以阻止油料車運送的行動來表達反戰意志。

反戰青年委員會的開除事件

即使同樣屬於新左運動，反戰委跟全共鬥、越平連不同之處在於，他們和戰後革新勢力比較親近，例如，社會黨青年團體「社青同」就參與了反戰委。也就是，對反戰委來說，存在著從內部改變傳統左派政黨的可能性。然而，社會黨內對反戰委的評價卻相當兩極化。一九六八年一月的黨大會上，來自大阪、山口、福島等地區的代表，對反戰委的活動有極高的評價，但是社青同、合成化學產業勞動組合連合、愛媛縣的代表卻大力批判反戰委。結果，成田知巳委員長以及江田三郎書記長等黨高層決定不與反戰委切割，而是在中央和縣的層次上把反戰委定位成「團體共鬥組織」；在地方和職場的層次上採取個人加入的形式；同時致力於讓反戰委參與社會黨和總評所主導的反安保實行委員會。[32]

社會黨這種對待反戰委的態度顯得曖昧不清。他們之所以不跟反戰委切割，是因為他們無法忽視新左運動的思想和行動模式在青年之間相當受歡迎的事實。[17]成田委員長也指出，回顧一九六三年的大選結果，就會發現黨有體質上的缺陷，那就是並沒有任何工會以外的黨員，以致黨組織的基礎相當脆弱。甚至社會黨的機關誌《月刊社會黨》還在一九六九年八月刊出〈黨的建設與青年戰線〉一文，內容就是在熱烈討論反戰委如何尊重個人的主體性，以及如何批判這樣的主體性「被日常性所埋沒」。成田本人對反戰委也是頗有好評，因為這些青年「有著最敏銳的時代感」、「用幾乎是粗魯的直率態度在面對現代社會的問題」、「為了追求天明而努力突破暗夜，把問題的所在攤在我們的面前」。[18]成田強調，對社會黨來說，重要的課題是該如何涉入「現在的勞工青年運動」。他更進一步指出，反戰委的青年勞工對革新政黨和工會內部的政策決定過程感到疏離，所以黨和工會應該要採取步驟來解決這個問題。

然而，在選舉時作為社會黨主要支持基礎的總評，對反戰委卻顯現出跟社會黨不同的立場，自一九六八年十月的國際反戰日以來，更是對反戰委採取拒絕態度。前面也有提到，反戰委嚴厲批判總評只關心自己的經濟利益；而且他們在街頭行動時也不聽從總評的

16 警察庁『焦点　過激化する反戦青年委グループ——職場と地域に広がる暴力』一九六九年六月三〇日、二頁。

17 例如，上田哲「『若い世論』を育てよう——反体制世論づくりのために」『月刊社会党』一九六八年八月号、一三頁。

18 成田知巳「党建設と青年戦線」『月刊社会党』一九六九年八月号、一三頁。

指示，自行展開對決式的直接行動，這令總評的領導層相當反感。因此，總評禁止自己的成員參加任何跟反戰委有關的示威遊行，甚至反戰委的運動者遭到逮捕，也不採取任何救援行動。[33]一九六九年六月十九日，總評對他們在選舉時所支持的社會黨提交「質問書」，逼迫社會黨和反戰委決裂，但社會黨並沒有受理。黨執行部發表聲明表示「反戰委是『共鬥組織』」，並主張「反戰青年委的強化」和「以青年黨員為主軸的黨本身的強化」是「一體兩面的課題」。[19]就這樣，在一九六九年的上半年，社會黨一面對反戰委保持警戒，一方面也在摸索彼此之間的合作關係。[34]

一九六九年十一月十五日，佐藤榮作首相為了強化支援美軍的對越戰爭，準備前往美國訪問。反戰委為了抗議這個訪美計畫，在羽田機場組織了示威行動。總評幹部對青年勞工的直接行動感到相當不爽，要求社會黨中止行動。面對這樣的要求，社會黨中央執行委員會對反戰委提出「為了贏得總選舉」的中止命令。結果社會黨在一九六九年的眾議院選舉中慘敗，從原本的一百四十一席驟降到只剩九十席。根據主流媒體報導，社會黨慘敗的原因是民主黨和公明黨這些小黨搶走了他們原本的支持者。甚至，選舉隔天的《朝日新聞》還指出，是因為黨內的官僚主義和派系鬥爭才失去了年輕人的支持。[20]這時由於黨的領導層影響力減弱，他們很難拒絕總評提出開除反戰委的要求。經過內部討論，一九七〇年二月五～六日的擴大中央委員會決定開除書記局的反戰委成員，這就是「反戰清黨事件」。

表面上的理由是黨需要減少人事費的支出，以改善赤字的狀況，然而所有被開除的人通通都是反戰委的核心運動者，從這點就可以看出，這個開除事件意味著把社會黨中的反戰委勢力給清除掉。

反戰委開除事件之後，在一九七〇年四月二十～二十二日的社會黨年度大會上又發生重大混亂，因為黨中央決議將十三名反戰委的核心成員除名。於是，大約有一百八十名反戰委青年勞工，聚集在舉行大會的九段會館外抗議，為此黨中央還必須尋求警方協助以維持會場秩序。[21]關於如此決議下所制定的運動方針，社會黨表示，反戰委是「自發的青年共鬥」（組織），黨並沒有權力對他們進行單向的「教育」或「強化」。這番宣言間接地表示社會黨從此要跟反戰委保持距離。[22]

這段期間，在全國各職場和社會黨各縣黨部任職的反戰委運動者紛紛遭到開除。[23]在那之後，作為黨青年組織的「社青同」，就成了效忠於蘇聯式國家社會主義模式的「社會

19 党中央執行委員会「反戦青年委員会に対するわが党の態度」『月刊社会党』一九六九年八月号、五六頁。
20『朝日新聞』一九六九年一二月二八日夕刊、七面。
21『毎日新聞』一九七〇年四月二〇日、一面。
22「一九七〇年度運動方針」『月刊社会党』一九七〇年六月号、二七頁。
23 高見圭司「『反戦パージ』と社会党の没落」『現代の眼』一九七〇年五月号、一六二頁。

主義協會派」一員，從而掌握了黨內霸權。而社會黨就這樣與新左運動，尤其是與青年勞工，斷絕關係。

被「新運動」孤立的社會黨

一九五〇年代，戰後革新勢力（尤其是社會黨和總評）以社會上反戰的大眾情緒為基礎，獲得了廣大的支持，[35]這也是社會黨雖然沒有強大的黨組織，但選舉時還有辦法與自民黨抗衡的原因——因為他們和群眾運動結合在一起。然而反戰委的開除事件意味著，社會黨放棄了一九六〇年代後期新左運動廣受青年支持的問題意識和行事風格。因此，到了一九七〇年代的社會黨，與除了歸屬於總評的工會之外的其他群眾運動幾乎沒有維繫任何關係，而感到相當苦惱。[24]

我們不能過度誇大反戰委的青年勞工對社會黨和總評的影響力，但是我們可以確定的是，一九六〇年代後期的反戰委扮演了把社會黨這樣的傳統左派政黨和「新運動」連結在一起的角色。[25]「反戰委」在勞工運動所扮演的角色，相當於「越平連」之於反戰運動、或是「全共鬥」之於學生運動，因此一九七〇年社會黨開除反戰委的事件，象徵了社會黨和新左運動之間的決裂。幾年後，江田與他的同志也離開了社會黨，組織了「社市連」，以成為一個「新政治的政黨」為目標。然而，社會黨早就和「新運動」切斷關係了，再加上江田就是反戰委開除事件時的黨中央，在「新運動」對革新政黨感到失望的情況下，社市連和江田幾乎從一開始就不可能獲得「新運動」的普遍支持。

為什麼社會黨在一九七〇年代會失去大眾的支持呢？這是日本政治中一個有爭議的主題。比較有說服力的解釋是，社會黨長期的選舉失利，是因為太過堅持所謂的「蘇聯式國家社會主義模式」。[36]果真如此，那麼社會黨提出「有選擇性的」路線又是什麼意思呢？根據「新政治」理論的比較研究指出，傳統的革新政黨確實存在著和「新運動」合作、以改變黨的思想和擴大支持基礎的傾向。總而言之，社會黨是有機會透過採用「新運動」的原則，把支持基礎擴大到抱持後物質主義價值觀的都市群眾。但是，社會黨和江田在一九七〇年代選擇開除反戰委，就讓這樣的可能性消失了。

結果，社民連也沒辦法脫離傳統革新派的文化。一九八〇年代，菅直人還是社民連國會議員的時候，曾表達過這樣的不滿：

24 深田肇「党内保守主義と闘う」『世界』一九七七年五月号、一二九頁。

25 根據警察廳的資料顯示，在一九六九年這個階段，反戰委的四百八十九個組織中，約有二百二十五個屬於社會黨系。以人數來說，約有九千七百人屬於親社會黨的派系、同時也是熱衷反戰的勞動者。警察庁『焦点　過激化する反戦青年委グループ——職場と地域に広がる暴力』一九六九年六月三〇日、七頁。

所以，我參加了江田三郎先生脫離社會黨後所組織的「社市連」，也就是現在的「社民連」。對我來說，最困難的事情不是路線或政策的差異，而是運動風格的差異，或者說文化上的差異。雖然這麼說有點家醜外揚，但，我們會在社民連本部放無公害肥皂來取代原本的合成洗碗精。可是他們不久之後又繼續用回合成洗碗精。就這樣過了三年，我們一直在反覆做這件事，但什麼都沒有改變。改變生活方式到底有多困難呢？我深刻地體認到，要改變洗碗精有多困難，相形之下，改變口號和路線可能還比較簡單。26

菅直人在這段話中提到，政黨政治家和「新運動」的運動者之間在思考方式上的差異。政治家的工作是去改變體制政治，至於日常生活的變革則是次要的問題。然而「新運動」把重點放在日常生活的變革上，所以對他們而言，到底要使用會污染水資源的合成清潔劑、還是無公害肥皂這件事情，並非什麼瑣碎的問題。菅的發言所顯示的是，社民連並沒有真的把「日常性的自我變革」此一新左運動原則當一回事。所以，即使社民連的目標是成為「社會運動政黨」，他們仍然沒有成功地彌補體制政治與「新運動」之間的鴻溝。

菅直人在一九八九年還是社民連國會議員的時候指出，根據自民黨和社會黨的眾議員年齡結構調查發現，社會黨比自民黨更有高齡化的趨勢。他指出，社會黨並沒有好好地召募那些在一九六〇年代新左運動中扮演核心角色的「全共鬥世代」來擔任代議士。自民黨四十歲以下的眾議員有六十六人（佔全部自民黨眾議院議員人數的二一・一％），而社會黨卻僅有五人（占比為五・六％）。[27]這個數字可以證明社會黨在吸收新左運動思想和風格一事上是失敗的。

到了一九七〇年代初期，要從革新政治勢力中誕生「新政治的政黨」，已經變得越來越不可能。社會黨沒有辦法獲得對工業化感到不滿的都市中產階級的支持。根據推測，這些無黨無派的選票或者流失到公明黨[28]和民社黨等中間政黨，或者是變成了廢票。如同前一節引用的英格爾哈特所言，抱持後物質主義價值觀的選民人數增加，對新左運動來說是

26 菅直人・藤本敏夫「日常性の変革からの出発」『現代の眼』一九八一年四月号、三九頁。
27 菅直人「政治の硬直化と全共闘世代」『現代の理論』一九八九年五月号、三九頁。
28 思考一九七〇年代日本「新政治」的缺席時，必須注意到公明黨所扮演的角色。一九七〇年代的公明黨，面對新左運動所重視的「人該如何克服疏離感」的問題，提出了「人性社會主義」這個口號，主張「人性社會主義」可以使人保有自由與發揮能力的空間。（堀 1973, pp. 101-04）此外，公明黨也批評大企業壟斷財富，並提出救濟弱勢與社會福利的具體政策。（飯塚編 1974, p. 167）然而，公明黨並不認同「新運動」在批判工業化時否定「擴大經濟整體的生產力」，該黨反而積極肯定經濟發展作為國民生活品質提昇的前提。（堀 1973, pp. 113-14）在這一點上可以說，公明黨是把新左運動的核心關懷，用自己的方式進行排列組合，試圖獲得對工業社會的價值觀抱持懷疑的人民對他們的支持。

一個機會。如果傳統的革新政黨不改變過往的戰略，不設法獲得都市中產階級的支持，那麼這個機會就無法被實現。而當時的社會黨，並沒有把握住這個能夠擴大支持基礎的機會。

接下來的第三節和第四節，我們將以一九七〇年代的「婦女運動」和「住民運動」為焦點，討論「新政治的政黨」為什麼沒有從這兩個運動中誕生。前者在新左運動大多數的組織解散後，以批判的態度繼承了「日常性的自我變革」這個思想；後者則是雖然沒有受到這個思想的影響，但正如歐洲的反核運動所顯示的，「住民運動」對新左運動而言是一個促進「新政治」發展的重要夥伴。一九七〇年代的日本，發生了「洛克希德事件」此一重大政治醜聞，導致許多人對自民黨和其他既存政黨都無法信任。這意味著在一九七〇年代的日本政治，曾經出現「新政治」坐大的機會。然而，站在「新運動」的基礎之上誕生出擁有廣大政治同盟的「新政治的政黨」，這樣的情節並沒有實現，所以政黨政治也就沒有出現重大變化。

三、女性的選舉運動

洛克希德事件所擴大的政治機會

一九七六年二月，由美國參議院外交委員會跨國企業小組委員會舉行的公聽會中，一椿惡名昭彰的政治醜聞被揭發：美國的大型軍火商洛克希德公司，透過日本著名的右翼政治家兒玉譽士夫以及日本商社「丸紅」，向前首相田中角榮等自民黨大老和財界人士提供巨額的違法政治獻金，希望能夠讓日本自衛隊購買洛克希德公司所製造的飛機。民眾對於許多政界財界大老涉及貪污一事感到震驚，也對那些想要隱瞞醜聞的高層政治人物普遍感到不滿。一九七六年二月十日，「追究洛克希德問題的市民之會」成立；二月二十九日，「日本婦女選民同盟」、「日韓團結聯絡會議」、「日本消費者聯盟」在東京坂本町公園舉行了「對洛克希德瀆職事件感到憤怒的市民大遊行」。[37]

到了三月，與此事相關的公民運動越來越活躍。在兒玉譽士夫宅邸、丸紅公司本部、國會議事堂周圍，都有連續好幾天的示威遊行。[29]運動團體「洛克希德問題的公民併桌會議」從三月二十七日開始發行《週刊花生》，刊載一般媒體上沒有報導的洛克希德事件真相。在工作忙碌之餘抽出時間，分工完成報導撰寫、編輯、銷售和行政事務的三十人，都是曾經參與全共鬥和越平連運動的年輕人，平均年齡是二十七歲。[30]儘管沒有銷售通路，銷售狀況卻非常好。這些年輕人在高田馬場車站站著販售，平均一人一小時可以賣出一百

29『朝日新聞』一九七六年三月二七日、二三面。
30『每日新聞』一九七六年四月一二日、三面。

份，甚至還出現讀者排隊購買的情形。[31]

進入夏天，抗議洛克希德事件的行動並沒有衰退。以評論家吉武千子為代表的「洛克希德意見廣告運動之會」，在全國性的報紙上刊登廣告表達對洛克希德事件的憤怒。這個團體獲得了評論家塩田丸男、漫畫家赤塚不二夫、作家小田實、藝人中山千夏等六十位名人的公開支持，成功地吸引了輿論的注意。[32]

一九七六年八月，以積極抗議洛克希德事件的公民運動團體為中心，成立了「對洛克希德瀆職事件感到憤怒的市民團結擊潰自民黨」實行委員會。這個實行委員會的目標是年底的眾議院選舉，希望能夠形成反自民黨的「人民大聯合」。但是，名稱上說是「連合」，事實上除了不投給自民黨候選人以外，這個團體並沒有把數個不同的提案加以整合。[33]實行委員會雖然在反對自民黨政治這件事情上有共識，但最後還是沒有準備好一起進行選舉運動。

一九七六年十二月五日舉行的眾議院選舉，自民黨的席次減少了十六席。同時保守派新黨「新自由俱樂部」的席次則大為躍進。由批判洛克希德事件的自民黨政治家所組成的新自由俱樂部，一共推出了二十五名候選人，當選席次從五席增加到十七席。[34] [38]

歐洲綠黨的相關研究指出，選舉制度是促進或妨礙小黨參與議會政治的重要因素。例如一九八〇年時的英國，和其他歐洲國家相比，國民更有環保意識，卻因為「單一選區」的「單記不可讓渡投票制」[35]中，除了優勢的候選人之外，其他人很難當選；[39]至於當時日本眾議院的選舉制度，則是從數位候選人中圈選一人（不可讓渡）、每個選區應選三到五人的「複數選區制」。[36]另外，對「新政治的政黨」這類小黨有利的選舉制度是「比例代表制」，[37][40]因為比例代表制的「死票」較少，席次也會依照得票數來分配。日本要到一九八三年的參議院選舉才開始採行「比例代表制」，所以一九七六年新自由俱樂部的

31『週刊ピーナツ』一九七六年五月二二日、二面。

32『毎日新聞』一九七六年七月三日、二三面。

33『週刊ピーナツ』一九七六年九月四日、二面。

34 這次的眾院選舉施行了「選舉活動個人傳單」政策，容許各個候選人可以把個人傳單夾報或是在演說會中發放。比起政見發表和選舉公報，個人傳單更能夠自由地創造個人形象以吸引選民。傳單上的文字可能是候選人本人或是競選總部的工作人員所撰，雖然還在初始階段，但這場選舉可謂今日「公關選舉」（PR選挙）的先驅。（沖野・河野編 1977, pp. 207-09）

35 譯注：「單一選區」指一個選區一次只選出一名候選人的選舉制度，日文為「小選挙区」；「單記不可讓渡投票制」（Single-nontransferable vote, SNTV）指選民一次圈選單一候選人，且選票不可讓渡給其他人的選舉制度。由於這種選舉制度會讓贏者全拿（winner-take-all，只有拿到最高票的人才能當選，其他人都沒有機會），所以常常會排擠到小黨的參選人。

36 譯注：日文原文為「中選挙区制」。

37 譯注：比例代表制是當選席次會依據各黨的得票比例分配，因此選民所投的票比較能夠反映在實際當選的席次上，這就是作者在下文說「死票比較少」的原因，在台灣我們會說「比較不會浪費選票」。

成功，說明了當時的選舉制度仍然有小黨生存的空間。相較於新的保守黨新自由俱樂部能夠團結保守政治勢力內部的反自民黨選票，新的革新政黨卻沒有在一九七六年的眾議院選舉中出現。

「女人的票投給女人」

新自由俱樂部在一九七六年的眾院選舉中成功增加席次後，社市連以及由演藝界和藝文界人士共組的「革新自由連合」（簡稱革自連）[38]等新政黨，準備投入一九七七年的參議院選舉。參議院的選區分為全國選區與地方選區，相較於自民黨占優勢的地方選區，全國選區對小黨來說更有可能獲得席次。

因為人們對洛克希德事件記憶猶新，因此新的政黨在一九七七年七月的選舉活動中獲得了尤其是年輕世代的支持。新政黨候選人的街頭演說不僅聚集了大量民眾，也有許多年輕的志工，並且陸續募到資金。[39]在這次的選舉中，一些婦女解放運動的團體也合組了「想要改變政治的女人之會」。此外，「在國際婦女年發起行動的女人之會」、「女性情慾」、「女性期刊」、「女人的叛逆」、「廣場」、「婦女解放運動新宿中心」、「團體之火」等婦女運動團體的相關人士也參加了選舉運動。事實上一開始對洛克希德事件發起行動的，就是「日本婦女選民同盟」。其他還有「婦女民主俱樂部」、「日本消費者聯盟」等女性成員比例較高的團體，在洛克希德事件的抗議行動中相當活躍。正如上述所顯示，對洛克希德事件特別有感受並採取行動的人，正是女性。

「想要改變政治的女人之會」以「女人的票投給女人」為口號，公開支持三位候選人，分別是「在國際婦女年發起行動的女人之會」創立者吉武輝子（全國選區、無黨籍）、俵萌子（東京地方選區、革自連）、田中壽美子（全國選區、社會黨）。

三位候選人主張，自民黨只關心經濟發展，對經濟發展所產生的負面影響，尤其是對女性這種社會弱勢的影響，則視而不見。在選舉活動的海報中，吉武候選人這樣說道：

> 停止吧！這種把爛攤子留給別人的政治——自民黨握有政權的這三十多年間，我們一點一點地卻又大規模地被奪走了生活。生活，對有生命的人類而言是最珍貴的場

38 雖然革自連的政策規畫團隊中，「環境污染」部請到了宇井純、「教育」部門也請到了家永三郎來當委員長，甚至推派了公民運動出身的候選人，但還是失敗了。就結果論而言，此行動讓該團體的華麗名單（名人包括大島渚、永六輔、五木寛之、野坂昭如、青島幸男等等）更為人所知。（菅・ばば 1979, pp. 52-61; ばば・加東 1980, pp. 182-84）

39 北岡和義「市民派選挙の『泡立ち』は潮流になりうるか」『朝日ジャーナル』一九七七年七月八日号、九～一二頁。

> 所，被奪走生活，就是在踐踏人類生命的意思。而證據是，養活人類生命的天空、水、甚至連食物，現在都成為破壞生命的異物，而為此付出代價的卻是最弱勢的老弱婦孺。比起生命，生產和便利更重要——自民黨這種毫無理念的政治，說它是一種把爛攤子留給別人的政治也只是剛好不是嗎。只要做了就好、蓋了橋和建築物就好，這種想法完全沒有考慮到蓋了以後到底會對一個個的個人產生什麼樣的影響。也就是說，現在的政治之所以能成立，是因為代價是由弱勢的人來支付啊。[40]

這段話明確地批判了以高度經濟成長的形式所實現的日本工業化。只是重視GNP數字的經濟成長，就會輕忽人們的「生活」。所謂的「生活」，包含了生養孩子、照護生病的人和長者，這些和生命的再創造有關的事情。但是，工業化卻破壞了天空、水、食物等等支撐「生活」的資源，而付出這些代價的不是別人，正是社會上的弱勢。這種工業化政策的做法，就是一種「把爛攤子留給別人的政治」。我們從這篇由女性角度書寫的文章中，就可以理解「新政治」理念的基本要素了。

一九七七年一月二十八日，「想要改變政治的女人之會」在東京的山手教會舉辦名為「說吧，女人——女人改變了政治就能改變」的集會。在這場集會中，聚集了來自全國各地的六百位女性。由於集會獲得超出預期的成功，「想要改變政治的女人之會」便繼續規畫下一次的集會活動。透過一次次的活動舉辦，參與的志工也越來越多，他們在集會場合和街頭發送傳單，上面寫著〈現在就要把女人的代表送進國會〉一文。六月十八日在東京，有大約六百位女性，從十多歲到六十多歲都有，參與了「新・女人的時代　大演說會」。[41]此外，支持女性參選的運動，透過各地的婦女解放運動團體，擴散到日本全國的主要都市。例如六月四日在名古屋，就有大約三百人參加了「女性・政治大討論會」；京都也在七月五日舉辦了三次集會，集會的名稱是「思考女性與政治」；大阪則是在二十五日舉辦了「對女人而言，什麼是選舉、什麼是政治？」的活動；廣島也舉辦了類似的活動。

參與選舉政治的猶豫

一九七七年七月的參院選舉，三名女性候選人中最後當選的只有田中，獲得了大約六十五萬票。儘管沒有政黨支持、只有志工的支援，吉武還是獲得了二十六萬、俵也獲得了三十二萬以上的選票。這是許多全國女性共同努力參與運動的成果。然而，儘管獲得了一定的成果，在選舉前後，許多婦女運動的參與者對於參與選舉活動仍然抱持複雜的心情。

40 一九七七年選舉宣傳活動的海報。吉武輝子「やめさせよう　後始末のできない政治」（溝口他編 1992-1995）。

41「わたしたちは、今動き出した……」『女・エロス』一九七八年三月号、一〇二～一〇八頁。

和婦女運動有很深關係的《廣場》雜誌，在選後舉辦了座談會。透過討論「想要改變政治的女人之會」的活動，與會者確認了婦女運動的浪潮已經拓展到全國。但是，其中一名與會者舟本惠美指出現在的問題是，「在體制內反叛」和「在體制外奮鬥」的做法存在著「相當大的鴻溝」。她明白指出她自己會選擇後者：

有越來越多人在公司組織團體、或是說「我是婦女運動者」。如果這樣的人越來越多，那就不只是跟女性有關的問題而已，還會牽涉到薪水以及歧視等問題了。這樣繼續做下去，我們就會了解女人在資本主義社會怎樣也無法得到解放的。所以，從婦女運動的視角來看，越接近無政府狀態越好。也就是一個沒有權力關係的社會，其基本前提是女人之間沒有權力關係。「想要改變政治的女人之會」雖然會說「把政治帶入日常、把日常帶入政治」，這種說法當作口號是可以，但事實上，如果要把政治變成日常，不就需要許多「非日常」的戰鬥嗎？從事婦女運動的我們，不是應該要更具體去思考，自己想要的理想國家和未來是什麼樣子嗎？[42]

從平衡既有權力關係的戰略觀點來看，舟本並沒有一定要選擇「非日常的戰鬥」。她這段話是從婦女運動的基本原則出發所做出的判斷。婦女運動思想中的「無政府」性格和

「體制外奮鬥」的方法是一致的。這樣的判斷，是建立在婦女運動要「從所有權力關係中解放出來」的原則。根據舟本的說法，婦女運動的目的，並不是在官僚體制和議會政治這種場域獲得權力，而是在日常生活中改變男性對女性的支配關係。

其他工業社會也和日本一樣，在一九六〇年代後期出現的第二波女性主義運動，是把重點放在改變男女之間的權力關係。女性主義者主張，國家是日常生活中家父長制權力結構的起源。女性被公然地排除在政治體制之外，所以國家是男性利益而不是女性利益的具體化。在這樣的背景下，第二波女性主義隱含著「女性拒絕參與正式的政治體制」這種傾向。薇樂莉・布萊森指出，第二波女性主義「把權力競逐這樣的想法視為男性的價值觀並拒絕之，從而放棄過往的政治體制」、「避免組織內部的階序差異，認為既有的組織制度不過就是男性自我中心者的遊戲而已，與其去加入，不如主張政治的分離主義（separatism）」。[41]

日本的議會政治，對當時的女性而言，是最難參與的一個場域。一九七四年選出的國會議員中，女性占比僅有三・四%而已。[42]一九七五年地方（包括縣、市、町、村議會）

42 小沢遼子・斎藤千代・高橋ますみ・田中寿美子・中島通子・舟本恵美・松井やより・山田朋子「日本の婦女解放運動をどう展開するか（その1）」『あごら』一九七八年六月号、七四頁。

選出的女性議員占比，只有不到全部議員的百分之一（〇・九％）。[43]在這樣不利的現狀下，日本的婦女運動者大多與議會政治保持距離。討論到女性主義與國家的比較研究也顯示，一九七〇年代歐洲各國的女性主義者「以局外人的身分展開積極主動並具有象徵意義的行動」，也是常見的事。[44]也就是說，她們並不把國家作為改革的對象、或把體制改革當作目標，而是讓人們意識到公私領域中「家父長制」的存在，著力於創造各種獨立空間，例如女性主義書店、讀書會、集體社團（只有女性的共同體）。因此，日本女性主義運動也和一九七〇年代工業社會的傾向類似，運動的文化性質強過政治性質。

在名古屋的討論

但是，戰後的日本婦女運動也不是永遠帶有「反政治」的性質。一般被稱為「社團活動」的地方女性團體，在戰後的民主運動中便積極參與政治議題。例如東京杉並區婦女所組成的讀書會「杉之子會」便非常有名。當一九五四年三月一日，美國在比基尼環礁[43]進行核爆實驗，而日本漁船「第五福龍丸」遭受波及的消息傳回日本，杉之子會就開始進行禁止核爆的連署運動，總計到同年十月為止，共募集了一百一十萬份連署書。[45]

婦女解放運動與上述這種戰後初期的婦女運動保持一定的距離，她們所繼承的思想來自新左運動所主張的「日常性的變革」。然而，女性的「日常性」和男性的「日常性」並不相同。在家父長制支配的社會中，支持男性的是女性角色這種既有的性別規範。這種性別角色分工，正是女性的「日常性」。因此，婦女解放運動者對還殘留家父長制文化的新左運動組織保持一定的距離，她們的目標是，把自己從約束自我意識和行動的既有性別規範中解放出來。[44]我們在第二章第二節中談到日大鬥爭與東大鬥爭時曾提過，所謂「日常性的自我變革」是由「自我解放」和「自我反省」兩個面向所構成。婦女解放運動的運動者們尤其強調前者。

一九七一年八月二十一～二十四日，上百名女性聚集在長野縣信濃平的滑雪飯店參與「解放營隊」，在該營隊的傳單中可以看見「自我解放」的思想：

43 譯注：Bikini Atoll，位於馬紹爾群島的其中一個小島。

44 一九六〇年代的美國，有許多婦女運動者都參加了SNCC（Student Nonviolent Coordinating Committee，學生非暴力協調委員會）。一九六四～六五年間，他們到密西西比州等南部各州聲援民權運動（史稱「自由之夏」）。在這趟旅程中，有白人女性志工將性別歧視與種族歧視連結在一起，批判SNCC排除女性參與的決策過程，因此促進了女性主義意識的萌芽。（Linden-Ward and Green 1993, p. 55）美國的新左運動學生組織SDS（Students for a Democratic Society，民主社會學生同盟），也有很多女性得到培力，發現了女性主義，因此在一九六七年以前就離開了SDS。（Linden-Ward and Green 1993, p. 160）日本也和美國一樣，婦女解放運動受到了新左團體的影響，並與之分道揚鑣。

雖然不確定奧爾柯特女士在《小婦人》中寫道「不能讓人民覺得享受的革命，不能被稱作革命」究竟是什麼意思，但我們可以這樣說：某些內心相當貧乏的左翼女性，一直抱持著「那種師出無名卻相當樂在其中的行動，就是一種投機主義」的想法，以致連怎麼享受生活都忘記了。這樣的左翼女性，就像完全沒有進入欲望之田的處女。處女是生不出什麼來的。你們難道不會因為自己的肌肉隨著時間慢慢弱化而感到悲傷嗎？把我們生下來的母親和祖母啊，她們甚至連自己的欲望都無法發現，所以我們只有透過欲望的發洩，連她們的份一起，才能奪回源源不絕的能量。一起來開墾欲望之田吧。請接納「做那個是錯的、做這個會被笑」的不安的自己、這樣可愛的自己吧。有想要做的事，卻沒有在死前把這些事全部做過，實在是很不甘心啊。所以過去認為這樣做很投機、很無恥而不能做的事情，現在全部都放手去做做看吧。45

許多女性小時候都經歷過，在學校和家庭受教育的時候，常常被「因為妳是女生」這樣的理由而限制自己想要做的事。如同這段引文所說，最足以代表這件事情的就是性慾的壓抑。婦女解放運動的運動者們，主張從支配的性別規範中解放出來，把被奪去的快樂和愉悅搶回來。這樣的婦女解放運動，一方面批評新左運動沉重的、禁欲的文化，另一方面也深受新左運動影響，主張變革「日常性」，而非政治制度和公共政策。

對女性而言，所謂的「日常問題」，也會成為政策的焦點而組織團體進行活動，就像為了抗議政府把優生保護法的墮胎許可條件訂得更嚴所發起的反修法運動。[46]不過，婦女解放運動的核心關懷仍然是日常生活的變革這件事是確定的。正是因為婦女解放運動有著這樣的性質，所以在一九七七年的大選中，不少運動者會認為自己在做的事和選舉運動是完全不同的東西。婦女解放運動思想與選舉運動之間的鴻溝，可以從名古屋舉辦的「女性・政治大討論會」的紀錄中看出來。現場的主辦團體雖然對「想要改變政治的女人之會」嘗試參政表示讚揚，但也對她們的行動抱持保留態度：

> 我們對於把政治化約為選舉這件事感到不信任，所以要我們馬上去聲援她們的選舉活動，我們感到非常猶豫。就算把可以代表我們想法的人送進國會，也會因為多數決制度這個看似民主的邏輯，讓我們的活躍程度受到目前壓倒性多數的限制。另外，難

45 一九七一年的傳單。集団エス・イー・エックス「はてしなく奪え！」（溝口他編 1992-1995, I）、一七七頁。

46 優生保護法在第二次世界大戰期間就已經存在。一九七二年五月，國會提出了修正案。該修正案不認可「經濟理由」作為墮胎的原因，強化國家對女性的管制，因此有許多婦女團體都參加了抗議活動，導致該修正案被迫放棄。（首藤久美子「優生保護法改悪阻止運動と『中ピ連』」（女たちの現在を問う会編 1996, pp. 261-69））

道只有託付一個能代表我們思想的人，就能夠滿足我們在政治上，也就是在自己的生活上，想要自己做決定，這樣的想法嗎？[47]

在這段發言中，可以看見「奪回自己的主體性」和「自己的事情自己決定」這類新左運動基本思想的影響。這就是導致對選舉這種間接式的民主參與感到疑慮的原因。

在這段發言之後，名古屋當地的主辦方，也詢問了「想要改變政治的女人之會」為何選擇國會作為戰場，以及在國會要怎麼實踐女性的訴求。面對這樣的問題，「想要改變政治的女人之會」事務局的小澤遼子（同時也是埼玉縣浦和市議員）指出，國會同樣也是政治的戰場之一，而在國會中多多少少能夠即時反映女性的生活感受，就是她們想要實踐的目標。此外，她也表示能夠理解那些批判選舉運動的意見，儘管如此，她認為「選舉是我們無法迴避的事情之一」。[48]身為候選人之一的吉武，也沒有對名古屋集會的主辦團體隱藏自己心中的不滿，她直指當地的運動者是對政治敏感、對選舉絕望。[49]

名古屋的主辦團體在討論會之後也表達了以下的不滿：包括我們自己在內，有許多女性都在各自的位置上試圖改變現狀。我們只是想要知道，在這樣的狀況下，為什麼吉武要選擇國會這個地方作為自己的戰場，還有要和支持自己的組織建立什麼樣的關係。[50]於是，六月四日在名古屋的討論會，和六月五日在京都、六月二十五日在大阪所舉辦的集會不同，並沒有因此成立由女性發起的選舉運動組織。

以上的討論顯示出，「日常性的自我變革」這個思想，和選舉運動那種改變政治制度的行動，有著相異的性質。一般的選舉運動帶有複製既定的性別角色分工那樣的危險，因為所有選舉運動的目標，都是要在短時間內，用最有效率的方式，獲得最多的選票。在以效率為優先的時候，都會以一般預設的男女角色分工為基礎，到最後只會讓性別角色分工更加地固定化。一九七七年七月的參院選舉結束後，由「在國際婦女年發起行動的女人之會」所舉辦的夏季合宿活動中，就有一名參與者分享了吉武的選舉經驗：

> 談到「選舉」，當我們想的是「必須當選」這件事，便很容易陷入效率至上主義，結果到最後煮飯的就會是女人、修麥克風的就會是男人，這樣的性別角色分工。我們必須重新思考這種瑣碎的小事不可。[51]

47「女の視点で政治を変えたい　名古屋で女・政治大討論会開く」『おんなの叛逆』一九七七年八月号、四二頁。
48 同上、四四頁。
49 同上、四三～四四頁。
50 川上幸子「国会に女を送るとはどういうこと?——女・「政治」大討論会で考えたこと」『女・エロス』一九七八年三月号、一一一頁。

這段發言，也會讓我們回想起第二章曾提過的，一九六〇年代後期婦女運動者的經驗——當大家把焦點放在新左運動的武裝行動是否成功之上，就會以效率為第一優先，結果就複製了支配的性別角色分工。

並不是所有的婦女運動都拒絕參與政治體制。然而，受到新左運動「重新探尋生活方式」的思想所影響，婦女解放運動的運動者對參與議會政治是抱持保留態度的。她們在一九七〇年代的時間點上，還沒有在體制政治和日常生活的政治之間找到連結。

四、住民運動與政黨政治

住民運動[52]的出現

在一九七〇年代，不只是婦女解放運動，住民運動也同樣批判那種不考慮人的「生活」、只顧著推行工業化、以自民黨為象徵的政治。如同第四章所述，在這個時期，國家陸續建設了垃圾處理廠、水庫、高速公路、新幹線、機場等大型工業設施，因而威脅到當地居民的生活環境。然而，日本政府相信經濟成長可以帶來全體國民的利益，所以並沒有認真處理這樣的問題。這使得各地居民只好團結起來，共同抗議大型的開發計畫所帶來的公害問題。

有一場廣為人知的抗議行動，是針對靜岡縣三島、沼津的石油化學工業區。一九六〇年代，政府計畫在三島沿海建設石化工業區。當時由於三重縣四日市的石化工業區造成當地環境和居民健康的危害事件已經眾所周知，所以三島和沼津的居民對於工業區可能會帶給他們生活上的威脅，感到相當大的疑慮。他們於是透過遊說活動、集會、示威遊行等方式，展開了反對工業區建設的行動，最後這項行動促使三島的市長改變想法，放棄了建設計畫。像這種以自民黨為中心所推行的工業化政策，進入一九七〇年代之後開始陷入危機。

住民運動的緣起，和越平連、全共鬥、反戰委等新左運動的網絡不同。新左運動是政治左派的一部分，主要由都市居民所構成。然而，住民運動與意識形態無關，參與者是生活遭受破壞威脅的、各式各樣的人們。相較於新左運動揭櫫「自我否定」這樣抽象的口號，住民運動所提出的目的則具體許多。依據中村紀一的定義，「住民運動」乃是「生活在特定土地上的人們，當土地上遇到任何具體問題時，所組織的運動」。反戰運動和學生運動這類「公民運動」的特徵是「與土地無關的普世價值意識」，然而，在「住民運動」中則可以看見「以存在在這片土地之上為根本的特有原生性」。[46]

51「この夏女たちは……——語り合いの中から勇気と連帯を」『婦人民主新聞』一九七七年九月一六日、二頁。

52 譯注：日文的「住民」在中文譯為「居民」也許較為通順，但為了表示這是專有名詞，因此仍保留「住民運動」的漢字用法。但在內文中若遇到「住民」一詞時，將視情況譯為「居民」或是「住民」。

另一方面，住民運動和新左運動都對日本快速工業化感到疑慮。在高度經濟成長期的日本，用GNP來衡量的經濟成長往往是建立在犧牲了居民生活環境的基礎上。其中一個例子是，一九七〇年代在岩手縣遍地開花的東北新幹線抗議行動。推行新幹線建設的人提出「開發與繁榮」和「新幹線讓未來更開闊」這類的口號，強調高速交通網絡的便利性。許多沿線居民都對噪音、安全性、環境破壞、地方經濟的衰退感到疑慮，但是當地政府仍以「公共利益」[53]為名，強行推動建設新幹線計畫。[54]

東北新幹線抗議行動的例子顯示出，住民運動必須對抗「公共利益」這類的話術。這種話術常常被政治人物、官僚、財團用來正當化大型開發計畫，反而是反對建設計畫的人，可能會被污名化為「住民自我中心主義」、「地方自我中心主義」。兵庫縣神戶市的居民石川明子，曾經參與當地反對第六清掃工廠建設的運動，當時的神戶市政府計畫在須磨新市鎮的中心建設垃圾處理廠，許多居民因為擔心造成公害而反對該項計畫。當他們被批評為「鄰避心態」（NIMBY，Not in my backyard）的時候，石川說道：

面對「你們是自我中心」這種指責的時候，我並不覺得自我中心主義有什麼不對。無論是誰，都不想要因為公害而生病吧。所以，不管是我家還是別人家，不願意就說「不」就好了。一旦我們這樣說，搞政治的人就得重新思考才行。當公害對策還不夠完善時，我們就得思考垃圾減量的問題。[55]

這段引文指出，「說不」這件事，是為了守護居民生活的武器。像這樣的住民運動，其基本思想就是拒絕「公共利益」以及對「自我中心」的堅持。然而，住民運動也不是一味的拒絕而已，而是在拒絕「公共利益」並追求「自我中心」的同時，提出與工業化不同的可能生活形態。例如，在橫濱市的國道十六號反對運動中，運動者就列出日常生活中必須遵守的五十項規範，例如「不開車」、「珍惜資源，回收再利用」、「垃圾減量」、「使用安全的清潔劑」等等，具體改變自己的生活方式。[56]

住民運動和新左運動的另一個共同點在於，他們都反對戰後革新勢力。一九六〇年代的共產黨和社會黨，在縣市町村議會擴大了自身的影響力。東京、大阪、京都等大都市也

53 譯注：日文原文為「公共性」，但考慮到台灣發生類似事件時的說法，在此處譯為「公共利益」。

54 菅生圭吾「今様悪代官まかり通る——狂った「公共性」論＝新幹線」『月刊地域闘争』一九七五年五月号、二二～二七頁。

55 浅井冨美子・石川明子・森脇顕次「ゴミ・下水　使い捨て時代を考える」『月刊地域闘争』一九七七年一二月号、一六頁。

56 中村紀一「〈公共性〉論議の諸前提——「民衆のため」は「民衆による」封殺する」『環境破壊』一九七六年四月号、六頁。

誕生了革新派的地方首長，因而被稱為「革新自治體」。日本全國的革新派首長人數，從一九六四年的十人成長到一九七一年的一百人。然而，有些革新派首長不但沒有阻止大型的開發建設計畫，還大力加以推動，這讓一九七〇年代的住民運動參與者選擇和革新政黨保持一定的距離。

例如，東京的國立市政府打算在國立車站前的大道「大學通」上興建天橋。面對這樣的興建計畫，居民主張維護景觀與環境以及行人的移動自由，因此一同組織起來要和地方政府打官司。然而，革新派的政治人物讓這些居民失望了。屬於革新政黨的東京都知事、國立市市長、國立市議會議員，不但沒有接納居民的訴求，無視於反對運動，甚至有時還會加以妨害。[57]這使得天橋建設反對運動選擇了獨立於革新勢力的一條路。

住民運動就是像這樣拒絕由上而下的「公共」建設相關決策。住民運動的訴求建立在希望自己的事情能夠自己決定的基礎上。正因如此，他們對於一旦進入戰後革新勢力的巨大框架中，自己原本的訴求就會遭到扭曲，抱持著相當的警戒心。

住民運動的新政治機會

住民運動和新左運動一樣，對工業化和戰後革新勢力抱持著批判的態度。以下我們將討論，在一九七〇年代，日本全國的住民運動是否曾與新左運動建立更廣泛的網絡。

一開始，住民運動參與政治體制的管道相當受限。戰後日本的政治制度下，中央政府有權決定地方政府的補助款如何分配，所以中央政府得以透過補助金來管控地方政府。[47]如同政治學者伊森．夏伊納所指出，日本中央政府對地方稅制的管制，比其他國家來得嚴格。地方政府沒辦法自由地調度用來支應大型建設和高階服務的資金；只有中央政府核定的計畫，才有辦法獲得補助款和貸款。[48]

這種中央集權的結構所導致的結果是，地方的住民團體如果要阻止大型的建設計畫，就必須去找國會議事堂的政治家或霞關的政府官僚進行遊說行動。一般而言，大企業之類與住民運動有著利害衝突的政治勢力，控制了通往國會議事堂和霞關的管道，和高級官僚以及執政黨的政治人物之間有著緊密的關係，[49]以致反對大型建設計畫的住民運動，在體制內發展的政治機會相當受限。

不過，到了一九六〇年代，這種極其受限的政治機會看起來有了轉機。因為住民運動的運動者開始對地方首長施壓，要求停止大型建設計畫。而且也真的有過成功的案例，讓地方首長重新檢討建設計畫。特別是在革新勢力屢次成功贏得地方首長選舉的一九六〇年代，運動者每每使用這種接近地方政府的策略。前述三島和沼津成功抗議石化工業區建設

57 井上スズ「横断歩道阻止を闘って」『月刊地域闘争』一九七一年二月号、七一～七九頁。

的行動，就成為住民運動的典範。許多地方團體以這次抗議行動為參考，致力於把革新派的政治家送進地方政府和議會之中。

然而到了一九七〇年代，從前述國立市天橋建設爭議以及橫濱新貨物線建設[58]的事例看來，地方的革新派政府和住民團體之間的緊密關係漸漸崩解了，以致住民運動有必要改變策略。三里塚的成田機場建設反對運動，雖然從早期就不能獲得任何革新政黨明確支持，但是到了一九七〇年代以後，這樣不受革新派地方首長支持的狀況，擴及到了三里塚之外其他許許多多的住民運動。

住民運動還有另一個策略，那就是透過媒體去影響全國性的政治。一九六〇年代後期，主流媒體面對地方上住民的訴求，做了相當多關於公害問題的報導。而且這些媒體的論調，對大型開發計畫破壞了自然環境和居民生活，是抱持著批判態度的。當這類報導的數量在一九七〇年代達到高峰時，日本政府和自民黨便無法忽視公害的問題了。於是，在一九七〇年，被稱為「公害國會」的國會會期之中，政治領導們不得不展開一連串限制公害的立法行動。[50]

日本環境政治學者傑佛瑞・博本特認為，日本國會立法限制公害的背景是，自民黨開始認知到，若放任公害問題不管，就會變成政治問題，不利下次選舉；而大企業也擔心居民的抗議行動以及法院的罰金，會對自己的事業造成不好的影響。也就是說，抗議行動的浪潮，對於這個由推行工業化的官僚、政治家、企業所構成的鐵三角來說，不僅限制了他們的政治機會，也對他們的政治經濟利益帶來威脅。[51]像這樣繞過老路、改從體制外改變政治的可能性確實存在。為了實現這樣的可能性，住民運動就必須和其他運動建立網絡，好讓他們的抵抗被更多人看見，對媒體發揮更大影響力，進而改變輿論的方向。

一九七〇年代的反核電運動

如先前所述，在一九七〇年代，歐洲各國的反核議題，因為和地方的住民運動以及都市的「新運動」結合，而有了影響媒體論述的機會。[52]然而同一時期的日本「新運動」，卻沒有透過反核議題建立與住民運動之間的關係。

我們可以看看核子動力船陸奧號反對運動的例子。一九六九年，日本政府計畫在陸奧灣附近進行大型開發計畫，計畫中包含核子動力船母港的建設。當地居民因為擔心造成公害而群起反對，並在一九七一年十月組成「陸奧小川原開發反對同盟」。然而，這個當地

58 一九六〇年代後期，日本國鐵計畫在神奈川縣的鶴見和戶塚之間建立新的貨物運輸鐵路。許多擔心噪音和震動等公害問題的沿線居民，在一九六七年組織了「橫濱新貨物線反對同盟」，抗議新貨物線的建設計畫。時任橫濱市市長的前社會黨眾議員飛鳥田一雄，因為執意推行貨物線的建設計畫，致使反對同盟和市長、革新政府，形成了對立關係。（道場 2002）

組織並不歡迎新左運動的聲援。由於新左運動被主流媒體貼上「過激派」的污名，以致該反對同盟的規章訂定「會破壞組織的團結、導致權力介入的暴力、破壞、過激團體不能成為會員，必須從運動中予以排除」。[53]反對同盟把蓄長髮的學生一律視為過激派並和他們保持距離。甚至，「就是因為有過激派學生聲援三里塚鬥爭，他們才會失敗」這種傳言，也在陸奧小川原地區擴散開來。[59]

一九七四年八月底，核子動力船陸奧號從大湊港出航，九月卻發生核子反應爐輕量輻射外洩事件。此一事件經媒體披露，許多青森縣當地居民以及從都市遠道而來的運動者，共同參與了大規模的抗議行動。然而此一行動的核心組織者，並非「新運動」，而是戰後革新勢力——尤其是社會黨和總評。[54]

於是，一九七〇到八〇年代前期為止的日本反核電運動，主要是由工會和革新政黨等戰後革新勢力所組成。都市裡的新運動，直到一九八六年蘇聯車諾比核電廠發生意外事故、從而組織名為「反核電新網絡」並吸引到新的參與者之前，都沒有在組織反核電運動的過程中扮演核心角色。

在日本，不是只有反核電運動，連反核運動的主要組織者也是戰後革新勢力。這和歐洲反核運動的主要組織者是「新運動」形成了對比。蘇聯在一九七九年攻打阿富汗之後，美蘇之間的緊張關係升高，自由主義陣營的許多國家面對蘇聯的態度從圍堵轉為衝突。進入一九八〇年代，美蘇各自發展核子飛彈科技，讓日本對美蘇可能爆發核武戰爭的焦慮感日益蔓延。在這樣的狀況之下，一九八二年三月二十一日，共有二十萬人參加在廣島的反核集會，到了五月的東京集會，更是聚集了四十萬人。集會的主辦者表示，他們已經將「禁止核子武器及支持縮減軍備」的八千萬份連署書送到聯合國。發起該項抗議行動的主要團體就是革新政黨和工會等大型組織。一九八二年五月二十三日，「橫須賀市民團體」在東京的反核集會中進行了問卷調查，在六百位受測者當中，「是被自己所屬的工會和政黨動員來」的參與者，甚至占了六二%。[55]

這個時期的日本反核電運動，和反核武運動有切割的現象。前述一九八二年三月的廣島集會中，主辦方因為「反核」一詞包含了反對核能發電的意思，就把集會的名稱變更為「為了和平的廣島行動」。廣島的反核電團體為此感到不滿，便自行舉辦集會示威。[56]

由此可見，日本反核電運動和反核武運動的團體，都和歐洲的「新運動」存在相當大的差異。除了主辦團體的不同之外，還有什麼不同點呢？依據本田宏的調查，一九七〇年代的日本反核電運動，並不像西歐各國那樣頻繁地進行核電廠建設預定地的占領行動。取而代之的是，日本的示威、訴訟、連署、公聽會等這類傳統行動，都比西歐各國還要更多。

59「血縁・地縁から脱出する反対運動」『朝日ジャーナル』一九七一年一一月一二日号、一二〇頁。

[57]從一九七〇到八〇年代前期的日本反核電運動，在運動形式上和歐洲各國就很不一樣。這和第三章所說的，日本社會對直接行動的厭惡感有關。

戰後革新勢力在參與重大政治議題的時候，總是使用「共鬥」或是「統一戰線」之類的名稱，與工會、群眾組織、革新運動之間建立金字塔型的合作關係。住民運動理所當然會批判戰後革新勢力這種「上意下達式」的政治結構，並對這種合作關係保持戒心。於是，在一九七〇到八〇年代前期，日本的反核電議題並沒有成為「住民運動」和「新運動」之間的連結基礎。

不依靠「新運動」的運動網絡

既然如此，住民運動能夠加入的運動網絡又是什麼呢？這個運動網絡不是集權的、官僚主義的、上意下達的，而是必須分權的、水平的、由下而上的組織形態。如果某地的運動要從其他運動獨立出來的話，所有的運動就必須集合起來討論對應的措施。這是一九六〇年代後期新左運動所提倡的理想組織模式。由於住民運動和新左運動一樣對工業化和上意下達式的政治有所不滿，所以住民運動也認真思考過，試著去和都市的「新運動」建立網絡，試圖擴大自己的影響力，改變媒體的論述。

那麼，新左運動當時的發展又是如何呢？一九七〇年代初期，新左運動的動員能力急速衰退，而且離開運動的人多是帶著沉重的心理創傷。如同第四章所說的，在一九七〇年代參與地方的住民運動、並建立相互信賴關係的運動者，是極少數。然而，這樣的嘗試是受到倫理上自我反省的思想所影響，以致都只是停留在個人或小團體之間的連結，幾乎不曾建立過廣大的網絡。何況，這個時期由於內部暴力和游擊戰等因素，新左運動在主流媒體上的形象是暴力、自私的「過激派」。因此，就像陸奧小川原開發反對同盟的事例所顯示，當地居民傾向和新左運動保持一定的距離。這樣一來，新左運動等於是沒辦法建立與住民運動共同倡議政治議題的合作關係。

一九七〇年代的《市民》雜誌曾刊登關於各式各樣公民運動的報導，編輯委員會在一九七〇到七一年之間，針對全國三百五十個「公民運動」（因為這些運動是以地區為基礎，和本書所定義的住民運動一致）團體寄送問卷調查，並得到了其中一百二十五個團體的回覆。關於「主要是什麼樣的人來參加」這個問題，幾乎所有的團體都表示，傳統的町內會組織、或是革新政黨的共鬥組織是主要的基礎。進一步針對「共鬥團體」的問題，只有「三里塚芝山機場絕對反對同盟」和「內灘共鬥會議」兩個組織，回答了學生組織、越平連、反戰委等新左團體。該調查清楚顯示出，住民運動和新左運動之間的合作，幾乎可以說是零。[60]

結果，能夠在重要的政治議題上建立網絡的，僅限於少數運動者而已。一九七七年三月二十五日，在東京澀谷所舉辦的「三里塚・陸奥戰鬥全國活動會議」上，聚集了兩百名以上來自全國的住民運動、勞工運動、農民運動、婦女運動等相關人士。三里塚的機場建設以及青森的核子動力船「陸奥號」靠港，是同時代日本社會問題的縮影。在這樣的前提下，這兩個問題被設定為運動者應該共同處理的課題。然而，在集會的一開始，三里塚鬥爭的運動者前田俊彥，就指出建立單一網絡的困難如下：

現在，人民已經超越了敵人和自己人都輕視的革新政黨與工會，而且正儲備能夠自己面對權力和資本的力量。全國各地的農民、漁民、公民、勞工，都拒絕了政黨和工會的指示，想要靠自己的力量起而鬥爭。

然而，不可否定的是，在全國各地發生的各種鬥爭中，也存在著各自的弱點。其中的弱點之一，就是「鬥爭」沒有辦法成為「運動」。雖然過去也有許多個別的「鬥爭」試圖進化成普遍的「運動」，而且針對地區性的或是具有鬥爭性質的經驗交流活動也從來不缺，卻就是沒有過任何個別的鬥爭能夠成功轉化成普遍運動。[61]

在這個時期，像是抗議機場建設的個別「鬥爭」在各地如雨後春筍般發生。各個「鬥爭」不但規模小、又分散，如果沒有全部組織起來成為一個「運動」，就很難去影響那些具有支配性的論述，也很難在政治體制內改變政策。然而，大多數的「鬥爭」，都抱持著不要合為一個「運動」的矛盾想法。雖然也有運動者在這個議題上相當努力，但是一九七〇年代的住民運動和新左運動之間，就是沒辦法在全國性的議題上建立廣大的網絡。

如同前述，依據歐洲「新政治」的案例研究，新左運動和其他都市團體會去聲援地方上的抗議行動，試圖把核電廠建設這樣的地方問題變成全國性的議題。然而，一九七〇年代的日本新左運動卻沒辦法扮演「地方」和「都市」居民之間的橋樑。因為缺乏和都市團體之間的連結，地方的抗議者越來越脫離全國政治、越來越被孤立。雖然如第一節所述，要形成「新政治」大致上有兩條路，但是在一九七〇年代的日本，就連以「新運動」作為媒介、在都市和地方之間建立全國網絡這最基礎的一步都沒有辦法達成。因此，在一九七〇年代，人們對高度經濟成長所抱持的違和感、以及想要創造新政治的希望，怎樣都無法以政治勢力的形式表現出來，就在這樣的飄泊不定之中，迎向了下一個時代。

60「全国の市民運動」『市民』一九七一年三月号。
61 前田俊彦「闘争を運動に、運動を闘争に」『環境破壊』一九七七年一、二月号、二頁。

結論

一、新左運動論述的變遷

本書討論的是一九六〇到七〇年代，新左運動的論述內涵如何變化，而新左運動又對日本的公民社會和政治，帶來了什麼樣的影響。關於論述的內涵變化，大致可以分為以下四個階段：

首先，是提出「日常性的自我變革」此一思想之前的時期。我分析了戰後民主化運動，並點出了運動論述在這個階段的特徵。一九六〇年的安保鬥爭中，雖然匯聚了戰後民主化運動的各種能量，但是支持這場抗議安保行動的，是日本國民在第二次世界大戰以及戰後感到失去與荒廢的共同記憶。民主化運動的主導團體對政治上、文化上來自美國的全面支配感到備受威脅，這使得想要日本政治、文化上能夠獨立自主的願望，成為支持安保鬥爭動員的一大動能。也就是說，當時日本人民所支持的「民主」這個詞彙，受到「不想再次被捲入戰爭」這樣的想法以及民族主義的影響，因而獲得了廣大的民眾支持。我們可以說，支持安保鬥爭的力量，就是對戰爭的厭惡以及「去殖民化」的願望（第一章第一節）。

不過，淹沒街頭的反安保人潮，並沒有擴及到農村地區。因此，學生和學者們在一九六〇年的暑假，組織了「歸鄉運動」，希望能夠把民主思想帶到農村去啟蒙農民。雖然過程並不是很順利，這些學生卻也從失敗中學習，反省了自己的菁英意識。在他們之間開始蔓延一種想法，那就是要改變的不是農村人民、而是自己的思考方式。這種「向故鄉學習」的想法，可以視為一九六〇年代後期新左運動的思想「自我反省」的前身。然而，新左運動所批判的問題——物質上雖然富裕、但是日常生活卻被「規訓化」（引用華格納的用詞）——這時還沒有出現（第一章第二節）。

第二個階段，是「日常性的自我變革」此一論述形成的時期。在一九六〇年代的日本，對美國的軍事從屬並沒有被視為問題，反而是享受高度經濟成長的果實才是主流的生活態度。因為高度經濟成長，人們的現金收入增加，在享受消費財的同時，戰爭記憶漸漸地不像過去那樣能夠支持民主化運動的動員了。在這樣的狀況之下，公民運動的論述開始產生變化，而促成這樣變化的，就是一九六七年底到一九六八年初的羽田事件與佐世保事件。因為這些事件的發生，讓新左運動開始重視富裕物質生活中，「去政治化」的自我意識這個問題。

在這樣的第二階段初期，日常生活的「規訓化」受到運動的強力批判。運動中最受重視的問題，並不是政治體制和政策，而是「自我變革」，也就是「改變自己的生活方式」這件事。過去那些真誠參與運動、致力於重新探尋生活方式、結果卻犧牲生命的運動者，成了新左運動效法並引以為借鏡的對象；而老左（尤其是共產黨）那種沒有把自身的日常生活視為問題的態度，則成了新左運動批判的對象。於是，認真面對自己的生活方式該如何變革的運動者，這樣的理想形象就在運動圈散播開來（第二章第一節）。

如何有效地改變自己的生活方式？方法之一就是非暴力的直接行動。自我變革的特徵是，並沒有一個清楚的「達成與否」的標準。在街頭的直接行動，就被視為「自我變革」的標準之一。運動者戴著頭盔、拿著暴力棍，透過和警察、體育會、日本民主青年同盟（民青）等眼前的敵人發生衝突，因此獲得改變自己生活方式的真實感。此外，街頭的直接行動也給了深具「自我反省」色彩的運動一種解放感，從而關係到新左運動對青年人的動員（第二章第二節）。

警察則是全力壓制新左運動。他們大量逮捕運動者，使運動的動員能力漸漸衰退。在這樣的狀況之下，「日常性」這個詞彙，作為「重新探尋生活方式」的一個障礙，開始被頻繁使用。這個詞彙雖然在之前的新左論述中曾經出現，但是直到一九六九年左右，才開始和「自我變革」這個核心關懷連結在一起（第二章第三節）。然而，進入「日常性」這個詞彙被廣泛使用的時期後，下一個階段的論述內涵開始有所轉變。

第三個階段，是「日常性的自我變革」內涵的變化。導致這種變化的是警察的抗爭處理，但新左運動卻忙於自我形象的紛爭而反應不及。採取直接行動的運動者和警察之間的衝突，也時常對當地居民帶來身家財產的損害。因此當地居民便組織了「自警團」，以保護自己免於類似的衝突所造成的損害。在此同時，新左運動只一味地追求「日常性的自我變革」，並沒有把失去大眾的支持視為問題（第二章第三節）。

警察利用當地對新左運動的不滿，建立了以社區為單位的監視運動制度。甚至警察也考量到自己是如何被媒體報導的，成功地塑造了新左運動者是自我中心、暴力的「過激派」這樣的形象。另一方面，他們也努力塑造警察的良好形象，說外勤警察是提供國民服務的人，是保護公民免於新左運動傷害的守護者（第三章第一節、第二節）。與警察的形象鬥爭失敗，導致新左運動的論述性質開始起了變化。在新左運動失去大眾的支持、直接行動的場域也被奪走的過程中，運動思想的「解放」層面慢慢淡化，強調個人的自我反省，這種具有倫理色彩的思想性質也越來越強（第三章第三節）。

除了運動的倫理性質變強之外，新左運動的論述還產生了另一個變化。那就是把「改變自己的生活方式」和「改變社會」這兩件事給切割開來。一九六〇年代後期的某段時間，新左運動的這兩個主要變革之間是有關連的。然而，隨著運動的動員能力逐漸衰退，「社會變革」的理想也越來越困難，以致漸漸傾向「自我變革」這一方（第三章第三節）。而這樣的特徵，也存在於女性解放運動中。日本的女性解放運動，受到新左運動「日常性的自我變革」此一思想的影響，直接挑戰深深烙印在自己內心的男性中心社會的性別規範。這樣的論述性質，讓女性對參與選舉運動這種與日常生活不同的場域感到有所猶豫。比起把自己有限的資源送到議會政治去，她們更希望集中力量來改變自身對事物的看法（第五章第三節）。雖然女性解放運動論述，在重視自我解放這一點上，必須和新左運動有所區分；但是，在與社會變革切割、並傾向自我變革這一點上，可以說是新左運動有所呼應。

最後的第四階段，就是「日常性的自我變革」逐漸深化。如第四章所述，導致變化的不是別人，正是運動者自主的學習。一九七〇年代前期，有許多運動者帶著絕望離開了新左運動。留在運動的人不斷思考，到底要怎麼做，才能夠不至於放棄一切，而持續地進行「日常性的自我變革」。於是，公害現場的居民，以及那些在當地政府的壓迫下與日本企業的擴張中努力求生的亞洲人民，就成了運動者的借鏡，使他們得以深入理解「日常性」多元而複雜的面向，並找到改變的方法。

二、新左運動的遺產

「日常性的自我變革」這個思想，在日本的公民社會以及政治留下了三個主要的遺產。而這樣的遺產，就是在前一節所說的論述變化過程中漸漸形成、扎根的。

成為「公民力量」的泉源

首先，「重新探尋生活方式」的思想成為「公民力量」的源頭。前一節也有提到，「日常性的自我變革」此一思想，可以分為「自我解放」和「自我反省」兩個面向，但是到了一九七〇年代，自我反省的色彩越來越濃厚。自我反省的思想，主要是住在都市的中產階級，能夠對國內外弱勢群體的痛苦感同身受。一九七〇年代以來，自我反省的思想就像蒲公英的種子一樣散播到各個公民運動，進而開花結果。這種改變自己的生活、重新探問自己的生活方式，可以說是一種文化運動。如同序章所說，比較研究的成果顯示，日本的公民社會是由小型草根團體的自發參與所支持的。這和美國公民社會中，即使非營利組織高度組織化、卻沒什麼人自發參與的現象，形成了對比。[1]本書主張，支持這個「公民力量」的基礎之一，就是「改變自己的生活方式」這個思想的傳播。

近年來關於日本文化運動的研究，透過行動藝術或是示威遊行等街頭的文化表現，開始引起人們的注意。[2]然而，想要改變文化，除了街頭以外，也必須要改變生活。以核電問題為例，為了實現核電歸零的理想，除了在街頭用多元的政治展演方式來實踐以外，也必須創造不依賴核電的生活方式才行。在各種相互衝突的生活方式之中，我們必須——有意識也好、無意識也好——選擇自己的生活方式。自高度經濟成長期以來，主流的生活方式就是大量消耗能源，這種生活方式也讓核電政策的推行得到正當化。對此，新左運動認為我們必須摸索出一種不同的生活方式。

因此，運動者開始接觸社會中的弱勢群體，重新探尋自己的生活方式。從而本書可以被定位為，一本從「生活」出發去追溯日本文化運動脈絡的作品。其中最重要的問題，就是日本作為「富裕社會」的概念。第四章曾引用參與過「自主講座」經營的宇井純，他說，日本的高度經濟成長不可能在沒有造成公害的情況下發生，所以這樣的歷史可以作為「世界上的人們」的「反面教材」。[1]誠如宇井所說，新左運動之所以要「重新探尋生活方式」，就是在質疑日本的工業化、甚至是現代化的生活方式。

然而，新左運動論述中的「自我反省」，由於帶著強烈倫理色彩的性質，也帶來了一些問題。忠於這些運動原則而活著的運動者，會去攻擊那些不如自己認真看待運動的戰友，

1 宇井純「人間環境に関する国連総会へのレポート」『自主講座』一九七二年三月号、二頁。

或是在沒辦法堅持原則的時候感到非常挫折，而這樣的挫折使得運動者很難把自己的經驗傳承給別人。這也是「改變自己的生活方式」此一論述，在傾向「自我反省」的面向時所產生的副作用（第三章第三節）。在序章，我有提到「日常性的自我變革」所帶來的兩種效果，雖然一方面成為「公民力量」的源頭，另一方面卻也使得人們離社會運動越來越遠。

關於「自我反省」的思想，還有一點不得不提到。那就是在這樣的思想中，運動者把自己定位成「加害者」，然後把日本國內或亞洲各國那些比較弱勢的人們視為「被害者」。為了改變這樣的關係，他們首先必須想想到底該怎麼「改變自己的生活方式」。然而，他們並沒有停留在「加害—被害」這種單一關係中，反而對此展現了更進一步的反省。運動者遇見了來自日本國內或亞洲各國的人，儘管居住在不同的地方，卻同樣認知到這世界的不合理，並努力地摸索新的生活方式。他們試圖建立彼此的連帶關係，參考彼此的生活方式，交換彼此的煩惱，並互相打氣。「自我反省」的思想，因此創造了想要「改變生活方式」的人們之間，跨越國界、創造連帶的可能性（第四章第三節）。

社會運動的體制化受到侷限

新左運動的第二個遺產是，運動對政治體制的影響相當侷限。針對歐洲工業社會的「新政治」所進行的研究指出，「新運動」自一九七〇年代以來對官僚體制和政黨的影響日益增強，使得「新政治」的價值觀與議題有被反映到政治體制中（第五章第一節）。研究社會運動的學者大衛・梅爾和雪尼・泰洛指出，「社會運動社會」（Movement Society）在一九九〇年代的到來，使得新社會運動得以被「體制化」（institutionalized）。[2][3]也就是說，社會運動的抗議行動得到媒體、甚至是議會等官方政治機關一定程度的認知，而這樣子的情形在反覆再三之後，就變得「常態化」了。兩位學者認為，「社會運動的運動者學會了，在傳統的集體行為與非傳統的集體行為之間，該採取什麼策略比較好。他們甚至學會了混合運用兩種策略的方法。」[4]

但近年來的研究卻顯示，相較於歐洲的事例，日本「新運動」的體制化在規模和影響力都較為侷限。米蘭達・須勒絲在分析全球暖化和酸雨問題的研究時指出，日本的環境運動不像德國或美國的環境運動那樣，可以被納入全國政治的層次。[5]布蘭德曼・巴瑞特也認為，日本處理環境問題的方式，大量地倚重科學技術根據，卻不開放給廣大的公民參與。[6]

甚至，這樣的特徵也不僅限於新社會運動，同時也是日本公民社會之中的普遍現象。學者羅伯特・貝卡年根據調查結果（包括一九九七年由六名學者共同進行的公民社會組織

2 譯注：日文原文是「制度化」，但在台灣講「制度化」，較偏向組織化、科層化的意涵，譯者考量到本節要討論的是社會運動「進入體制」、「與體制之間保有何種關係」，因此翻譯為「體制化」。

與利益集團比較研究「日本利益團體調查」，以及其他統計調查），指出日本公民社會的重要特徵，那就是這個社會是由「缺乏倡議者的成員」（members without advocates）所組成。也就是說，雖然地方上有許多在運作的小團體，但是在全國政治的層次上，大型專業的倡議團體（提供政策建議）不僅數量很少，政治影響力也很弱。[7]

因此，日本「新運動」的體制化被侷限在相當有限的範圍內，這並不只是因為政治體制沒有充分給予社會運動機會，也和新左運動論述的性質有關。本書主張，妨礙運動者在政治體制上獲得實際成果、並提出具體社會改革方向的，不是別人，正是新左運動「日常性的自我變革」這種論述本身的效果。如同前述，在一九七〇年代，「日常性的自我變革」被理解成一種個人的變革這種內向性的概念。運動者對於把自己的價值和議題「體制化」一事並沒有什麼興趣，甚至有時還抱有敵意。洛克希德事件之後所發生的反自民黨選舉運動，顯示出即使再怎麼想要進行政治改革，運動者也沒辦法清楚地指出具體的方法與議程（第五章第三節）。此外，社會黨決定在一九七〇年左右與新左運動切割，也是「新政治」的體制化之路更加受限的原因之一（第五章第二節）。甚至，運動在一九七〇年代陷入了嚴重的困境，被媒體污名化為自我中心的、暴力的「過激派」，使得新左運動很難成為住民運動與都市居民之間的橋樑，也沒辦法把核電廠建設這類「新政治」的議題提升到全國性的層次（第五章第四節）。由此可知，日本新左運動並沒有辦法填補橫亙在「個人的倫理變革」和「社會政治的變革」之間所存在的鴻溝。

自一九八〇年代以來，日本新左運動的相關論述，對公民社會的其他論述也產生了相當大的影響。日本公民社會在八〇年代之後所重視的論述是，社會運動和政府以及企業之間的合作關係。為了表示自己和過去的運動有所區別，於是把過往反越戰運動和住民運動中那種對決式的行動命名為「告發型」運動。[8]這類「提案型」的運動適應政治體制的方法，乃是透過批判新左的對決式行動，這樣的現象實在有意思。這套說法正是一九七〇年代新左運動和警察、媒體的紛爭中所形成的論述。造成體制政治與「新運動」之間產生隔閡的，不只是新左運動自己的論述，也包含了批判新左論述的論述。關於這一點，雖然需要更進一步的研究，但是從本書的研究成果來看，日本新左運動的論述確實對一九八〇年代之後的公民社會論述產生了巨大的影響。

對直接行動的厭惡感變得普遍

第三個遺產，則是日本公民社會普遍對「直接行動」感到厭惡。一九七〇到八〇年代的歐洲工業社會中，「直接行動」這種抗議手段，在新社會運動中相當常見，尤其是環保運動和反核運動。相對來看，日本的反核電運動並不傾向採取占領或封鎖核電廠這類對決式的行動。這不只是因為政治機會受限，還要加上日本的新社會運動顧慮到社會大眾的反感，所以傾向於避免採取對決式行動。究其根本原因，就是新左運動在和警察的衝突中，遭到主流媒體對「直接行動」的批判。如同前一節所說，雖然「直接行動」被視為證明運動者是否貫徹「日常性的自我變革」，但是到了一九六〇年代後期到七〇年代前期，先是遭到警察全力鎮壓，之後又被塑造成和暴力同等的形象。這也是「日常性的自我變革」所帶來的效果。因此，「新運動」究竟不要採取對決式的策略，就變成一個相當艱難的抉擇。不管運動的規模有多小，是否採取「直接行動」，常常造成對決式團體和穩健型壓力團體之間的裂痕，而這樣的現象在一九七〇年代相當常見。

對「直接行動」的厭惡感，直到一九八〇年代以後都還殘留在日本公民社會之中。一九九〇到九一年舉行的「世界價值調查」顯示，曾參加合法示威、封鎖行動、非法罷工、占領建築物等「挑戰式行動」的日本人占比不超過一二%。政治學者羅索．達爾頓指出，相較於歐美的工業社會，日本的這個數字是最低值。[9]在近年的反核電運動中，主辦單位對某些參與者主張採取對決式的「直接行動」多持保留態度。強化這種態度的背景，就是在一九七〇年代所形成的，日本公民社會（尤其是媒體）對「直接行動」的厭惡感。

根據政治學者艾莉絲．楊，「直接行動」點出了運動者被排除在正式決策過程之外的這個問題，從而有可能把邊緣的聲音傳達給政治菁英。[10]在社會運動中存在著多元的抗議形式，人們才得以享有多元的政治表達方式。在這個意義下，多元性是社會運動和民主的活力泉源。因此，對「直接行動」普遍感到厭惡也意味著，日本社會運動與民主的活力泉源被剝奪了。

本書對「直接行動」的討論，有著超出日本新左運動這個案例之外的理論意涵。序章曾提到諾爾．斯圖真的研究，「直接行動」的效果可以分成「政治＝外部的」與「文化＝內部的」兩種。在現代國家的警察組織得如此完善的情況下，社會運動組織想要透過強制力的行使來改變對手的決定，這樣的策略基本上是沒有效果的。然而，超越以政治效果為目標的框架所進行的對決式行動，在世界各國卻從不間斷。即使從「政治」觀點來看是反效果，但是從「文化」觀點來看，因為能夠對人民進行培力（empowerment），所以是有效果的。這兩種截然不同的效果，使得是否要採取「直接行動」永遠存在著矛盾。

在本書的開頭，我曾提出一個問題：日本的新左運動究竟為日本公民社會留下了什麼遺產？對於這個問題，我提出的回答有三個：第一，是「重新探尋生活方式」的思想，成為「公民力量」的泉源。而這個思想，在一九七〇年代新左運動動員能力衰退之後，強化了運動「自我反省」的性質，雖然人們參與運動的門檻變高了，但這樣的性質也傳播到各式各樣草根公民運動的場域，成為支持運動的基底。第二，運動的體制化相當受限。和「政治變革」切割的「自我變革」論述，使運動者對參與體制政治一事相當猶豫。而且，新左運動在與警察的紛爭中所產生的「過激派」形象，也成為在都市和農村的運動之間建立連帶的障礙。這使得新左運動沒有辦法把「新政治」帶入全國性的政治之中。第三，是對「直接行動」的厭惡感日漸普遍。新左運動的論述雖然把「直接行動」視為「重新探尋生活方式」的評估指標，但是因為「直接行動」被主流媒體形塑為等同暴力的形象，導致社會中對「直接行動」的厭惡感愈趨普遍，從而意味著人民表達政治的一種手段被剝奪了。以上三項遺產，都是「日常性的自我變革」這樣的論述所產生的效果，對生活在日本公民社會的人們來說影響甚鉅。

三、「重新探尋生活方式」運動的未來

以前述討論作為基礎，我最後想要談談新左運動的遺產，在現今日本社會中究竟變成什麼樣子了。在本書開頭我曾說過，反核運動的街頭行動如雨後春筍般出現，甚至有時候還聚集了數萬名群眾。這種大眾行動的規模，是第一章所談的六〇年代安保鬥爭的規模，但近年反核運動的參與者比當時更加多元，從下班後的上班族、帶著小孩的夫妻、靠國民年金生活的人、到沒有選舉權的高中生等。那些從很久以前就參與運動的運動者，當然也在看得見與看不見的地方，支持著這樣的行動。然而，今日反核運動的核心成員，卻是與新左運動文化沒有什麼關係的人們。此外，在首相官邸前抗議重啟大飯核電廠的那次行動

中，強調自己所屬的團體為何不如重視自己所主張的訴求，所以凡是與核能發電無關的團體旗幟都被要求收起來。高舉團體旗幟參加示威遊行，是在日本戰後民主化運動和新左運動中常見的景象。拿出一面這樣的旗幟仔細看，就會發現某種和過往不同的運動文化，正在日本的公民社會漸漸擴散。

事實上，日本公民社會在三一一以前，尤其是進入二十一世紀之後，就開始出現快速的變化。最足以代表這種變化的是「反貧困運動」的形成和普及。該運動的形成背景是日本中產階級的解體。由於長期的經濟不景氣，加上「新自由主義」的市場至上政策，導致中產階級的基礎開始崩壞。所謂的新自由主義，認為只有企業的自由活動才能增加人們的財富和福祉，相關政策則包括民營化、削減社會福利、減少法律規制、自由貿易等等政策包裹。[11]非典型勞工人數激增，他們因為雇傭契約不穩定、薪水和社會福利不完全，使得未來的生活相當艱困。至於正規勞工也在嚴苛的經濟競爭之下，多有超時勞動的問題。[12]最近也常常聽到，新左世代（或是說「團塊世代」）的下一代，正面臨聘雇關係的不穩定所帶來的貧困問題。

在國內貧困問題日益嚴重的同時，日本公民社會中的新運動文化卻漸漸地傳播開來。其中一種文化是要把自己從痛苦中解放出來。這種現象除了顯示有越來越多人支持「自我解放」的論述之外，同時也代表「自我反省」的思想已經不像過往那樣能夠獲得人們的共鳴。在這樣的運動文化中，值得注意的是「享受」自己的運動這件事。最足以代表這種想法的就是「音樂示威」（Sound Demo）——DJ播放音樂、參與者在路上一邊跳舞一邊示威，是反對伊拉克戰爭運動以後固定下來的形式。「音樂示威」的風格，和拿著旗子、拉著布條喊口號的新左運動，完全不同。因為新左運動的內省風格而久久無法帶來的街頭解放感，參與者在音樂示威中感受到了。因此，這種形式的運動普遍獲得年輕世代的支持。

還有一種在日本的公民社會中漸漸普遍的運動文化，是「志工文化」。這種文化和獻身、侍奉那種自我犧牲截然不同，強調的是「做志工」這件事的快樂，形成於一九七〇年代之後，到了八〇年代之後變得相當普及。[13]這種文化的核心關懷是，為那些苦於眼前事物的人們帶來快樂，就可以獲得與他人的連帶關係，感受到自己活著的意義。這樣的文化，和新左運動「重新探尋自己的生活方式」那樣的倫理性質，以及對政府和企業採取敵視姿態的論述，完全截然不同。關於志工文化，也有人認為是在和新自由主義唱和，這樣的活動除了填滿因為降低行政成本而空洞化的社會服務之外別無其他。[14]這種論述雖然有說服力，但是並沒有看見志工活動的全貌。這種志工文化，在一九九五年阪神・淡路大震災、以及二〇一一年的東日本大震災之後，因為提供了能夠輕鬆參與的公民活動場域，而獲得了廣泛的認同。作為一種和新左運動完全不同的運動文化，志工文化也持續在日本社會扎根。

這類新運動文化的出現，也意味著新左運動的遺產漸漸從日本公民社會中消逝了。創造新運動文化的人們，正是因為可以從新左運動所留下的遺產中自由地發展，才能夠展開各種充滿創造力的行動。在這個意義下，新左運動說不定可以說已經成為歷史了。然而，這只能代表新左運動的手段成為過去，而不能說他們所面臨的問題就不存在了。

二〇一二年六月八日，首相野田佳彥召開記者會，說明了重啟大飯核電廠的原因。他說道，為了守護「在大都市中過著富裕的、像人一樣的生活方式」，核電是必要的。在電力公司和政府所謂「電力不足」的主張明顯受到各種質疑的今天，宣傳說終止核電廠運作會為都市生活帶來不好的影響，實在相當令人質疑。然而，我想要強調的是，在野田首相的演說中所提到的我們的「生活」方式，究竟是什麼。他所謂的「在大都市過著富裕的、像人一樣的生活方式」到底是什麼東西呢？是坐在正職員工的辦公椅上，面對激烈競爭的生活方式？是工作占去了絕大部分的時間，然後把賺來的錢花在超出必要的消費之上那種的生活方式？像處理核廢料那樣，讓那些地方上或外國的弱勢者為我們的浪費付出代價的那種生活方式？我們真的必須守護這樣的生活方式嗎？日本國內那些想要從貧困中解放出來的人所期待的生活，難道是這樣的生活嗎？

當人們想要讓現在的生活更有人性、更貼近自然的時候，新左運動中用「日常性的自我變革」一詞所點出的「改變生活方式」，這個問題就會浮現出來。就連「新」運動，也不能免於這種「舊」問題。日本新左運動的歷史教給我們的就是，「改變自己的生活方式」這個思想的「難以處理」。重新探尋自己的生活方式，不但具有動搖現今社會基礎的破壞力，也很容易讓想要「重新探尋」的人產生對自己或對戰友的攻擊性，結果反而不知所措。

在東日本大震災與福島核電事故發生超過兩年以上的現在，重新探尋生活方式的浪潮從來沒有停止過。如果把關乎自身的決定權交到別人手上，結果若不是自身的生活受到威脅，就是自己造成他人的痛苦。不希望這樣的事再度發生的想法越來越普遍了。然而，改變自己的生活方式，因為牽涉到日常生活這個現實的問題，並沒有那麼簡單。所以，最好要擁有能夠穩健面對各種狀況的生活步調，並擁有多元的實踐方法。這並不是一個人、而是大家一起進行的社會運動中，相當重要的原則。要對抗「重新探尋生活方式」此一思想的「難以處理」，只能靠死纏爛打的努力而已。也不需要過度苦行，適度的「放鬆」是很重要的。在改變生活方式的這條漫長道路上，一邊享受一邊前進，是我們必須從新左運動學到的（苦澀）教訓。

另一個重要課題是，生活方式的重新探尋，不能夠只停留在倫理的實踐，也要反映到政治體制中。因為政治規範了我們日常生活的大小事務，所以政治變革和自我變革，是不能夠完全切割來看的。思考這個問題的時候，也許學界的「新政治」理論可以提供參考，不過，那些以一九六〇到八〇年代的歐洲政治為基礎所構成的理論，有必要在現今的脈絡下重新被解讀。現在，新自由主義使得「經濟富裕的日本社會」這個前提有所動搖，若是追求生活安定這個價值觀，沒有加上對工業化的反省視角，那麼，實現「日常性的自我變革」此一思想的政治，應該沒有辦法獲得廣大的支持吧。我們必須不斷摸索出一種重新探尋生活方式的政治實踐方法，而且這樣的實踐，必須是和工業化（也就是說經濟成長以及以大型公共建設為主的政策）不同的形式。這並不只是環境保護這種單一的爭議而已，當我們能夠提出與其他領域相關的政策包裹、具體映照出不同生活形式的樣貌時，「新政治」的明確想像應該就會出現了。能夠讓更多人一同實踐「生活方式的重新探尋」這個理念，而且實踐的時候不需要什麼特別的覺悟或鬥志，而是自然而然地全力以赴。如果有那樣的社會，那麼新左運動未能實現的理想，可能真的有實現的一天吧。

後記

東日本大震災和福島核電事故，帶給許多人痛苦。雖然這樣的痛苦持續到現在，但是在三一一之後，日本各地也開始出現許多新的緣分。對我來說，其中之一就是，我到了福島縣的二本松和郡山，認識當地從事有機農業的人。他們早在三一一發生之前就開始經營不使用農藥和化肥的農業。這些人是和使用核電那種大量消耗能源的生活方式離得最遠的一群人。和去年開始才在家附近種植小型作物的我比起來，根本就是另外一個等級的境界，即使如此，能夠有機會和有機農業的夥伴交流，並獲得農業的技術、知識以及想法，我的心中總是充滿感謝。

然而在核電事故後，他們的農作物整整少了一半以上的營業額。原本用來支撐有機農業的自然資源（如家畜糞便、稻殼、落葉等等），也變得無法自由使用。在輻射量仍然偏高的情況下，他們也很擔心會受到輻射污染。對於當地社區的未來，沒辦法說有什麼指望。然而，他們之中的大多數人並沒有選擇避難。對有機農家而言，那些他們長年悉心照顧的田地，並不是說離開就離開的地方。

即使我到了當地，也沒辦法馬上想出能夠克服當下難關的解答。每次聆聽他們說話，作為一個遠離核電事故現場、在都市生活的人，我一直在想自己到底可以做什麼。在我回到東京和別人聊天時，卻發現有這種想法的並不只我一個，儘管我們心中的答案可能不同，但是這樣的感受卻是同時存在許多人心中。本書前言所說的「在重新探尋生活方式的浪潮之中」，就是這種共同感受的產物。受到這個浪潮的刺激，我決定從「改變自己生活方式的運動」這個觀點出發，來描寫日本新左運動的歷史。

我雖然沒辦法一一列舉所有人的名字，但到本書出版為止，我受到相當多人的照顧。首先，是在社會運動的現場一起行動的夥伴，讓我感到無比地親切。如同我在〈前言〉所寫的，各位認真參與運動的身影，對有時無法面對現實的我來說，是宛如鏡子一般的存在。和大家交流的過程中，我也親身感受到所謂的「新左文化」。本來我一開始想要參與這些運動，就不是為了自己的研究，而只是想要參與活動而已。我覺得，就是因為超越了研究者和研究對象的關係，我才有機會對這場運動有更深入的認識與體會。

本書是我在二〇一〇年於澳洲國立大學撰寫的博士論文，經過大幅修正而成的作品。

我的指導教授泰莎・莫利斯・鈴木（Tessa Moris-Suzuki），在我的研究過程中不停鼓勵我，還幫我撰寫了本書的推薦文。在坎培拉的三年，日常生活中常有一些不懂的事，但我的朋友們卻相當照顧我。在國外的日子裡，我常常深刻地感受到來自他人的親切。在澳洲的大自然中，和朋友一起去露營和賞鳥的記憶，也是坎培拉生活讓我難以忘懷的一部分。週末在大自然中享受娛樂，平日則是參與當地一些努力讓政治和自然共生的活動，看到他們這樣的生活方式，我也慢慢發現生活和政治之間存在著某種軟性的連結。而這樣的經驗，也成為我在文獻中讀到的「新政治」的實踐版本，並成為我寫書時相當重要的參考。在去澳洲之前，在我日本的研究所，因為學生（有時也會有老師）之間有著自主讀書會文化，所以那時候我也得以超越年級和學校的框架，和很多朋友相互學習。我開始關心社會運動之後，也有機會和他們聊天分享。我覺得當時的我，只不過是一個在面對新的社運經驗時，難以控制自己情緒的人，對大家來說應該是一個超麻煩的傢伙吧。所以，我在這邊也要深深地感謝那些和我一起讀書學習的好朋友們。

這是我第一次寫書，也是第一次學習有關出書的事情。在我接觸不到的地方還有很多人的幫助，包括校正、印刷、宣傳以及其他，我在此一併致上深深的感謝。其中尤其感謝本書的編輯，也就是世界思想社編輯部的峰松亞矢子小姐。峰松小姐對工作極度用心，也把我原本想到什麼就寫什麼的草稿，轉化成可以擴及更多讀者的版本。因為有了「重新探尋生活方式的浪潮」各位夥伴的支持，讓本書得以出版，我真的感到非常開心。

二〇一三年四月

譯後記

讓社會運動「活下去」

林彥瑜

不知道有多少讀者跟我一樣，參與社會運動以後覺得自己並沒有改變多少社會，反而是社會運動改變了自己。

在本書即將付梓的二〇一八年，我想以一個學生而非譯者的身分，談談自己怎麼遇見這本書。我從二〇一二年開始參與台灣社會運動，徹底改變了我的價值觀。在為「睜開眼」後看見的新事物感到熱血沸騰的同時，既有的穩定生活也在或快或慢地崩解。混亂之中，二〇一三年春天，我剛好獲得系上的交換機會，到早稻田大學讀政治學。在那整整一年半的留學期間，對我而言，學的是日本，講的是日文，但是心裡想的，都是台灣。幸運的是，在早稻田大學有一群認真看待台灣研究的日本進步派學者，給我冷靜重新思考「何謂台灣」的空間與機會。

二〇一四年春天，爆發了太陽花運動。這場

運動也改變了早稻田大學的台灣研究方向與台灣學生的角色：我參與一年多的若林正丈老師台灣研究專題班，從原本的歷史取向，轉為社會取向，當時，若林老師所抽換的書單之一，就是這本安藤老師的《新左運動與日本的六〇年代》。每年七月早大政經學部（梅森直之老師與若林正丈老師的專題班）與台大歷史系的交流活動，主題也改為「日本的社會運動」，其中一位講者就是本書作者安藤丈將老師，他也是梅森專題班的畢業生之一。在太陽花之後，台灣學生的角色突然變成「樣本」，回答我們對台灣社會運動的看法，分享自己參與的經驗。

也許是這些謙虛自省的日本教授與社會運動者，真的太疼惜我們台灣學生了，所以在這些「被請教」的交流過程中，我必須承認，自己的心中不由自主地養成了一股相對日本學生的優越感。好像熱衷參與社會運動就高人一等，好像日本學生只重視自己的就職就是自私一樣。抱著一個啟蒙者的心態，告訴「已開發國家」、「前殖民母國」日本，我們台灣（雖然曾是殖民地、雖然經濟不景氣、雖然無法加入聯合國等制度上劣人一等的事實）已經有多進步，日本應該要怎樣才更進步才對……。剛開始，我為這樣的交流感到興奮驕傲，因為台灣人實在太少機會能夠在國際場合抬頭挺胸地說「我們台灣如何如何」。

但過了一陣子，我不禁想，這樣的優越心態跟過往日本在殖民時期想要「啟蒙」台灣人有什麼差異呢？我能夠預設怎樣的社會是比較好的嗎？台灣難道沒有自己的問題嗎？

我再想，日本曾經有個百萬人民包圍國會的社會運動。但為什麼今日排斥社會運動的氛圍如此強烈呢？如果歷史難以預料，我們怎麼能夠有自信地宣稱台灣未來不會有一天跟今日的日本一樣呢？

我並不是抱著這樣沉重的反省心情去讀這本書，而是在讀完這本書以及和師長朋友的諸多討論之中，漸漸有了這樣的反省。我在這本書中看見太多當年日本學生與今日台灣學生的高度相似性。岸信介政權的強行通過安保條約，讓我想到國民黨三十秒通過服貿而引爆太陽花；日本學生把戰爭記憶的苦痛化為反戰運動的力量，讓我想到台灣社運中無法迴避的國族認同爭議；日本歸鄉運動中與當地鄉親的鴻溝，讓我想到自己在臉書上走不出的同溫層，以及無法對話的親戚長輩Line群組中大量流傳的保守政治宣傳。

當我在讀這些日本人的行動力的時候，我真心驚訝於「這樣的日本」曾經存在過，跟我所處的日本社會，好像是完全不一樣的社會。今天的日本，在諸多社運場合，看到的多為年長者，我很難想像一九六〇年代大學生與農村人民齊聚一堂集會演講的盛況。我心想，啊，這就是日本曾經有過的「自由之夏」，才知道，在那些遙遠的歐美社會之外，東亞也曾經存在過這樣的一群新左運動者。

如果你也（曾）是運動者，讀來應該很有感覺，因為他們遇到的苦惱與抉擇，正是我們曾經或正在經歷的。這些日本運動者的行動力和反省力甚至比現在的許多台灣人還強。

他們遇到的分裂問題，我們也無法迴避，像是球賽之中，敵人的陣法永遠比較穩固，自己這邊永遠手足無措。

我常問自己，如果在我之後的台灣的下一世代變得跟今日日本年輕世代一樣，我該怎麼跟他們對話？像是我的父母輩不知怎麼跟我對話一樣嗎？

縱使過往的歷史條件與今日已經大不相同，我們仍然可以從「閱讀日本」當中，找到作為台灣人能夠與之相連的魅力。對這群日本戰後嬰兒潮的世代而言，即使自己不曾經歷過戰爭，戰爭的苦痛仍被傳承下來，使得他們為反戰反安保站上街頭；對我們這群不曾經歷戒嚴與黨外運動的世代而言，民主的珍貴也被傳承下來，使得我們為自己相信的價值站出來。驅使我們行動的，是我們的共同記憶。然而，隨著時間過去，這些行動的歷史，也成了共同記憶的一部分，驅使我們繼續前進。

讀者已經從本書作者序與推薦序中知道，日本不是只有光明沒有黑暗，就像我們的台灣總是又可愛又讓人怨嘆。所以，在這篇譯後記中，我想說的是，這本書並不只是一部關於日本社會運動「失敗」的歷史，也是日本社會運動如何繼續「活下去」的過程。期待本書中文版的問世，不只能夠給予台灣讀者在社運蓬勃發展之中看見一些危險的提醒，也能夠給予香港乃至中國、以及中文世界的公民讀者們，在黑暗之中看見一些希望的可能性。

二〇一八年一月二十七日
寫於夏律第鎮

（感謝左岸出版的黃秀如總編細心校正本書中譯本、以及作者安藤老師的信任與鼓勵。感謝梅森老師與叡人老師的推薦，以及若林老師在早大的指導。謝謝蘇碩斌老師的引薦與協助。最後感謝拿山瑪谷東京讀書會的夥伴一起討論本書，拿山就像是第四章的「寺小屋」一樣，伴我參與這場「學習運動」。尤其感謝許仁碩、陳威志的翻譯專業建議。）

新版譯者跋

十年前的我好嗎？社會運動傷害的療癒之路

林彥瑜

如果可以重啟人生，那一晚我會選擇待在哪個現場？

當從小到大我們被要求想像無數次的未來，終於來了的時候，我真的喜歡現在的自己嗎？

如果可以跟十年前的你說一些話，我會跟他說什麼？

《新左運動與公民社會》是我到二〇二四年的今天以前，最後一部中文出版品，那是我博士班的第一年。在那之後，我全心投入美國博士班的英語世界，經歷數次靈魂暗夜。六年後的現在，重拾中文公共書寫，正好就是太陽花十週年。個人生命與群體歷史的交叉，在我身上，居然好像剛好演繹了一段悲傷五階段的故事。對我來說，《新左運動與公民社會》是一本關於社會運動如何活下去的書。但十年後的我，如果可以重寫一次譯後記，那我會改口：這本書，比起在說社會運動如何活下去，更是在說運動者如何從運動創傷中療癒自己，然後讓自己好好活下去。

否認與隔離

從二〇一二年的反媒體壟斷運動開始，我總是帶著一種罪惡感活著。可能是因為我是政治立場由保守轉自由的緣故，在從事社運的學生時代裡我總覺得我該多做點什麼，去彌補我在轉向之前沒做好的事情。把社運當作贖罪。然後，在心靈受傷的時候，我會跟自己說：這沒什麼，又不是像別人一樣被警察打。不要這麼誇張。

在無數的社運場合裡，我非常嚮往許多教授學者的演講與風采。當年的自己，曾深深相信知識的啟蒙可以指引集體的行動。於是自二〇一二年第一次上街到二〇一七年赴美讀社會學博士班的這段時間，我是用抽打自己的方式在活著。儘管不知道終點是什麼，我只覺得必須一直往前狂奔，才有辦法贖罪。

到了美國，「你不能像搞運動的人那樣去思考。」卻是我在博士班前三年最常獲得的評論。

「像搞運動的人一樣去思考」到底是什麼意思？還有，到底為什麼這不被允許？當時的我並不明白。我只知道，為了往上爬，唯一的方法就是用最抽打自己的方式，在英文的語境裡面把自己修正地盡量中立，越來越不像自己，越來越跟台灣、社會運動無關，自己好像就越厲害。結果最後寫出的研究不但四不像，每一天都在裝中立、裝客觀，終於到了裝不下去那一天：資格考在自己投入最久的次領域被當掉，差點被退學。

憤怒

這一次的靈魂暗夜，我每天都在哭。我當時每天都哭著狂吼：這個世界為什麼要這樣對我？我感到非常憤怒，非常委屈。

其實我最氣的是自己，氣自己怎麼可以允許別人這樣對待我，允許別人把我變得不像我自己。更可能，我是非常怨恨那個當年憤青的自己，害我在博士班前三年總覺得自己窮得只剩下熱情。除了熱情，我什麼都沒有。我很憎恨那樣的熱血，那個沒辦法被轉化成英文寫作能力的熱血。沒有用的熱血。拖累我的熱血。對運動的熱情驅動我來到美國念社會學博士班，而這樣的熱情為什麼這麼快就背叛我？

討價還價

我曾經在本書初版的譯後記提過，二〇一四年前後我在日本讀書的那段時間，我曾經是非常有台灣人優越感在「教育」日本人有關社會運動的事的，一方面是很幸運遇到很多貴人，另一方面是時勢幫助了我。二〇一七年赴美到二〇二〇年資格考失敗的那三年期間，是我博班修課要求最重的時候，我甚至幾乎不曾有一次這樣子用台灣當範本，在課堂裡發言。我甚至連開始都沒有開始。我懷疑自己：為什麼對日本我可以自豪，但對美國卻不行？講英文的我為什麼會比講日文的我還要自卑？我的心靈該不會就此不可能真的解殖了吧？等等。事實上，當年曾經對日本有過的自豪感，也是出於深深的自卑。如果我打從心裡地認為研究台灣與研究社會運動是有價值的，那我就不需要對別人的看法感到信心崩塌。

所以，資格考被當掉作為一個契機，我聯絡了在台灣的老師們，討論我要怎麼做，才能重新出發。和自己的各種完美主義協商之後的唯一的方法是：放棄原本的題目，還有放棄原本搞運動的方式。在無數的自我探問後，我獲得了新的體悟：我不要再逼自己偷偷在學術界搞運動。因為在連我都不允許自己的情況下，我不可能說服別人允許我。我決定我要光明正大搞運動。最快的方法，就是研究台灣。從此刻開始，我才允許自己去做自己最擅長也最喜歡的事，允許自己擁有那個最初帶我來到這裡的動力源頭。

沮喪

我重新選擇的題目，結合了我對美國種族理論的興趣，以及我對台日歷史的核心關懷，以「日本殖民統治下的台灣社會：種族與性別的視覺再現」為題。在這個新的議題設定之中，我避開了很多剛赴美時我宣稱過自己最喜歡的主題們：社會運動與集體記憶。看起來研究的是台灣，但我所有的文獻、方法、史料、甚至研究的時代，全部都是第一次接觸。回台灣做田野的那五個月，我幾乎是重新從零開始學了一遍台灣史。比起學到（learn）什麼新事物，我更像是放掉了（unlearn）過去所學過的、有關台灣的一切。這段時間我對自己的懷疑，已經不單只是冒牌者症候群可以解釋的。我很沮喪地後悔著自己過去幾年一直向外求（日本、美國），從來沒有好好向內求（台灣、以及我每一天的日常）。

接受

以前我認為：如果我沒辦法接受這個社會，我就要拚命想辦法讓這個社會接受我。如此二元的信念，讓我總是很習慣用非戰即逃的方式去面對所有衝突。因此，大學的時候我透過社會運動逼別人聽見自己的聲音，離開大學與街頭之後，我卻反過來想辦法修正自己，修到讓別人覺得可以接受。現在，我認為：如果我沒辦法接受這個社會，那就算了！我接受自己的不接受，也讓別人不必總是接受我。

《新左運動與公民社會》是一個微觀的視角，去療癒整個大時代的深刻傷痕。很多人在這個風起雲湧的時代犯了很多錯，也用接下來的人生漫漫梳理與追尋。我——以及我的世代——也還在路上。不管是社會接受我還是我接受社會，現在的我知道：允許自己用微觀的方式對待自己的生命經驗，就是改變社會的重要開始。去接受並允許：「我自己」也是這個值得被愛的「社會」的一部分。這一切，都從接受自己——是個台灣人、是個憤青、同時也是社會的一部分——開始。照顧好自己，好好活下去，就是社會運動的一部分。

如果可以跟十年前的你自己說一些話，你會跟他說什麼？

你完全不用改變你自己。謝謝你當年是你自己。因為，如果你當年不是這樣子的你，那現在的我也不會是這樣子的我。對不起，過去十年沒有一直無條件地跟你站在一起。請原諒我。我完完全全地接受你。你一直是我的一部分。過去、現在、未來。

二〇二四年四月五日
寫於綠堡

左岸政治　375

新左運動與公民社會
日本六〇年代的思想之路
ニューレフト運動と市民社会：「六〇年代」の思想のゆくえ

作　　者　安藤丈將
譯　　者　林彥瑜
總 編 輯　黃秀如
行銷企劃　蔡竣宇
美術設計　黃暐鵬

出　　版　左岸文化／左岸文化事業有限公司
發　　行　遠足文化事業股份有限公司（讀書共和國出版集團）
地　　址　231新北市新店區民權路108-3號8樓
電　　話　02-2218-1417　傳真 02-2218-8057
客服專線　0800-221-029
E-Mail　rivegauche2002@gmail.com
臉書專頁　https://facebook.com/RiveGauchePublishingHouse/
團購專線　讀書共和國業務部02-22181417分機1124
法律顧問　華洋法律事務所　蘇文生律師
印　　刷　呈靖彩藝有限公司
二版一刷　2024年4月

定　　價　500元
I S B N　978-626-7462-00-3（平裝書）
9786267209998（EPUB）
9786267209981（PDF）

新左運動與公民社會：日本六〇年代的思想之路
／安藤丈將著；林彥瑜譯.
.－二版.－新北市：左岸文化，
左岸文化事業有限公司出版：
遠足文化事業股份有限公司發行，2024.04
面；　公分.－(左岸政治；375)
譯自：ニューレフト運動と市民社会：
「六〇年代」の思想のゆくえ
ISBN　978-626-7462-00-3（平裝）
1.CST: 社會運動史　2.CST: 公民社會
3.CST: 昭和時代　4.CST: 日本
549.0931　113003185

譯名對照

前言

《核廢料——無盡的惡夢》*Déchets : Le Cauchemar du nucléaire*
艾瑞克・蓋雷 Éric Guéret
伯納・比格 Bernard Bigot
約翰・艾倫伯格 John Ehrenberg
新左運動／ニューレフト運動、New Left Movement
自願聯盟 Coalition of the Willing

序章

陶德・季特林 Todd Gitlin
史達林 Joseph Stalin
民主社會學生同盟 Students for a Democratic Society, SDS
全共鬥／全学共闘会議
越平連／ベトナムに平和を！市民連合（ベ平連）
反戰委／ベトナム戦争反対・日韓批准阻止のための反戦青年委員会（反戦委）
費德瑞克・泰勒 Frederic Taylor
彼得・華格納 Peter Wagner
安東尼・紀登斯 Anthony Giddens

克勞斯・歐飛Claus Offe
葛蘭西Antonio Gramsci
班・海莫Ben Highmore
霍克海莫Max Horkheimer
阿多諾Theodor Adorno
馬庫色Herbert Marcuse
《單向度的人》*One Dimensional Man*
哈利・哈洛圖寧Harry Harootunian
康德Immanuel Kant
烏爾利希・貝克Ulrich Beck
詹姆士・格林James Green
《激勵我心的歷史》*Taking History to Heart*
霍華・金恩Howard Zinn
艾波・卡特April Carter
大衛・格雷伯David Graeber
諾爾・斯圖真Noël Sturgeon
《全共鬥白皮書》／全共闘白書
唐娜提拉・波他Donatella della Porta
赫伯特・萊特Herbert Reiter
雪尼・泰洛Sydney Tarrow
大衛・霍華斯David Howarth
米歇爾・傅柯Michel Foucault
約翰・德雷澤克John Dryzek
《新左評論》*New Left Review*
《是社會主義、還是野蠻？》*Socialisme ou Barbarie*
《論點》*Argument*
《新評論》*Neue Kritik*
《朝日期刊》／朝日ジャーナル
《越平連新聞》／ベ平連ニュース
伊曼紐・華勒斯坦Immanuel Wallerstein

第一章

曺喜昖（曹喜昖）조희연
日美相互防衛援助協定Mutual Defense Assistance Agreement between Japan and the United States of America
班納迪克・安德森Benedict Anderson
查爾斯・諾伯Charles Noble
社會運動工會主義social movement unionism
馬克斯・韋伯Max Weber
卡爾・馬克思Karl Marx
大家一起守護民主之會（皆民會）／みんなで民主主義を守る会（みん民会）
詹姆士・哈格提James Hegerty
《上班族教室》／『サラリーマン教室』
詹姆士・W・懷特James W. White

第二章
企業號USS Enterprise (CVN-65)
阿爾博特・梅爾契Alberto Melucci
青年國際黨Youth International Party
青年國際黨成員Yippies
路易・阿圖塞Louis Althusser

第三章
雷蒙・孟柏斯Raymond. M. Momboiss
《社區關係與暴動預防》*Community Relations and Riot Prevention*

第四章
《改變世界的倫理與邏輯》／『世直しの倫理と論理』
社會主義德意志學生聯盟Sozialistische Deutsche Studentenbund, SDS
一箱野菜／ワンパック野菜one pack vegetables
民答那峨Mindanao
費迪南・馬可仕Ferdinand Emmanuel Edralin Marcos
亞洲太平洋資料中心／アジア大平洋資料センター，PARC
《香蕉與日本人》／『バナナと日本人』

多頓・桑德斯 Dodon Santos
日本內格羅斯・宣傳委員會／日本ネグロスキャンペーン委員会，Japan Committee for Negros Campaign, JCNC
內格羅斯 Negros Island
日菲民眾團結全國會議／日比民衆連帯全国会議
秀貴甘蔗（紅甘蔗）*Saccharum officinarum*
讓德島的生活更好之會／徳島の暮らしを良くする会
中部資源回收運動市民之會／中部リサイクル市民の会
天壇貿易公司 Altar Trade Company, ATC
巴朗工香蕉 Balangon Banana
《哈利納》*Halina*
塔加羅格語 Tagalog

第五章

反戰青年委員會／ベトナム戦争反対・日韓批准阻止のための反戦青年委員会
湯馬斯・柏根特凱 Thomas Poguntke
赫伯特・基爾特 Herbert Kitschelt
羅索・達爾頓 Russell Dalton
希拉蕊・偉恩萊特 Hilary Wainwright
費迪南德・慕勒羅莫 Ferdinand Müller-Rommel
克勞斯・歐費 Claus Offe
新黨先驅／新党さきがけ
史考特・弗朗甘 Scott Flangan
羅納德・英格爾哈特 Ronald Inglehart
《寧靜革命》*The Silent Revolution*
社會主義人民黨（丹麥）Socialistisk Folkeparti, SF
和平社會黨（荷蘭）Pacifistisch Socialistische Partij, PSP
基進黨（荷蘭）Politieke Partij Radikalen, PPR
荷蘭共產黨 Communistische Partij Nederland, CPN
福音人民黨（荷蘭）Evangelische Volkspartij, EPV
綠左聯盟 GroenLinks, GL
赫斯特・謬斯 Horst Mewes

克里斯・盧特Chris Rootes
卡爾卡，克萊維Kalkar, Kleve（位於北萊茵—西伐利亞邦）
威爾，埃門丁根Wyhl, Emmendingen（位於巴登－符騰堡邦）
參與式民主的市民之會／参加民主主義をめざす市民の会
思考新日本之會／新しい日本を考える会
全日本金屬產業工會協議會／全日本金属産業労働組合協議会
追究洛克希德問題的市民之會／ロッキード問題を追及する市民の会
日本婦女選民同盟／日本婦人有権者連盟
日韓團結聯絡會議／日韓連帯連絡会議
對洛克希德瀆職事件感到憤怒的市民大遊行／ロッキード汚職に怒る市民大行進
洛克希德問題的公民併桌會議／ロッキード問題共同市民デスク
《週刊花生》／『週刊ピーナツ』
洛克希德意見廣告運動之會／ロッキード意見広告運動の会
「對洛克希德瀆職事件感到憤怒的市民要擊潰自民黨」實行委員會／「ロッキード汚職に怒る市民は自民党をつぶす」実行委員会
新自由俱樂部／新自由クラブ
想要改變政治的女人之會／政治を変えたい女たちの会
在國際婦女年發起行動的女人之會／国際婦人年をきっかけとして行動を起こす女たちの会
女性情慾／女・エロス
女性期刊／女性ジャーナル
女人的叛逆／おんなの叛逆
廣場／あごら、AGORA
婦女解放運動新宿中心／リブ新宿センター
團體之火／グループFIRE
〈現在就要把女人的代表送進國會〉／今こそ女の体表を国会へ送ろう
薇樂莉・布萊森Valerie Bryson
露易莎・奧爾柯特Louisa May Alcott
《小婦人》*Little Women*
伊森・夏伊納Ethan Scheiner
傑佛瑞・博本特Jeffery Broadbent
陸奧小川原開發反對同盟／むつ小川原開発反対同盟

橫須賀市民團體／横須賀の市民グループ

結論

大衛・梅爾David Meyer
雪尼・泰洛Sydney Tarrow
米蘭達・須勒絲Miranda Schreurs
布蘭德曼・巴瑞特Brendman Barrett
羅伯特・貝卡年Robert Pekkanen
日本利益團體調查Japan Interest Group Survey
世界價值調查World Value Survey
艾莉絲・楊Iris Marion Young

参考文獻

日本語文献

秋山眞兄 2009「バナナ民衆交易が始まるまで」ATJバナナ担当者会議講演録。（http://www.altertrade.co.jp/ATJ20anniversary/topic/images/090604.pdf，2013/6/13最終閲覧）。

足立和浩 1969「知識人の虚像と実像」東大闘争全学共闘会議編『果てしなき進撃』三一書房。

阿部昭吾監修 1994『社民連政党史――歴史的使命を果して』社民連政党史刊行会。

天野正子 2005『「つきあい」の戦後史――サークル・ネットワークの拓く地平』吉川弘文館。

アルチュセール，ルイ 1993「イデオロギーと国家のイデオロギー装置」柳内隆訳，柳内隆・山本哲士『アルチュセールの「イデオロギー」論』三交社。

飯塚繁太郎編 1974『連合政権――綱領と論争』現代史出版会。

池住義憲・杉本皓子・中村洋子 1988『バナナから人権へ――フィリピンバナナをめぐる市民運動』同文館出版。

石川真澄 2004『戦後政治史　新版』岩波書店。

井出武三郎 1960『安保闘争』三一書房。

色川大吉 1976『明治精神史（下）』講談社。

岩根邦雄 1979『生活クラブとともに――岩根邦雄半生譜』新時代社。

宇井純編 1991『公害自主講座15年』亜紀書房。
宇井純・生越忠 1975『大学解体論Ⅰ』亜紀書房。
NHK放送世論調査所編 1975『図説戦後世論史』日本放送出版協会。
沖野安春・河野淑編 1977『第34回総選挙個人ビラ300選』国民政治研究会。
小熊英二 2009『1968（上・下）』新曜社。
尾崎盛光 1967『就職——商品としての学生』中央公論社。
小沢雅子 1985『新「階層消費」の時代——消費市場をとらえるニューコンセプト』日本経済新聞社。
小田実 1972『世直しの倫理と論理（上・下）』岩波書店。
小田実編 1976『アジアを考える——アジア人会議の全記録』潮出版社。
小田実・高橋和巳・真継伸彦編 1969『変革の思想を問う』筑摩書房。
小田中聰樹 1980「八〇年代治安政策と警察」『法学セミナー増刊　現代の警察——日本警察の実態と理論』13号 日本評論社。
大日方純夫 1993『警察の社会史』岩波書店。
女たちの現在を問う会編 1996『銃後史ノート戦後篇8——全共闘からリブへ』インパクト出版会。
柏崎千枝子 1969『太陽と嵐と自由を——ゲバルト·ローザ闘争の手記』ノーベル書房。
鎌田慧 1991『六ヶ所村の記録（上）』岩波書店。
川上徹・大窪一志 2007『素描・1960年代』同時代社。
菅直人・ばばこういち 1979『激論社民連vs革自連——80年代に政治の変革と復権は可能か』ちはら書房。
貴島正道 1979「続・江田三郎の履歴書」『江田三郎』刊行会編『江田三郎——そのロマンと追想』『江田三郎』刊行会。
熊沢誠 1993『新編日本の労働者像』筑摩書房。（初出は1981年，筑摩書房）
グラムシ，アントニオ 1962『グラムシ選集 第3巻』山崎功監修，合同出版社。
警察庁編 1975『昭和50年版 警察白書——警察活動の現況』大蔵省印刷局。
警察庁編 1976『昭和51年版 警察白書——警察活動の現況』大蔵省印刷局。
警察庁警察運営に関する総合対策委員会編 1972『70年代の警察——激動と変化への対応』警察庁総合対策委員会。
公安資料調査会編 1972『過激派集団』公安資料調査会。
高度成長期を考える会編 1985『高度成長と日本人2　家庭篇　家族の生活の物

語』日本エディタースクール出版部。
小阪修平 2000「後記」三島由紀夫・芥正彦他『三島由紀夫vs東大全共闘 1969-2000』藤原書店。
小阪修平 2006『思想としての全共闘世代』筑摩書店。
小林英夫 2001『戦後アジアと日本企業』岩波書店。
コリア，バンジャマン 1992『逆転の思考――日本企業の労働と組織』花田昌宣・斉藤悦則訳，藤原書店。
酒井隆史 2004『暴力の哲学』河出書房新社。
佐々木政憲 1997『裸になったサラリーマン――自律と連帯の市民的公共空間の創造へ』現代企画室。
佐藤信 2011『60年代のリアル』ミネルヴァ書房。
三里塚微生物農法の会 1981『たたかう野菜たち』現代書館。
渋谷望 2003『魂の労働――ネオリベラリズムの権力論』青土社。
清水慎三 1966『戦後革新勢力――史的過程の分析』青木書店。
清水慎三 1982「総評30年のバランスシート」清水慎三編『戦後労働組合運動史論――企業社会超克の視座』日本評論社。
情況出版編集部編 1997『全共闘を読む』情況出版。
新川敏光 1999『戦後日本政治と社会民主主義――社会党・総評ブロックの興亡』法律文化社。
絓秀実 2003『革命的な，あまりに革命的な――「1968年の革命」史論』作品社。
菅谷重平 1957『サラリーマン教室』東京創元社。
スタインホフ，パトリシア 2003『死へのイデオロギー――日本赤軍派』木村由美子訳，岩波書店。
全共闘白書編集委員会編 1994『全共闘白書』新潮社。
戦後日本国際文化交流研究会 2005『戦後日本の国際文化交流』勁草書房。
総理府青少年対策本部編 1978『世界青年意識調査（第2回）結果報告書中間報告』大蔵省印刷局。
杣正夫編 1979『一九七六年日本の総選挙――ロッキード選挙と共産党の敗北』国民政治研究センター。
高岡裕之 2011『総力戦体制と「福祉国家」――戦時期日本の「社会改革」構想』岩波書店。
高木正幸 1985『全学連と全共闘』講談社。

高畠通敏 1980『現代日本の政党と選挙』三一書房。
高見圭司編 1968『反戦青年委員会── 70年闘争と青年学生運動』三一書房。
谷富夫 1994『聖なるものの持続と変容──社会学的理解をめざして』恒星社厚生閣。
田村紀雄・志村章子編著 1985『ガリ版文化史──手づくりメディアの物語』新宿書房。
通商産業省産業政策局編 1978『わが国企業の海外事業活動(昭和53年版)』大蔵省印刷局。
都築勉 1995『戦後日本の知識人──丸山真男とその時代』世織書房。
津村喬編 1980『全共闘──持続と転形』五月社。
鶴見俊輔・森秀人・柳田邦夫・しまねきよし 1963『折伏──創価学会の思想と行動』産報。
鶴見良行 1982『バナナと日本人──フィリピン農園と食卓のあいだ』岩波新書。
暉峻衆三 1996『日本農業100年のあゆみ──資本主義の展開と農業問題』有斐閣。
戸坂潤 1966『戸坂潤全集第四巻』勁草書房。
中島誠編 1968『全学連── 70年安保と学生運動』三一書房。
中瀬寿一 1979「戦後日本独占資本の海外進出と多国籍企業化の展開」藤井光男・中瀬寿一・丸山恵也・池田正孝編『現代資本主義叢書13 日本多国籍企業の史的展開(下)』大月書店。
中野敏夫 2001『大塚久雄と丸山真男──動員,主体,戦争責任』青土社。
中村紀一 2005『住民運動“私”論──実践者からみた自治の思想』創土社。(初出は1976年,学陽書房)
西尾漠 1979『現代日本の警察── CR戦略とは何か』たいまつ社。
西田慎 2009『ドイツ・エコロジー政党の誕生──「六八年運動」から緑の党へ』昭和堂。
西山武典 1992『「ザ・リーク」──新聞報道のウラオモテ』講談社。
仁平典宏 2011『「ボランティア」の誕生と終焉──〈贈与のパラドックス〉の知識社会学』名古屋大学出版会。
日本社会党史五〇年史編纂委員会編 1996『日本社会党史』社会民主党全国連合。
日本大学文理学部闘争委員会書記局編 1969『増補 叛逆のバリケード──日大闘争の記録』三一書房。
日本ネグロス・キャンペーン委員会編 1992『顔の見える国際協力──フィリピンネグロ

ス島の人々と共に』日本ネグロス・キャンペーン委員会。
日本評論社編集部編 1969『日本の大学革命1〜6』日本評論社。
間宏編 1994『高度経済成長下の生活世界』文眞堂。
畑山敏夫 2012『フランス緑の党とニュー・ポリティクス——近代社会を超えて緑の社会へ』吉田書店。
ばばこういち・加東康一 1980『落選・130,504票——ばばこういち全国縦断参院選レポート』あすか書房。
原彬久 2000『戦後史のなかの日本社会党——その理想主義とは何であったのか』中央公論新社。
日高六郎編 1960『1960年5月19日』岩波書店。
兵藤釗 1997『労働の戦後史（下）』東京大学出版会。
平井一臣 1995「社会運動・市民・地域社会——「エンタープライズ闘争」前後の佐世保を中心に」岡本宏編『「1968年」時代転換の起点』法律文化社。
弘津恭輔 1964『民青同の研究——日共の青年労働運動の性格と実態』労働法学出版。
広中俊雄 1973『警備公安警察の研究』岩波書店。
福田克彦 2001『三里塚アンドソイル』平原社。
藤本進治・滝田修・滝村一郎 1969『反大学70年戦線』合同出版。
フロイト，ジークムント 2007『フロイト全集7　1901年——日常生活の精神病理学』高田珠樹責任編集，岩波書店。
ベック，ウルリヒ 1998『危険社会——新しい近代への道』東廉・伊藤美登里訳，法政大学出版局。
法政大学大原社会問題研究所編 1970『日本労働年鑑 第27集 1955年版』労働旬報社。
堀田正彦 1989a「無農薬バナナの草の根輸入——もう一つの関わりを求めて〈上〉」『公明』333号（1989年10月号）。
堀田正彦 1989b「無農薬バナナの草の根輸入——もう一つの関わりを求めて〈下〉」『公明』334号（1989年11月号）。
堀幸雄 1973『公明党論——その行動と体質』青木書店。
ホルクハイマー，マックス／テオドール・W. アドルノ 1990『啓蒙の弁証法』徳永恂訳，岩波書店。
本田宏 2005『脱原子力の運動と政治——日本のエネルギー政策の転換は可能か』

北海道大学図書刊行会。
本間義人 1999『国土計画を考える――開発路線のゆくえ』中央公論新社。
松井隆志 2009「60年安保闘争とは何だったのか」岩崎稔・上野千鶴子・北田暁大・小森陽一・成田龍一編『戦後日本スタディーズ2　60・70年代』紀伊國屋書店。
松井やより 1975『女性解放とは何か――女たちの団結は力強く，国境を越える』未来社。
真継伸彦・飯田啓介・江草福治・久笠康裕・長谷川宏・桝本卯女・村田秀樹 1969「大学変革から社会変革へ」小田実・高橋和巳・真継伸彦編『変革の思想を問う』筑摩書房。
マルクス，カール／フリードリッヒ・エンゲルス 1992『ドイツ・イデオロギー』花崎皋平訳，合同出版。
三島由紀夫・芥正彦・木村修・小阪修平・橋爪大三郎・浅利誠・小松美彦 2000『三島由紀夫vs東大全共闘1969-2000』藤原書店。
溝上慎一 2004『現代大学生論――ユニバーシティ・ブルーの風に揺れる』日本放送出版協会。
溝口明代・佐伯洋子・三木草子編 1992-1995『資料日本ウーマン・リブ史（I~III）』松香堂書店。
道場親信 2002「1960年代における「地域」の発見と「公共性」の再定義――未決のアポリアをめぐって」『現代思想』第31巻6号（2002年5月号）。
道場親信 2004「初期生活クラブ運動における「地域」「社会」「政治」」『社会運動』286号（2004年1月号）。
宮崎晋生 2001「学生運動から就職へ――「全共闘世代」ホワイトカラーの一貫性の考察」『一橋研究』第26巻3号（2001年10月号）。
宮本憲一 1973『地域開発はこれでよいか』岩波書店。
村井吉敬 2000「国際NGOの行方――20世紀システムの破綻と21世紀への模索」樺山紘一他編『岩波講座世界歴史27 ポスト冷戦から21世紀へ』岩波書店。
村山眞維 1990『警邏警察の研究』成文堂。
毛利嘉孝 2009『ストリートの思想――転換期としての1990年代』日本放送出版協会。
森岡孝二 2005『働きすぎの時代』岩波書店。
森裕城 2001『日本社会党の研究――路線転換の政治過程』木鐸社。
安場保吉・猪木武徳編 1989『日本経済史8　高度成長』岩波書店。

矢野恒太記念会編 1991『数字でみる日本の100年　改訂第3版』国勢社。
山中明 1981『戦後学生運動史』群出版。
山之内正彦・最首悟・梶村和男・安田啓子・市川崇・中野輝之・巣餓卵・土方朗・佐野憲弘 1969「われわれにとって東大闘争とは何か」東大全学助手共闘会議編『東大全共闘』三一書房。
山本英弘・西城戸誠 2004「イベント分析の展開——政治的機会構造論との関連を中心に」曽良中清司・長谷川公一・町村敬志・樋口直人編『社会運動という公共空間——理論と方法のフロンティア』成文堂。
由紀草一 2003『団塊の世代とは何だったのか』洋泉社。
横山正樹 1990『フィリピン援助と自力更生論——構造的暴力の克服』明石書店。
吉川勇一他 1982『反核の論理——欧米・第三世界・日本』柘植書房。
吉見俊哉 2007『親米と反米——戦後日本の政治的無意識』岩波書店。
渡辺治 1980「現代警察とそのイデオロギー」金原左門他編『講座現代資本主義国家第2巻 現代日本の国家構造』大月書店。

英語文献

Anderson, Benedict. 1991. *Imagined Communities: Reflections on the Origin and Spread of Nationalism, Revised and Extended Edition.* London: Verso. (『増補 想像の共同体——ナショナリズムの起源と流行』白石隆・白石さや訳，NTT出版，1997年)
Avenell, Simon Andrew. 2010. *Making Japanese Citizens: Civil Society and the Mythology of the Shimin in Postwar Japan.* Berkeley: University of California Press.
Barrett, Brendman F.D. (ed.). 2005. *Ecological Modernization and Japan.* London; New York: Routledge.
Berger, Mark T. 2004. "After the Third World? History, Destiny and the Fate of Third Worldism" in *Third World Quarterly*, Vol. 25, No.1.
Broadbent, Jeffery. 1998. *Environmental Politics in Japan: Networks of Power and Protest.* Cambridge: Cambridge University Press.
Bryson, Valerie. 1992. *Feminist Political Theory: An Introduction.* Basingstoke, Hampshire: Macmillan.
Calder, Kent E. 1988. *Crisis and Compensation: Public Policy and Political Stability*

in Japan, 1949-1986. Princeton, New Jersey: Princeton University Press.

Carter, April. 2005. *Direct Action and Democracy Today*. Cambridge: Polity Press.

Chakrabarty, Dipesh. 2000. *Provincializing Europe: Postcolonial Thought and Historical Difference*. Princeton, New Jersey: Princeton University Press.

Cho, Hee-Yeon. 2007. "Revitalizng the Bandung Spirit" in Kuan-Hsing Chen & Chua Beng Huat (eds.). *The Inter-Asia Cultural Studies Reader*. London; New York: Routledge.

Cummings, Bruce. 1993. "Japan's Position in the World System" in Andrew Gordon (ed.). *Postwar Japan as History*. Berkeley: University of California Press. (「世界ミステムにおける日本の位置」『歴史としての戦後日本（上）』中村政則監訳，みすず書房，2001年)

Dalton, Russell J. 1994. *The Green Rainbow: Environmental Groups in Western Europe*. New Haven: Yale University Press.

Dalton, Russell J. 1996. *Citizen Politics: Public Opinion and Political Parties in Advanced Industrial Democracies, Second Edition*. Chatham, New Jersey: Chatham House Publishers, Inc.

della Porta, Donatella. 1995. *Social Movements, Political Violence, and the State: A Comparative Analysis of Italy and Germany*. Cambridge; New York: Cambridge University Press.

della Porta, Donatella and Herbert Reiter. 1998. " Introduction: The Policing of Protest in Western Democracies" in Donatella della Porta and Herbert Reiter (eds.). *Policing Protest: The Control of Mass Demonstrations in Western Democracies*. Minneapolis: University of Minnesota Press.

Dryzek, John S. 2006. *Deliberative Global Politics: Discourse and Democracy in a Divided World*. Cambridge: Polity Press.

Ehrenberg, John. 1999. *Civil Society: The Critical History of an Idea*. New York; London: New York University Press.

Flanagan, Scott C. 1979. "Value Change and Partisan Change in Japan: The Silent Revolution Revisited" in *Comparative Politics*, Vol. 11, No.3 (April 1979).

Fowler, Edward. 1996. *San'ya Blues: Laboring Life in Contemporary Tokyo*. Ithaca, New York: Cornell University Press.

Giddens, Anthony. 1990. *The Consequences of Modernity*. Stanford: Stanford

University Press. (『近代とはいかなる時代か？——モダニティの帰結』松尾精文・小幡正敏訳，而立書房，1993年)

Gitlin, Todd. 1980. *The Whole World is Watching: Mass Media in the Making and Unmaking of the New Left*. Berkeley: University of California Press.

Gosse, Van. 2005. *Rethinking the New Left: An Interpretative History*. New York: Palgrave Macmillan.

Graeber, David. 2009. *Direct Action: An Ethnography*. Oakland: AK Press.

Green, James R. 2000. *Taking History to Heart: The Power of the Past in Building Social Movements*. Amherst: University of Massachusetts Press. (『歴史があなたのハートを熱くする——労働運動をよみがえさせたければ忘れてしまった闘いの過去を思い出せ』篠田徹訳，教育文化協会，2003年)

Harootunian, Harry D. 2000. *Overcome by Modernity: History, Culture and Community in Interwar Japan*. Princeton, New Jersey: Princeton University Press. (『近代による超克（上・下）——戦間期日本の歴史・文化・共同体』梅森直之訳，岩波書店，2007年)

Harvey, David. 2005. *A Brief History of Neoliberalism*. Oxford; New York: Oxford University Press. (『新自由主義——その歴史的展開と現在』渡辺治監訳，森田成也・木下ちがや・大屋定晴・中村好孝訳，作品社，2007年)

Havens, Thomas R.H. 1987. *Fire across the Sea: The Vietnam War and Japan, 1965-1975*. Princeton, New Jersey: Princeton University Press.

Heywood, Andrew. 2004. *Political Theory: An Introduction, Third Edition*. New York: Palgrave Macmillan.

Highmore, Ben (ed.). 2002. *The Everyday Life Reader*. London; New York: Routledge.

Hino, Airo. 2012. *New Challenger Parties in Western Europe: A Comparative Analysis*. New York; London: Routledge.

Howarth, David. 2000. *Discourse*. Buckingham; Philadelphia: Open University Press.

Howarth, David, Aletta J. Norval, and Yannis Stavrakakis. (eds.). 2000. *Discourse Theory and Political Analysis: Identities, Hegemonies, and Social Change*. Manchester; New York: Manchester University Press.

Inglehart, Ronald. 1977. *The Silent Revolution: Changing Values and Political*

Styles among Western Publics. Princeton, New Jersey: Princeton University Press. (『静かなる革命——政治意識と行動様式の変化』三宅一郎・金丸輝男・富沢克訳，東洋経済新報社，1978年)

Kellner, Douglas. 1984. *Herbert Marcuse and the Crisis of Marxism*. London: Macmillan.

Kitschelt, Herbert. 1994. *The Transformation of European Social Democracy*. Cambridge: Cambridge University Press.

Koschmann, J. Victor. 1993. "Intellectuals and Politics" in Andrew Gordon (ed.). *Postwar Japan as History*. Berkeley: University of California Press. (「知識人と政治」『歴史としての戦後日本（上）』中村政則監訳，みすず書房，2001年)

Koschmann, J. Victor. 1996. *Revolution and Subjectivity in Postwar Japan*. Chicago: University of Chicago Press. (『戦後日本の民主主義革命と主体性』葛西弘隆訳，平凡社，2011年)

Leblanc, Robin M. 1999. *Bicycle Citizens: The Political World of the Japanese Housewife*. Berkeley: University of California Press.

Linden-Ward, Blanche and Carol Hurd Green. 1993. *American Women in the 1960s: Changing the Future*. New York: Twayne Publishers.

Marcuse, Herbert. 1964. *One-dimensional Man: Studies in the Ideology of Advanced Industrial Society*. Boston: Beacon Press. (『一次元的人間——先進産業社会におけるイデオロギーの研究』生松敬三・三沢謙一訳，河出書房新社，1974年)

Mayer, Margit and John Ely (eds.). 1998. *The German Greens: Paradox between Movement and Party*. Philadelphia: Temple University Press.

McKean, Margaret A. 1981. *Environmental Protest and Citizen Politics in Japan*. Berkeley; London: University of California Press.

Melucci, Alberto. 1996. *Challenging Codes: Collective Action in the Information Age*. Cambridge; New York: Cambridge University Press.

Mewes, Horst. 1998. "A Brief History of the German Green Party" in Margit Mayer and John Ely (eds.). *The German Greens: Paradox between Movement and Party*. Philadelphia: Temple University Press.

Meyer, David S. and Sydney Tarrow (eds.). 1998. *The Social Movement Society: Contentious Politics A New Century*. Lanham: Rowman & Littlefield Publishers.

Müller-Rommel, Ferdinand. 1990. "New Political Movements and 'New Politics'

Parties in Western Europe" in Dalton, Russell J. and Manfred Küechler (eds.). *Challenging the Political Order: New Social and Political Movements in Western Democracies*. New York: Oxford University Press.

Nakamura, Takafusa and Kônosuke Odaka (eds.). 2003. *Economic History of Japan 1914-1955: A Dual Structure*. Translated by Noah S. Brannen. New York: Oxford University Press.

Noble, Charles. 2004. *The Collapse of Liberalism: Why America Needs a New Left*. Lanham: Rowman & Littlefield Publishers.

Offe, Clause. 1985. "New Social Movements: Challenging the Boundaries of Institutional Politics" in *Social Research*, Vol. 52, No. 4 (Winter 1985).

Pekkanen, Robert. 2006. *Japan's Dual Civil Society: Members without Advocates*. Stanford: Stanford University Press.

Pharr, Susan J. 1981. *Political Women in Japan: The Search for a Place in Political Life*. Berkeley: University of California Press.

Poguntke, Thomas. 1993. *Alternative Politics: The German Green Party*. Edinburgh: Edinburgh University Press.

Reed, Steven R. 1986. *Japanese Prefectures and Policymaking*. Pittsburgh: University of Pittsburgh Press.

Rootes, Chris. 1995. "Environmental Consciousness, Institutional Structures and Political Competition in the Formation and Development of Green Parties" in Dick Richardson and Chris Rootes (eds.). *The Green Challenge: The Development of Green Parties in Europe*. London; New York: Routledge.

Rucht, Dieter. 2003. "Interactions between Social Movements and States in Comparative Perspective" in Lee Ann Banaszak, Karen Beckwith, and Dieter Rucht (eds.). *Women's Movements Facing the Reconfigured State*. Cambridge: Cambridge University Press.

Rucht, Dieter. 2004. "The Quadruple 'A': Media Strategies of Protest Movements since the 1960s" in Wim van de Donk, Brian D. Loader, Paul G. Nixon, and Dieter Rucht (eds.). *Cyberprotest: New Media, Citizens and Social Movements*. London: Routledge.

Scheiner, Ethan. 2006. *Democracy without Competition in Japan: Opposition Failure in a One-Party Dominant State*. Cambridge; New York: Cambridge

University Press.

Schreurs, Miranda A. 2002. *Environmental Politics in Japan, Germany, and the United States.* Cambridge; New York: Cambridge University Press.

Steinhoff, Patricia G. 1999. "Student Protest in the 1960s" in *Social Science Japan*, No. 15 (March 1999).

Stephens, Julie. 1998. *Anti-Disciplinary Protest: Sixties Radicalism and Postmodernism.* Cambridge: Cambridge University Press.

Steven, Rob. 1990. *Japan's New Imperialism.* London: Macmillan.

Sturgeon, Noël. 1995. "Theorizing Movements: Direct Action and Direct Theory" in Marcy Darnovsky, Barbara Epstein, and Richard Flacks (eds.). *Cultural Politics and Social Movements.* Philadelphia: Temple University Press.

Tarrow, Sydney G. 1998. *Power in Movement: Social Movements, Collective Action, and Politics, Second Edition.* Cambridge; New York: Cambridge University Press. (『社会運動の力——集合行為の比較社会学』大畑裕嗣監訳，彩流社，2006年)

Van der Heijden, Hein-Anton. 1994. "The Dutch Nuclear Energy Conflict 1973-1989" in Helena Flam (ed.). *States and Anti-Nuclear Movements.* Edinburgh: Edinburgh University Press.

Voerman, Gerrit. 1995. "The Netherlands: Losing Colours, Turning Green" in Dick Richardson and Chris Rootes (eds.). *The Green Challenge: The Development of Green Parties in Europe.* London; New York: Routledge.

Wagner, Peter. 1994. *A Sociology of Modernity: Liberty and Discipline.* London; New York: Routledge.

Wainwright, Hilary. 1994. *Arguments for a New Left: Answering the Free-Market Right.* Oxford: Blackwell.

White, James W. 1970. *The Sōkagakkai and Mass Society.* Stanford: Stanford University Press.

Young, Iris Marion. 2001. "Activists Challenges to Deliberative Democracy" in *Political Theory*, Vol. 29, No. 5 (October 2001).

注釋

序章

[1] Gitlin 1980, p.293.
[2] Gosse 2005, p. 5.
[3] 矢野恒太記念会編 1991, p. 79.
[4] 間編 1994, p. 54.
[5] 高度成長期を考える会編 1985, p. 7.
[6] Nakamura and Odaka eds. 2003.
[7] 清水 1982; 熊沢 1993.
[8] Wagner 1994, p. 6.
[9] Wagner 1994, p. 5.
[10] Wagner 1994, p. 14.
[11] Giddens 1990, p. 76.
[12] Wagner 1994, p. 85-86.
[13] 間編 1994, p. 244.
[14] 高度成長期を考える会編 1985, p. 172.
[15] Offe 1985, pp. 822-23.
[16] Wagner 1994, p. 98.
[17] グラムシ 1962, p. 45.
[18] 高岡 2011, p. 261.
[19] NHK放送世論調査所編 1975, pp. 195-97.
[20] Highmore ed. 2002, pp. 6-7.
[21] マルクス/エンゲルス 1992, p. 40, 68.
[22] フロイト 2007, pp. 12-15.
[23] Highmore ed. 2002, pp. 9.
[24] ホルクハイマー/アドルノ 1990.
[25] Stephens 1998, p. 4.
[26] Marcuse 1964=1974, p. 20.
[27] Marcuse 1964=1974, p. 30.
[28] Marcuse 1964=1974, p. 23.
[29] Haroontunian 2000=2007.
[30] 戸坂 1966, p. 136.
[31] 戸坂 1966, p. 138.
[32] 戸坂 1966, p. 137.
[33] 佐藤 2011.
[34] Heywood 2004, pp. 273-75.
[35] Heywood 2004, pp. 275-78.

[36] Heywood 2004, pp. 275-78.
[37] ベック 1998, p. 24.
[38] 小阪 2006, pp. 143-44.
[39] 由紀 2003, pp. 122-23.
[40] Green 2000=2003, p. 42.
[41] 色川 1976, p. 241.
[42] Carter 2005, p. 3.
[43] Carter 2005, p. 1.
[44] Graeber 2009, p. 203, 207-08.
[45] Sturgeon 1995, p.43.
[46] 全共闘白書編集委員会編 1994, p. 413.
[47] Donatella della Porta and Herbert Reiter 1998, p. 1.
[48] Tarrow 1998=2006, pp. 168-70.
[49] 小阪 2000, pp. 250-51.
[50] Howarth et al. eds. 2000, pp. 2-3.
[51] Howarth et al. eds. 2000, pp. 3.
[52] Rucht 2004, pp. 39-41.
[53] 田村・志村編 1985, pp. 53-56.
[54] Pekkanen 2006.
[55] 綷 2003.
[56] 小熊 2009.
[57] 津村 1980, pp. 148-50.
[58] 全共闘白書編集委員会編 19

第一章

[1] Berger 2004.
[2] Cho 2007, p.579
[3] 吉見 2007, III~IV章.
[4] 清水 1996, pp.15-16.
[5] Anderson 1991=1997, pp.32-35.
[6] 日高編 1960, p. 131.
[7] Noble 2004, p. 139.
[8] 都築 1995, 5章.
[9] Koschmann 1993=2001, p. 397.
[10] Koschmann 1993=2001, p. 398.
[11] 都築 1995, p. 356.
[12] 都築 1995, pp. 180-87.
[13] 都築 1995, pp. 313-17.
[14] 清水 1996, pp. 195-98.
[15] Koschmann 1993=2001, p. 398.
[16] 清水 1996, pp. 209-20.
[17] 山中 1981, p.41.
[18] 山中 1981, IV章.
[19] 井出 1960, p.233.
[20] 暉峻 1996, p. 254.
[21] 安場・猪木編 1989, p. 35.
[22] 間編 1994, p. 21.
[23] 清水 1996, pp. 22-23.
[24] Havens 1987, p. 101.
[25] 小阪 2006, pp.13-14.
[26] 溝上 2004, pp. 40-50.
[27] 高度経済成長期を考える会編 1985, p. 7.
[28] 尾崎 1967, p. 124.
[29] 尾崎 1967, p. 92.
[30] 菅谷 1957, pp. 10-11.
[31] 菅谷 1957, p.11.
[32] 菅谷 1957, p.13.
[33] 弘津 1964, p. 78.
[34] 谷 1994, pp. 131-33.
[35] White 1970, Ch. 5.
[36] 鶴見他 1963, p. 135.

第二章

[1] Havens 1987, pp. 35-39.
[2] 平井 1995, pp. 436-42.
[3] 三島他 2000, p. 51.
[4] 高木 1985, p. 113.
[5] Melucci 1996, p.8.
[6] Stephens 1998, p. 35.
[7] Anderson 1991=1997, pp. 32-35.
[8] 中島編 1968, p. 81.
[9] Althusseer 1993, p.98.
[10] Koschmann 1996=2011.
[11] 中島編 1968, p. 35.
[12] 柏崎 1969, p. 93.
[13] 柏崎 1969, p. 268.
[14] 高木 1985, pp.118-21.
[15] 日本大學文理學部鬥争委員會書記局編 1969, p. 347.
[16] 高木 1985, pp. 114-16.
[17] 足立 1969, p. 115.
[18] 足立 1969, p.116.
[19] Steinhoff 1999, pp. 3-4.
[20] 真繼他 1969, p. 148.
[21] 柏崎 1969, p. 201-03.
[22] 山之内他 1969, pp. 201-02.
[23] Steinhoff 1999, p. 4.
[24] Steinhoff 1999, p. 5.
[25] 広中 1973, p. 299-300.
[26] Steinhoff 1999, p. 6.
[27] 高木 1985, pp. 128.
[28] 公安資料調査会編 1972, pp. 1-8.
[29] 広中 1973, p. 299-300.
[30] スタインホフ 2003, p. 88.
[31] 藤本他 1969, pp. 64-66.
[32] 藤本他 1969, pp. 172-73.
[33] 藤本他 1969, pp. 178.
[34] 藤本他 1969, pp. 180.
[35] 広中 1973, p. 307.

第三章

[1] 山本・西城戸 2004, p. 101.
[2] 渡辺 1980, pp. 242-45.
[3] 広中 1973, pp. 299-303.
[4] 警察庁警察運営に関する総合対策委員会編 1972, pp. 1-2.
[5] 警察庁警察運営に関する総合対策委員会編 1972, pp. 25.
[6] 警察庁編 1976, p. 35.
[7] 大日方 1993, pp. 121-67.
[8] 警察庁編 1975, p. 141.
[9] 村山 1990, p. 159.
[10] 警察庁警察運営に関する総合対策委員会編 1972, pp. 37.
[11] 村山 1990, p. 160.
[12] 警察庁警察運営に関する総合対策委員会編 1972, pp. 22-23.
[13] 小田中 1980, pp. 68-72.
[14] 警察庁編 1975, p. 55.
[15] 警察庁警察運営に関する総合対策委員会編 1972, pp. 21.
[16] コリア　1992；佐々木 1997.
[17] 小沢 1985.
[18] 西山 1992, pp. 104-06.
[19] 西尾 1979, p. 44.
[20] 警察庁警察運営に関する総合対策

委員会編 1972, pp. 46-47.
[21] 熊沢 1993, pp. 167-72.
[22] 宮崎 2001, p.25.

第四章

[1] 総理府青少年対策本部編 1978。
[2] 総理府青少年対策本部編 1978, pp. 86-91。
[3] 小田 1972, p. iii.
[4] 小田 1972, p. 115.
[5] 小田 1972, pp. 204-05.
[6] 小田 1972, pp. 200-01.
[7] 宇井編 1991, p. 2.
[8] 宇井・生越 1975, p. 52.
[9] 本間 1999, pp. 48-59.
[10] 宮本 1973, pp. 34-42.
[11] McKean 1981, Ch. Iii.
[12] 福田 2001.
[13] 三里塚微生物農法の会 1981, p.24.
[14] 三里塚微生物農法の会 1981, p.43.
[15] 三里塚微生物農法の会 1981, p.170.
[16] 中瀬 1979, pp. 23-25; 小林 2001, pp. 19-86.
[17] Cummings 1993=2001.
[18] Steven 1990.
[19] 通商産業省産業政策局編 1978, pp. 109-11.
[20] 横山 1990.
[21] Steven 1990.
[22] 小田編 1976, p. 15.
[23] 松井 1975, pp. 83-85.
[24] 池住他 1988, 2 章。
[25] 村井 2000.
[26] 戦後日本国際文化交流研究会 2005, pp. 9-11.
[27] 秋山 2009, pp. 4-9.
[28] 秋山 2009, p.16.
[29] 堀田 1989a, p. 153.
[30] 堀田 1989a, p. 154.
[31] 堀田 1989a, p. 155.
[32] 堀田 1989a, p. 155.
[33] 堀田 1989a, p. 156-57.
[34] 堀田 1989b, p. 152-53.
[35] 日本ネグロス・キャンペーン委員会編 1992, pp. 30-32.
[36] 日本ネグロス・キャンペーン委員会編 1992, pp. 35-36.

第五章

[1] Poguntke 1993, p. 10.
[2] Wagner 1994, p. 5.
[3] Hino 2012, pp. 14-17.
[4] Dalton 1994, pp. 219-20.
[5] Dalton 1994, pp. 219-20.
[6] Wainwright 1994, p.191.
[7] Poguntke 1993, p. 10.
[8] Mayer and Ely eds. 1998.
[9] Müller-Rommel 1990, p. 229.
[10] Offe 1985, pp. 822-23.
[11] Flangan 1979.
[12] NHK放送世論調査所編 1975, pp. 195-97.
[13] Calder 1988.
[14] NHK放送世論調査所編 1975, pp.

141, 143, 157.
[15] 石川 2004, p. 228.
[16] Ingelhart 1977=1978, p. 176.
[17] Müller-Rommel 1990, p. 249.
[18] Wainwright 1994, p.201-02.
[19] Voerman 1995.
[20] Mewes 1998, p.30.
[21] Van der Heijden 1994, Ch. 5.
[22] 西田 2009, pp. 71-76.
[23] Rootes 1995, p.237.
[24] 畑山 2012, p. 48.
[25] 阿部監修 1994, pp. 53-54.
[26] 岩根 1979, pp. 207-22.
[27] 兵藤 1997, 7 章。
[28] 高見編 1968, pp. 36-37.
[29] 高見編 1968, p. 34.
[30] 高見編 1968, p. 158-59.
[31] 高見編 1968, p. 135-36.
[32] 日本社会党五十年編纂委員会編 1996, p. 638.
[33] 高見編 1968, p. 167-68.
[34] 貴島 1979, p. 76.
[35] 清水 1966, pp. 13-21.
[36] 原 2000；森 2001；新川 1999。
[37] 杣編 1979, p. 36.
[38] 高畠 1980, p. 137.
[39] Rootes 1995, pp. 67-68.
[40] 畑山 2012, p.17.
[41] Bryson 1992, p. 195.
[42] Pharr 1981, p. 35.
[43] Pharr 1981, p. 36.
[44] Rucht 2003, p. 269.
[45] 天野 2005, pp. 99-106.
[46] 中村 2005, p. 14.
[47] Reed 1986.
[48] Scheiner 2006, p. 109.
[49] Scheiner 2006, p. 114.
[50] Broadbent 1998, p.106.
[51] Broadbent 1998, p.128.
[52] Rootes 1995, pp. 237.
[53] 鎌田 1991, p. 205.
[54] 本田 2005, p.89.
[55] 吉川他 1982, pp. 12-13.
[56] 吉川 1982, pp. 17-18.
[57] 本田 2005, p. 166.

結論

[1] Pekkanen 2006.
[2] 毛利 2009.
[3] Meyer and Tarrow eds. 1998, p. 4.
[4] Meyer and Tarrow eds. 1998, p. 23.
[5] Schreurs 2002.
[6] Barret ed. 2005, pp. 168-69.
[7] Pekkanen 2006.
[8] Avenell 2010, Ch. 5.
[9] Dalton 1996, p. 74.
[10] Young 2001.
[11] Harvey 2005=2007, p. 10.
[12] 森岡 2005.
[13] 仁平 2011, 7~9 章.
[14] 中野 2001; 渋谷 2003.